邱吉爾與歐威爾

CHURCHILL AND ORWELL

The Fight for Freedom

THOMAS E. RICKS

對抗極權主義，永不屈服！

湯瑪斯．瑞克斯——著　洪慧芳——譯　麥田出版

各界讚譽

「瑞克斯是出色的作家，其細膩的筆觸使這兩位充滿神話色彩的非凡人物躍然紙上。」

——作家基思．羅威（Keith Lowe），《每日電訊報》（*Telegraph*）

「邱吉爾和歐威爾兩人從未謀面，但兩人相互輝映的人生、對社會運作的看法、對個人自由的主張、政治上受到的局限等等——在不同的地方抱持極其協調的想法——令人印象深刻。閱讀本書之前，我原本以為他倆並不相稱，結果恰恰相反，真是有趣。」

——作家約翰．勒卡雷（John le Carré）

「這本書把邱吉爾和歐威爾塑造成為這個世界追求自由民主的英明人物……他們各自成了不同類型的英雄。」

——《圖書館評論》（*Library Review*）

「在這本引人入勝的精彩好書中，作者告訴我們，這兩個主角是『我們仍會想起的人，他們不僅對於理解他們那個時代很重要，也對於理解我們這個時代很重要。』……在這本令人不忍釋卷的好書中，我們可以明顯感受到邱吉爾和歐威爾都非常重視思辨。」

——《紐約時報》書評

「瑞克斯把這兩人最失落的人生階段描寫得淋漓盡致……在最後一章中，瑞克斯受到邱吉爾的典範所啟發，並在歐威爾的政治理念加持下，為公民行動主義辯護。」——《赫芬頓郵報》（*Huffington Post*）

「二十世紀中葉獨裁政權為一般大眾的靈魂而戰時，這兩人都是持續捍衛個人自由的鬥士……瑞克斯的成功之處在於他對細節的靈活掌握。」

——作家D・J・泰勒（D J Taylor），《國家報》（*The National*）

「精彩地描述這兩人為捍衛自由民主所設下的標準，但令人不安的是，那些標準仍遙不可及。」

——《科克斯評論》（*Kirkus Reviews*）星級評論

「這本書充分說明了，邱吉爾和歐威爾在面對威權主義時，為道德和政治堅毅的必要性所做的持久堅持……對我們這個時代來說，這是一部振奮人心的作品。」

——《出版人週刊》（*Publishers Weekly*）

「以優雅的筆觸頌揚這兩人靠著道德勇氣，面對危及其生活方式的生存危機，並證明了獨立個體也可以發揮影響力。」

——《舊金山紀事報》（*San Francisco Chronicle*）

「本書的讀者會意識到，保存及講述事實是一場非常漫長的奮鬥。」

——《洛杉磯時報》（*Los Angeles Times*）

「瑞克斯擅長講述故事的天賦，使這本書幾乎令人無法釋卷。」

——《基督科學箴言報》（*The Christian Science Monitor*）

「這是一組令人矚目的配對：邱吉爾和歐威爾都是二十世紀的知名人物，瑞克斯以新鮮的觀點對這兩人做了比較和對比……在追蹤兩人的生平時，他並未陷入常見的陷阱。他既不誇大歐威爾的高尚，也不過分推崇邱吉爾。」

——《新聞日報》(*Newsday*)

「本書流暢好讀，鼓舞人心，也及時肯定了史學家西蒙·夏瑪（Simon Schama）所謂的『那個時代的締造者』。希望我輩之中也有在智慧及道德勇氣上與他們兩人旗鼓相當的人士。」

——《明星論壇報》(*Minneapolis Star Tribune*)

「這本書的出版正是時候，讀來令人愛不釋手。」

——《密蘇里報》(*The Missourian*)

「瑞克斯的過人巧思在於，透過兩位偉大人物的生平來講述一個持續奮鬥的故事。」

——《書單》(*Booklist*) 星級評論

謹獻給所有努力捍衛自由的人

目次

推薦序——一生必須躍過兩道深淵

余杰｜作家及歷史學者

反對共產極權主義是更偉大和更艱難的事業

在希特勒尚未露出猙獰面目之際，反對納粹德國需要力排眾議；而在蘇俄異見作家索忍尼辛的《古拉格群島》尚未出版和中國的文革慘劇尚未傳到西方之際，反對共產極權主義是千夫所指的「政治不正確」。邱吉爾與歐威爾一生「反左」，名滿天下，亦誹滿天下。

經過自己人殺自己人比弗朗哥（Francisco Franco）叛軍殺共和軍還要血腥的西班牙內戰之後，歐威爾對左派的幻想徹底破滅，轉而以批判共產集團和烏托邦思想為志業。即便自己的作品在出版的過程中屢屢受阻（破壞其出版的居然是英國的情報部門），他也毫不畏懼地諷刺那些為獨裁者辯護的左派文士說：「他們一嗅到『進步』的味道就立刻蜂擁而來，彷彿蒼蠅聞見死貓一般。」如果何謂「進步」必須由某一群人士做出唯一的定義，那麼獨裁和暴政就近在咫尺。

邱吉爾反共，只是受到左派的惡毒咒罵；歐威爾反共，則面對蘇聯及其傀儡政黨實實在在的死亡威脅。《動物農莊》上市不久後，歐威爾從朋友那裡買了一支手槍，說他怕共產黨想殺他。兩位歐威爾專家約翰．羅登（John Rodden）和約翰．羅西（John Rossi）寫道，歐威爾的恐懼可能比他知道的程度還要真實——冷戰結束後，曝光的蘇聯祕密檔案顯示，當初歐威爾要是被捕獲的話，他必死無疑，他確實列在西班牙共產黨的處決名單上。

西方左派文人對異見者的圍剿鋪天蓋地且數十年不停息。邱吉爾和歐威爾共同的論敵、英國左派作家蕭伯納（George Bernard Shaw）曾去莫斯科拜訪史達林，從此成為蘇聯的辯護士，任何對蘇聯有所不敬的人物，都受到他的攻擊。而十四歲就加入英國共產黨的史學家霍布斯邦，根本不願翻開邱吉爾、歐威爾以及索忍尼辛的著作。霍氏晚年接受加拿大作家伊格納提艾夫（Michael Ignatieff）和英國BBC電台訪問時，都被問到史達林在蘇聯推行共產主義，造成將近兩千萬無辜人民的死亡，是否值得？他的答覆是：「如果能創造一個真正的共產主義社會，不僅值得，也是正當的（justified）」。一九八九年東歐和蘇聯的共產黨政權開始崩潰後，霍氏居然痛心到說那是「整個人類的失敗」（the defeat of humanity）。這種說法，不是「離邪惡有多遠」的問題，而是根本就構成了邪惡的一部分。

然而，晚近一百年來，邱吉爾、歐威爾、索忍尼辛、奈波爾（V.S. Naipaul）等「右派」並不代表西方知識界和輿論界的主流，蕭伯納、沙特、霍布斯邦、杭士基（Avram Noam

Chomsky）等「左派」才是「西方不敗」——他們不講事實、不講邏輯，聲稱堅持無產階級的立場，卻過著資產階級的生活。直到一九八九年天安門大屠殺三十年後的今天，還有那麼多西方的「擁抱熊貓派」為共產黨中國塗脂抹粉、溜須拍馬——他們甚至不知羞恥地泡製出一封「百人聯署信」，勸說川普政府「不要將中國當做敵人」，聲稱「此舉不符合美國的國家利益」。他們究竟是自以為聰明地與虎謀皮，還是愚不可及地引狼入室？中國對西方文明和秩序已經構成嚴重威脅，危險程度超過了昔日的納粹德國和蘇俄。所以，雖然納粹德國和共產主義的蘇俄都已灰飛煙滅，但邱吉爾和歐威爾的逆耳忠言並不過時——「如自由真有什麼意義，那應該就是指把人們不想聽的說給他們聽。」

有些人只反法西斯主義而不反共產主義，有些人則只反共產主義而不反法西斯主義。邱吉爾和歐威爾的一生躍過了兩道深淵，與法西斯主義和共產主義兩大惡魔正面對決。

用「美好的英語」捍衛自由

相對於邱吉爾生前即享有「立功、立言、立德」的成功人生，歐威爾的名聲大都是在身後獲得的。歐威爾死後七十年，他工作過的ＢＢＣ才同意讓這位昔日名不見經傳的雇員的塑像坐落在公司大廳。ＢＢＣ時政節目主持人安德魯．馬爾（Andrew Marr）指出：「歐威爾對真理的信念直截了當、堅不可摧、令人膽顫。他始終在自我批評，也始終在要求讀者認真辨別真偽。在假新聞盛行的時代，現在真令人油然而升歐威爾時代之感。我認為他在敦促我們更勤力地去揭示，同時對批評持更開放的態度。」可惜的是，BBC的中文網是中國大外宣戰略的重災區，上面充滿了用歐威爾最為厭惡的「新語」寫成的諂媚中國的報導，幾乎淪為中共宣傳部的「英國分部」，歐威爾若看到此種情形，該怎樣痛心疾首？

歐威爾不像邱吉爾那樣長壽，更沒有榮獲諾貝爾文學獎，但他在短暫的一生中實現了其理想：「我最大的願望就是把政治寫作變成一種藝術。」《動物農莊》和《一九八四》這兩本「小長篇」，可以驕傲地與索忍尼辛比磚頭還要厚的《古拉格群島》相媲美，也使歐威爾得以躋身於二十世紀最偉大的作家行列。歐威爾對蘇俄的批判達到了普世性的高度，比如，以下這段簡潔的文字一語道盡了歐威爾那個時代的簡史，也是歐威爾展現過人文筆的巔峰之作：

> 轟炸不設防的村莊，把居民趕到荒郊野外，以機關槍掃射牛隻，用燃燒彈焚毀田舍：這就是所謂的「平定」。無數農民的家園遭到劫掠，他們被迫帶著隨身行李長途跋涉：這就是所謂的「人口遷移」或「邊境整頓」。人民無故入獄多年，或從後腦杓將他們槍決，或是把他們送到北極的勞改營，讓他們染上壞血病而過世，這就是所謂

的「消除不可靠的因素」。

這段話不僅適用於納粹德國、史達林的蘇聯，也適用於金氏家族的北韓、波布（Pol Pot）的紅色高棉、查維斯（Hugo Rafael Chávez Frías）的委內瑞拉、卡斯楚的古巴以及毛澤東和習近平的中國——用暴力和謊言維持的獨裁國家都具有驚人的相似性。尤其是今天的中國，用「再教育營」來掩飾「集中營」，用「自主知識產權」來掩飾「肆無忌憚的偷竊」，用「中華民族偉大復興」來掩飾「只此一家的天下朝貢體系」。中國這個擁有超過四億個攝像頭，人臉識別系統和步態識別系統舉世無雙的國度，比歐威爾筆下的《一九八四》更像天羅地網的世界——更加恐怖的是，生活在其中的大部分人並不覺得有什麼不自由。

邱吉爾和歐威爾不僅批判極權主義，更捍衛「英語民族」的自由傳統和英語本身的純淨與清晰。邱吉爾將說英語的人當著同一個民族或同一國家的同胞，並寫下了蕩氣迴腸的多卷本《英語民族史》，連同《第一次世界大戰史》和《第二次世界大戰史》，邱吉爾成為極少數以非虛構寫作榮獲諾貝爾文學獎的作家。邱吉爾的《英語民族史》只寫到一九〇〇年，意猶未盡。英國歷史學家安德魯．羅伯茲（Andrew Roberts）為之寫了續集《一九〇〇年以來的英語民族史》，他在此書中指出，源於英國的以市場經濟、憲政民主、法治以及新教倫理為特徵的盎格魯－薩克遜模式具有普世價值；相比其他模式，這種模式更適合現代世界。英美兩個英語國家相繼主導世界進程長達三、四百年之久，這種局勢至今仍沒有改變之跡象。二十世紀的英美文明乃至整個人類經歷了一戰、二戰、冷戰及與伊斯蘭極端勢力之間的反恐戰爭等四次生死存亡的考驗，這四場戰爭又是「英語民族」、「盎格魯－薩克遜文化」和「美英特殊關係」等身分認同得以形成的最大推動力。

而今日以英美為核心的自由世界與中國之間的「文明衝突」，則是其正在經歷的第五場挑戰與考驗。這不僅是軍事實力、經濟實力、工業實力、文化和科技實力的決戰，更是要自由、還是要奴役的思想與精神的抉擇。在這場戰鬥中，邱吉爾和歐威爾的遺產將是克敵制勝的法寶。

美國作家湯瑪斯．瑞克斯（Thomas E. Ricks）將邱吉爾和歐威爾合在一起作傳，使得生前未曾謀面兩人彼此互補與對照，共同構成一部二十世紀人類尋求自由的精彩歷史。勇士的勇氣疊加起來，可以填海，可以移山，可以驚天地，可以泣鬼神。《邱吉爾與歐威爾》一書，比任何一本邱吉爾與歐威爾的單一的傳記都更扣人心弦。

推薦序　警覺通往極權的解放之路

黃春木｜教育部師鐸獎得主、臺北市立建國高中歷史科教師

在緬甸的交會

一八八五年，時任印度事務大臣的藍道夫．邱吉爾（Randolph Henry Spencer-Churchill, 1849-1895）出兵上緬甸，放逐國王，完成大英帝國自一八二〇年代開啟的併吞行動，上下緬甸全納於治下。

藍道夫．邱吉爾決定不扶植魁儡政府採行間接統治，且直接將緬甸納為英屬印度底下的一個省，這些決策確立了往後半世紀的殖民政治結構，嚴重損害緬甸傳統精英的尊嚴和勢力，也打擊了緬族等主要族群的民族自信心。英國治理期間，又推動開放緬甸的政策，使得印度人、孟加拉人進入緬甸謀生，殖民政府還支持羅興亞人（〔Rohingya people〕原居於孟加拉的穆斯林）移民若開邦，制衡在地強勢族群，這種運用少數壓制多數的手段是殖民主義慣用的伎倆，卻是後患無窮。

以上由藍道夫・邱吉爾政策所導致的結構性問題，日後成為溫斯頓・邱吉爾（Winston Leonard Spencer-Churchill, 1874-1965）所必須面對和處理的難題，這位二十世紀以來舉世聞名的邱吉爾，正是藍道夫・邱吉爾的兒子。

一八八五年英國攻占上緬甸之後，看重傳統國都曼德勒的戰略地位，在此建立統治中心，布署軍警勢力。一九二二年，年方十九歲的歐威爾（George Orwell，本名艾瑞克・布雷爾〔Eric Arthur Blair, 1903-1950〕）在曼德勒的警察訓練學校就讀，開啟了他對殖民地的深入觀察和反思。

歐威爾在緬甸待了五年，身為執行殖民地政策的帝國警官，他享有很多特權，能夠近距離觀察行政和司法系統的運作，這樣的經歷讓他洞悉人性中殘暴的一面，並對「殖民主義」產生反思。由於對英國殖民政策的不滿與自責，加上健康狀況不佳，歐威爾在一九二七年請假返國，進而辭職，立志成為作家。緬甸的經歷，為歐威爾提供了豐富的創作題材，也是他批判殖民主義、極權主義的起點。有一些西方的文學評論者和緬甸文化精英甚至認為歐威爾的《緬甸歲月》（*Burmese Days*, 1934）、《動物農莊》（*Animal Farm*, 1945）、《一九八四》（*1984*, 1949），其實就是「緬甸三部曲」。

邱吉爾與歐威爾在這樣的時空脈絡中有所交會。

抗衡極權主義的共識

麥田出版的《邱吉爾與歐威爾》，作者是《華盛頓郵報》記者、兩屆普立茲獎得主湯瑪斯．瑞克斯（Thomas E. Ricks）。《邱吉爾與歐威爾》特別之處在於同時記述兩位活躍於二十世紀的時代人物，在這之前，鮮少會將他們相提並論，原因在於兩個人差異太大，邱吉爾出身高貴，性格外向，政治立場偏向保守黨，具有英國民族文化優位的信念，以及身為政治人物冷酷務實的性格，二戰期間指揮若定，成就反抗法西斯主義的偉業；歐威爾來自收入有限的中產階級，性格內斂，政治立場則是洋溢熱情的社會主義者，敢於全盤否定英國引以為傲的殖民帝國霸業，批判自己身為壓迫者那段期間所做的一切，並且陷入一段漫長的自我放逐過程，在世幾乎沒沒無聞。

邱吉爾與歐威爾未曾謀面，但瑞克斯指出兩個人各從遠處欣賞彼此。歐威爾撰寫《一九八四》時，把書裡的主角命名為「溫斯頓」，而根據文獻記載，邱吉爾非常喜歡這本小說，喜歡到讀了兩遍。

從瑞克斯為兩人立傳的觀點來看，在一九二〇至一九三〇年代，當時人們對於「民主」充滿質疑，政治和經濟問題的深重衝擊，導致極權主義快速發展，這包括了希特勒和法西斯主義、史達林和共產主義，邱吉爾與歐威爾志趣相投之處，就在於他們秉持自由民主的核心原則挺身抗衡法西斯主義和共產主義，以各自的方式振臂高呼，用實際行動捍衛思想、言論、集會結社的自由。

追求自由與解放的歧途

邱吉爾的《第二次世界大戰回憶錄》六卷（*The Second World War*, 1948-1953）為他贏得了諾貝爾文學獎（一九五三），歐威爾的《動物農莊》和《一九八四》日後獲選為二十世紀百大英文小說。兩個人在文壇都享有崇高的地位，但歐威爾的著作自二十一世紀以來所獲得的重視更勝往昔，瑞克斯在本書最終一章探究「歐威爾變成神」的現象。

讓歐威爾變成神的關鍵在於「國家」侵害個體自由的程度日益嚴重，一九九〇年代之前東歐和蘇聯對於人民自由的禁錮，亞洲、非洲、拉丁美洲許多獨裁政權的殘暴統治，以及「九一一」之後由美國發動，迅速蔓延至歐洲和中國等地假國家安全或反恐之名而遂行的情報監控等，《一九八四》宛如預言，展現歐威爾的先見之明，但是今日個體自由所遭受的威脅已遠非他所能想像，國家與企業挾科技威力的侵害前所未見，而且方興未艾。

檢視二十世紀以來的獨裁、極權政府，有哪一個不是假「自由」、「解放」之名崛起？讓邱吉爾與歐威爾有所交會的緬甸，便是鮮活的例子。一九四〇年代，緬甸為擺脫英國統治尋求獨立而奮鬥，但獨立之後的緬甸卻陷入長期的軍事獨裁，直到二〇一五年大選，才由翁山蘇姬（Aung San Suu Kyi, 1945-）所領導的全國民主聯盟取得執政權。然而，翁山蘇姬的緬族優位立場、縱容針對羅興亞人進行種族清洗（Ethnic cleansing）的態度，以及假國家安全之名箝制言論和新聞自由的政策，都讓這位諾貝爾和平獎得主（一九九一）飽受世人及聯合國的譴責。緬甸現況會不會又是一個「通往極權的解放之路」呢？值得再觀察。

邱吉爾與歐威爾留給世人最珍貴的啟示應該是尊重事實真相、勇於論證自己的觀點、不迴避問題、不迎合世俗、不畏強權。這等思辨與行動所針對的，優先是自己的國家，今後則必須再涵蓋讓我們享受無限便利與自由的資訊科技。「警覺通往極權的解放之路」，才是個體擁有自由的最佳證明。

追求自由，從來都不是坦途，稍一自滿或自私，便可能走上極權的歧途，這正是生活在「自由已成為日常」的我們應該細讀《邱吉爾與歐威爾》最深刻的原因。

CHAPTER 1 兩位溫斯頓 The Two Winstons

一九三一年十二月十三日，一位五十七歲的英國政治家在紐約的第五大道上踏出計程車[1]。他仍是國會議員，但是在所屬的政黨內沒什麼人緣。他來紐約展開巡迴演講，以彌補兩年前股市崩盤時所蒸發的一些財富。心煩意亂下，來自英國的他看往錯誤的方向，沒注意到以時數約三十哩的速度急駛過來的汽車。那輛車把他撞倒在人行道上，並拖行了一會兒，使他斷了幾根肋骨，頭皮也裂了開來。要是他當時就此一命嗚呼，如今會有一些專門研究二十世紀早期英國史的史學家還記得他。但他活下來了，他的名字是溫斯頓．邱吉爾。

約莫六年後，一九三七年五月二十日，另一位英國人在黎明前醒來，從西班牙內戰前線的戰壕裡走出令人難受的營房。戰壕位於西班牙的東北部，在庇里牛斯山以南的不遠處。雖然在當兵，但他其實是個小作家，寫一些銷量欠佳的平庸小說。他以左派自居，但是在他最近的作品中，他撰寫新聞社會學，研究英國的窮人，引起小小的騷動，可能還因為批評社會主義者而失去了一些朋友。儘管如此，在西班牙，他服役的單位是屬於西班牙共和國的親政府社會主義勢力。他的個子很高，當他沿著面西的戰壕檢查隊員時，身後升起的太陽映照在他的頭上，投射出影子。一百七十五碼外，一名國民軍的狙擊手發現了他的身影[2]，朝他發射一顆七毫米口徑的鍍銅子彈。那顆子彈瞄得很準，從那個英國人的脖子底部穿過，差點就擊中頸動脈。他當下倒地不起，動彈不得。他知道自己中彈了，但在震驚中，他也無法判斷是哪裡中彈。有人告訴他脖子中彈時，他反而靜下來等死，因為他從未聽過脖子中彈的人倖存下來。要是他當時就此一命嗚呼，如今可能只有一些專門研究二十世紀中葉英國次要小說家的文學專家會記得他。但他沒死，他叫艾瑞克．布雷爾（Eric Blair），筆名是喬治．歐威爾。

表面上，這兩人截然不同。邱吉爾在各方面都比較穩健，他比歐威爾早二十八年出生，也比他多活了十五年。不過，在幾個重要的面向上，他們志趣相投。二十世紀中葉，在他們人生交疊的關鍵歲月裡，兩人都為同樣的重大問題而奮鬥——希特勒和法西斯主義、史達林和共產主義、美國及其凌駕英國的勢力。他們運用同樣的特質和工具來因應這些問題——他們的智慧、對個人判斷的信心（即使那些判斷遭到多數當代人的抨擊），以及過人的文字技巧。此外，他們也受到自由民主的核心原則所指引：思想、言論、集會結社的自由。

他們未曾謀面[3]，但從遠處欣賞彼此。歐威爾撰寫《一九八四》時，把書裡的主角命名為「溫斯頓」。據文獻記載，邱吉爾非常喜歡那本小說，喜歡到讀了兩遍[4]。

儘管兩人有種種差異，但他們都把捍衛人類自由視為首要之務，這個優先要務使他們有了共同的理念。他們確實是截然不同的人，有大相逕庭的人生軌跡。邱吉爾那醒目的外向性格、演講技巧，以及對戰時防禦的積極推動，促使他為大家贏得了一場勝利，對當今的世界產生了重大的影響。歐威爾日益內斂的性格，再加上強烈的理想主義，以及對觀察與寫作精確性的執著，使他成為那個年代努力捍衛私人空間的作家。

同時撰寫這兩人的一大風險是，邱吉爾一直以來都是眾所矚目的焦點。你查看一九四〇年代的任何重大事件，他都在場參了一腳，或曾經發表過相關的演說，並於幾年後撰文論之。一位英國的內閣成員曾抱怨，與邱吉爾辯論有如「跟管樂隊辯論」[5]。政治哲學家以撒．柏林（Isaiah Berlin）指出，邱吉爾把人生視為一場慶典，而且是由他自己引領遊行隊伍[6]。邱吉爾曾寫道：「我還是得說，我喜歡鮮豔的顏色。我無法假裝對顏色毫無偏好，明亮的顏色看了就歡喜，黯淡的棕色看了就難過。[7]」

在二十世紀中期，這兩個人在政治和智識上一起領導大家，對抗法西斯主義和共產主義這兩種極權主義的威脅。英國參加二次大戰那天，邱吉爾說：「從本質上來看，這是一場確立個人權利的戰爭，也是確立及復興人類地位的戰爭。[8]」歐威爾以更直白的風格表達了同樣的想法，他於英國參戰兩年後，焦躁不安地寫道：「我們活在一個自主個體不復存在的時代。[9]」

歐威爾和邱吉爾認為，最終而言，二十世紀的關鍵問題，不是如馬克思所想的那樣取決於誰掌控了生產工具，也不是如佛洛伊德傳授的那樣取決於人類心靈的運作，而是在國家強行侵入私人生活的年代，看我們如何保護個人的自由。史學家西蒙・夏瑪（Simon Schama）稱他們是「那個時代的締造者」[10]，也說他們是「最令人意想不到的盟友」[11]。他們的共同理念是阻止國家謀殺的浪潮繼續高漲。那股浪潮始於一九二〇年代和三〇年代，並於一九四〇年代達到了顛峰。

一九五〇年代的某天，邱吉爾的孫子把頭探進他的書房問道：「你是世界上最偉大的人，這是真的嗎？」邱吉爾一如既往地回應：「對，滾開！」[12]

如今，歷史的「偉人」理論備受抨擊，但有時個人因素非常重要。邱吉爾和歐威爾對我們現在的生活與思考方式有長久的影響。他們兩人並未打造戰後繁榮自由的西方——持久的經濟榮景，以及婦女、黑人、同性戀、邊緣化少數族裔的平權穩定擴張——但他們的努力幫忙建立了促成那個盛世的政治、實體、智識條件。

長久以來，我一直很欣賞他們，但以前是分開來欣賞。後來我趁著報導美伊戰爭的休息空檔，研究一九三六年至一九三九年的西班牙內戰，那時他們兩人對我來說變成了一個相關的主題。我研究歐威爾的角色時，意識到他和邱吉爾都曾是戰地記者，就像我當時一樣。歐威爾報導並參與了西班牙的戰爭，邱吉爾在一八九九年到一九〇二年間的波耳戰爭（Boer War）中也扮演類似的雙重角色[13]。

這兩人究竟是什麼樣的人物？他們是以什麼論述，為個人在現代生活中保留空間？他們是如何得出那些觀點的？

這本書把焦點放在他們的人生主軸上，亦即一九三〇年代和四〇年代。兩人的故事核心都落在同一關鍵時期：從納粹崛起到二戰結束。這段期間，他們有很多同儕皆已放棄民主，覺得民主很失敗，但他們兩人未曾忽略個體的價值。所謂個體的價值，是指：與多數人抱持不同意見的權利，甚至是持續錯誤的權利，不信任多數人力量的權利，主張高官可能搞錯的權利（尤其是當權者堅信他們沒錯的時候）。歐威爾曾寫道：「自由若有意義的話，那是指你有權利告訴對方他不想聽的話。[14]」對歐威爾來說，那尤其是指對方不想承認的事實。終其一生，他都在追求這種權利。

邱吉爾幫我們獲得了現在大家享有的自由。歐威爾針對自由所撰寫的文章，影響了我們現在對自由的看法。他們的人生和作品更值得在那種脈絡下理解。如此一來，我們也會更了解當今的世界，或許也會因此做好更完善的準備，就像他們靈活因應世界那樣。

現在讓我們轉向他們的年少歲月，一起踏上他們的人生歷程。

CHAPTER 2 探險者邱吉爾 Churchill the Adventurer

一八八四年十二月，英國南部某個典型的潮濕日子，十歲的溫斯頓．邱吉爾剛轉學到位於布萊頓（Brighton）的湯姆森學校（Miss Thomson's School）。他頂著一頭紅髮，正在美術課上拉扯另一個男孩的耳朵，玩得不亦樂乎。受害的小男孩不堪受虐，終於反擊，拿起小折刀刺向溫斯頓的胸部。

溫斯頓大剌剌地坦承自己是個「麻煩的孩子」[1]。即使如此，他在自傳中還是略而不談這段往事，或許是因為連他母親都為此責備他。珍妮．邱吉爾（Jennie Churchill）寫信告訴溫斯頓遠在印度的父親：「我一點也不懷疑溫斯頓折磨那個小男孩，這次經驗應該可以給他一次教訓。[2]」畢竟，她推斷，刀鋒只刺進兒子皮下四分之一吋左右——這深度足以達到嚇阻效果，但還不至於造成嚴重傷害。一個月後，溫斯頓那放蕩不羈的父親藍道夫．邱吉爾勛爵（Lord Randolph Churchill）在印度得知這個消息時，一派輕鬆地回應：「希望以後不會再發生刺傷事件了。」

如今那樣對待孩子的父母，可能會被指控疏於管教。藍道夫是保守黨內前景看好的明日之星，但他似乎很少跟兒子說話。數十年後，邱吉爾撰寫回憶錄時，寫道他記得他們父子之間只有過「三、四次親密的長談」[3]。邱吉爾在倫敦以南約六十哩的濱海城市布萊頓求學時，從報上得知父親到當地演講，卻沒有順道去看他，他感到很失望。他在一封家書中責怪父親：「你來布萊頓時，從來不曾趁著星期天來看我。[4]」後來，他進入哈洛公學（Harrow School）就讀時，溫斯頓積極遊說父親在某個特別的頒獎日來看他，他在信中責怪父親：「你不曾來看過我。[5]」他哀怨地提到，從倫敦到學校只需要搭三十分鐘的火車。「如果你十一點七分從貝克街搭車，到哈洛是十一點三十七分。」他也寫信給母親：「一定要設法讓爸爸來，他不曾來過。」但藍道夫勛爵並沒有因此前往。

邱吉爾的母親也有她自己的活動要忙。一位邱吉爾的傳記作家寫道，珍妮・傑羅姆・邱吉爾（Jennie Jerome Churchill）是個「美麗、膚淺、全身珠光寶氣的女人」，在維多利亞時代晚期的英國社交圈裡掀起了廣泛的波瀾。一項保守估計指出，她大概有十九個情人[6]。有些人估計她一生大概睡過兩百個男人，但謹慎的傳記作家對此說法感到懷疑。英國政治家羅伊・詹金斯（Roy Jenkins）是最優秀的邱吉爾傳記作家之一，他指出：「那個整數令人懷疑。[7]」

總之，研究邱吉爾早年生活的專家康・考夫林（Con Coughlin）推斷，珍妮過著「活躍的社交生活，含蓄地說是如此。[8]」在當時，紋身通常只出現在濱海區那些縱情於聲色犬馬的人身上，但珍妮的左手腕上紋了一條蛇[9]。她的第一任丈夫（亦即溫斯頓的父親）早逝後，她嫁給一個年紀和兒子相仿的瀟灑青年，震驚了倫敦社會。後來，她和那個男人離婚後，又嫁了一個年紀和兒子相仿的丈夫。據傳，晚年她悲嘆道：「我永遠不會習慣自己不是現場最美的女人。[10]」

某年的聖誕假期，忙碌的父母把溫斯頓連哄帶騙地送到祖母馬爾博羅公爵夫人（Duchess of Marlborough）那裡。幾週後，公爵夫人終於鬆了一口氣，寫信給他的父母：「溫斯頓今天要返校了。咱們關起門來偷偷說吧，我不會捨不得，這孩子實在是麻煩精。[11]」

邱吉爾就讀的第一所學校可以自由地鞭笞學生，甚至打到孩子尖叫、流血的情況所在多有。邱吉爾寫道：「我恨死這所學校了。[12]」後來，父母把他轉到布萊頓那所比較開明的小型學校。邱吉爾可能有某種注意力缺陷障礙，但在新學校裡，他可以只讀他感興趣的科目，他回憶當時讀了「法語、歷史，熟記了很多詩歌，最重要的是騎馬和游泳。[13]」不過，即使轉校後過得比較快樂，他的操行成績還是敬陪末座[14]。

後來，舍監發現邱吉爾以「健忘、粗心、遲到，各種違紀舉動[15]」著稱。儘管有這些缺點，但十幾歲時，他還是學會了寫作。他寫道：「我把一般英文句子的基本結構練得滾瓜爛熟，那很重要。[16]」他的英語能力後來成為職業生涯、政治生涯、寫作生涯的主要資產，終其一生總計發表了約一千五百萬字[17]。不過，他接受的正規教育到此為止，所以他一輩子在知識方面都有很大的落差。

邱吉爾回憶道，他離開學校體系後「非常沮喪」[18]。父母認為他不夠聰明，不足以當律師，所以把他送去陸軍軍校就讀。英國貴族常把資質比較駑鈍的後代送往軍中，陸軍對頭腦簡單的人來說比皇家海軍來得容易。英國認為皇家海軍在捍衛英國這個島國方面更加重要，所以採用精英制度。不過，儘管陸軍的標準已經那麼低了，邱吉爾還是申請了三次[19]，才獲准進入英國培訓步兵和騎兵的桑赫斯特軍事學院（Sandhurst）。他之所以獲准加入騎兵隊，是因為騎兵隊的競爭比較容易，許多年輕人負擔不起養馬及僱用僕人照顧馬匹的費用。誠如邱吉爾所言：「所以排名殿後的人比較容易加入騎兵隊。[20]」騎兵隊對邱吉爾來說也比較有吸引力，感覺舒適又有派頭，不僅可以騎馬代步，他也指出：「騎兵的制服遠比步兵的制服體面多了。[21]」

一八九三年八月，邱吉爾的父親寫信給他，談到他終於獲得桑赫斯特軍事學院的錄取。那封信值得在此逐字引用，以顯示父親的失望何以是邱吉爾終生難以承受的重擔。那封信用詞直接，冷酷無情，如下所示：

> 儘管你享有一切優勢，愚蠢地認為自己擁有某些能力或親戚宣稱你有某些能力，而

> 且大家也努力讓你的生活盡量過得輕鬆愜意，交代你的任務既不沉重、也不麻煩，你卻只能從二三流的泛泛之輩中獲得這樣的成果，只獲准加入騎兵團……
>
> 關於這件事，我以後不會再寫了，你也不必費心針對這部分回信給我，因為你對自己的成就和功績所說的一切，我以後再也不會放在心上……
>
> 以後你只會成為社會的廢材、公學出產的數百位庸才之一，之後將淪為寒酸、不幸、一無是處的可憐蟲。未來果真如此的話，你的不幸應由你自己承擔一切的責任[22]。

當時藍道夫勛爵已病篤垂危，可能是感染梅毒，這或許可以解釋他那略微狂亂的語氣。他的孫子藍道夫（亦即溫斯頓的兒子）寫道：「他陷入漸進性的精神麻痺，即將死去。[23]」即使在彌留之際，他仍有足夠的精力繼續貶抑兒子。邱吉爾悲傷地寫信給母親說，在父親的眼裡，「我什麼事也做不好。[24]」藍道夫勛爵於一八九五年一月病逝，當時邱吉爾二十歲。

父親的過世似乎點燃了邱吉爾身上的導火線。在那種教養背景下成長的孩子，要不是徹底受創，就是極度自信。邱吉爾很幸運，父親的過世似乎解放了他的潛力。在後續的幾年間，他從英國前往印度，轉往阿富汗邊境，又返回英國。接著，他前往蘇丹，回到印度，返回英國，又前往南非。這一路走來，為他的年輕歲月開創了輝煌的職業生涯。

晚年，邱吉爾曾宣稱：「我年輕時不過度動腦，所以收穫頗豐。[25]」他常把這個劣勢逆轉為優勢，一九二一年他主張：「年輕時讀太多好書是錯的……年輕人讀書時應該小心，就像老年人進食一樣，不該貪多，應細嚼慢嚥。[26]」

他沒上過大學。他真正獲得的教育，似乎是快成年時才開始的，當時他在印度的班加羅爾當騎兵軍官。一八九六年冬季，在那個遠離家鄉的地方，「我突然出現學習的欲望[27]」。他不斷地閱讀亞里斯多德、柏拉圖、麥考利（Macaulay）、叔本華、馬爾薩斯、達爾文等人的著作[28]。

最重要的是，他讀了吉本（Gibbon）的《羅馬帝國衰亡史》（*The History of the Decline and Fall of the Roman Empire*）。「那故事及風格立刻吸引了我。在印度豔陽高照的漫長白天，從離開馬廄到傍晚影子顯示馬球時間到了為止，我都沉浸在吉本的著作中。[29]」吉本對邱吉爾的散文風格有顯而易見的影響。例如，邱吉爾可以輕易寫出底下這段隨意從吉本的第三卷歷史中挑出來的句子：「武士把長矛安置在托架上，用力地以靴刺踢馬，使馬衝向敵軍。土耳其和阿拉伯的輕騎兵很少能擋得住那直接又猛烈的衝鋒力道。[30]」你可以比較上一段文字和底下這一段邱吉爾描寫一八九八年發生在蘇丹首都卡土穆（Khartoum）外的恩圖曼戰役（Battle of Omdurman）。「薩拉森人（Saracens）的後繼者走下通往河流及敵軍的滑順長坡時，遇到兩個牛師訓練有素的步兵以步槍對他們開火。那群步兵排成兩列橫隊，緊挨著彼此。河岸和炮艦上至少有七十口大炮火力全開，以支援他們。[31]」他決定每天讀二十五頁的《羅馬帝國衰亡史》[32]，那套書是湯瑪斯．麥考利（Thomas Macaulay）五卷本《英格蘭史》（*History of England*）的兩倍厚。

歐威爾曾主張：「好的散文像一扇窗戶玻璃。[33]」但如果邱吉爾的散文是一扇窗戶玻璃，那應該是大教堂的耳堂盡頭那面閃閃發光的彩色玻璃。他的寫作風格時而華麗，甚至華而不實，但他知道自己在做什麼。他沉浸於語言中，陶醉於文字的微妙差異和聲音。他的戰時醫生查爾斯．威爾遜（Charles Wilson）表示：「他喜歡用四、五個意思相同的字眼，就像老人向你展示他種的蘭花一樣，不是為了炫耀，而是因為他很愛它們。[34]」

以撒．柏林說：「邱吉爾的語言是他發明的一種媒介，因為他有那個需要。那有一種大膽、冗長、一致、容易辨識的節奏，就像所有強烈的個人風格那樣，很容易戲仿。[35]」不是每個人都喜歡那種風格。小說家伊夫林．沃（Evelyn Waugh）可能是唯一比較喜歡邱吉爾那個酗酒兒子的風格更勝於邱吉爾的人，他嘲諷邱吉爾是「偽英國古典文學的散文大師」[36]。

邱吉爾跟許多自學成才的人一樣，終其一生對自己知道的事情充滿自信，對自己不知道的事情也樂於一無所知。他知道他讀過的東西，但他還有大量的文學作品從未讀過，他似乎也沒意識到這點。一九〇三年，他與心理學大師亨利・詹姆斯（Henry James）共進午餐[37]，但可想而知，他對大師的興趣遠不如對同桌另一位美國人的興趣——年輕貌美的女演員艾瑟爾・巴里摩爾（Ethel Barrymore）。十二年後，他和詹姆斯再度共進午餐，也再度忽略大師，而且還讓同桌的一位賓客產生以下的印象：「他從未聽過詹姆斯這號人物，也不明白為什麼大家都聚精會神地聆聽這位講話嘮叨冗長的老人說話，把耐心放錯了地方。他沒把詹姆斯放在眼裡，還反駁他，打斷他的話，絲毫不尊重他。[38]」

他的朋友維奧莉・阿斯奎斯（Violet Asquith，婚後名為維奧莉・伯翰・卡特〔Violet Bonham Carter〕）十九歲時，在晚宴上引用濟慈的〈夜鶯頌〉（Ode to a Nightingale）[39]，那首詩可說是英文百大名詩之一，但邱吉爾竟然沒聽過。當時他肯定注意到維奧莉驚訝的表情了，因為下次他們又見面時，他已經把那首詩背下來——而且，還加碼把濟慈的六大頌歌全背熟了，並當場逐一背給她聽。邱吉爾的醫生也寫過，他似乎八十幾歲才讀了《哈姆雷特》（*Hamlet*）[40]，但這點仍有待商榷，因為早年他跟別人談話時，曾引用過該劇的部分內容。無論如何，他的戰時顧問德斯蒙德・莫頓（Desmond Morton）推斷，邱吉爾的事實知識整體來看「淺薄得驚人」[41]。

邱吉爾在公開場合鮮少靜默不語，而且對他來說，幾乎所有的場合都是公開的。在維奧莉的記憶中，邱吉爾一輩子只有做一項活動是靜默的：畫畫。那是他中年經歷政治流放期而淡出政壇時所培養的嗜好[42]。在談話中，當他把話題都講完時，他會背誦大量的詩歌（通常是拜倫或波普的作品），以免談話陷入冷場[43]。

跟許多作家一樣，尤其是那些靠寫作維生的作家，邱吉爾在寫作方面培養了嫻熟的本領。他會表示：「寫書與蓋房子無異。[44]」需要把素材組合起來，蓋在堅實的地基上。他會思忖整句話的重要性，接著又思考段落的構成，那些段落「必須像火車車廂的自動聯結器一樣相互配合[45]」。

學會寫作並完成自學任務後，他覺得自己已經準備好挑戰這個世界。他四處尋找戰爭題材，以藉此為自己贏得一些榮譽，並做為投身政壇的跳板。在接下來的幾年內，他瘋狂地追蹤戰鬥現場。一八九七年，英國在阿富汗和印度邊境與當地的普什圖部落（Pashtun tribe）爆發小規模的爭鬥時，他從班加羅爾的駐屯地，直接挺進印度次大陸西北部邊緣地帶的事發現場，行程約一千五百哩。他在軍事行動中找不到職位時，母親為他爭取了一份工作：為倫敦的《每日電訊報》（*Daily Telegraph*）報導衝突，從此也開啟了他和那家報社的

長遠關係。後來，無可避免的傷亡使作戰現場出現職位空缺時，他加入現役部隊。在當月的中旬，他被指派加入第三十一旁遮普步兵團。

事實上，他看到的並不是戰爭，只是延續幾週的小規模衝突。如今大家之所以還記得一八九七年九月的那場軍事行動，是因為邱吉爾當時在場並遭到攻擊。他回憶道：「人生中沒有什麼比遭到火力攻擊、但毫髮無傷更令人振奮的事了。[46]」

同袍可能覺得他對那次經歷太過興奮了。在阿富汗邊境作戰的期間，中尉唐納德．麥威恩（Donald McVean）曾短暫與邱吉爾共用一頂帳篷。他在日記裡寫道，邱吉爾在戰鬥中唯一擔心的是嘴巴受傷[47]。

對抗阿富汗部落，是邱吉爾唯一親上戰場的戰事，所以他卯起來大書特書。他設法以兩個月的時間，把親眼目睹數週的小型軍事行動寫成一本小書：《馬拉坎德野戰軍紀實》（*The Story of the Malakand Field Force*）。那本書若是別人寫的，可能永遠也不會有人出版。但邱吉爾在倫敦有強大的後盾，他的母親聯繫了一位出版經紀人和一家出版商[48]，把他的稿件編輯成書。幾個月後，該書出版時，她向兒子保證「我會用心推廣[49]」。她也確實做到了，積極向倫敦的書評家和報社編輯打書。

《馬拉坎德野戰軍紀實》是本空洞乏味的作品。它描述英軍短暫的進攻事件時，語氣有點太得意了。基督徒與穆斯林部落對抗時，邱吉爾以拙劣的諷刺口吻說道：「幸好，和乎這個宗教通常軍備更強。[50]」邱吉爾的散文中，有一種強裝硬漢的姿態：「約有六槍射入營地，除了打擾了淺眠的入睡者以外，別無戰果。[51]」曾被槍聲驚醒的人可能會覺得這種說法不可信，部分原因在於現場無法知道那槍聲會持續多久，或者會不會加劇。

邱吉爾對那本書的自信評價是：「我的寫作風格很好，有些部分甚至堪稱經典。[52]」那番評論實在很牽強。儘管如此，在這本初試啼聲的作品中，仍可見未來他在文壇上綻放異彩的曙光。

對邱吉爾來說，或許最重要的是，這本書獲得了一些讚美。對這個年輕人來說，在感覺自己遭到忽視及辱罵二十年後，獲得掌聲是求之不得的罕見樂趣。「讀到好評時，就像打了一劑強心針。」賽蒙・瑞德（Simon Read）研究邱吉爾這個人生階段時如此寫道，「邱吉爾從未獲得這種讚揚，他從小求學時，就習慣聽父親和老師表達對他的失望。[53]」

邱吉爾在非洲

於是，年輕的邱吉爾從此開始闖出一片天。他向軍隊告假，搭船回到英國，以新手作家的身分遊歷倫敦，利用那本書跟重要的人物廣結人脈，接著再運用那些人脈，加入當時為了去蘇丹打擊伊斯蘭主義者而組成的英國遠征軍。當時距離他在阿富汗邊境首度體驗戰火才一年，他又加入另一輪戰事，在蘇丹首都卡土穆（Khartoum）外參與騎兵衝鋒，英軍在戰鬥中屠殺了蘇丹部落成員。他把那段經歷又寫成了另一本書：《河上之戰》（*The River War*）。接著，他返回印度，參與馬球錦標賽，結束軍旅生涯。

接著，邱吉爾把目光放在政治生涯的成就上。他憑著報社的外派工作及兩本著作，已經為自己累積了足夠的聲名，足以競選國會議員。一八九九年七月，年僅二十五歲的他參選國會議員，但以些微的票數落敗。不過，那場選戰輸得體面，足以顯見他的前途尚有可為。

他的軍事運氣始終很好，當時大英帝國的周邊有另一場戰事正在醞釀。選舉結束後不到四個月，他就前往南非[54]，報導即將爆發的波耳戰爭。他不想去那裡吃苦，所以帶了兩箱酒、十八瓶威士忌（波特酒、白蘭地、苦艾酒各六瓶）一起去。一八九九年十月底，他抵達南非。不到一年後，他返回英國時，已經出名了。

他的冒險是始於一八九九年十一月十五日。他抵達南非還不到兩週，就搭上一列被派往前線參與偵察行動的英國軍用裝甲火車。他回憶道，當時的他「渴望冒險犯難」，[55]迅速在車上找到一個位置。火車才剛隆隆地駛進波耳人控制的區域時，就被敵人的輕型火炮擊中。工程師加快車速時，部分列車出軌，那很可能是波耳人刻意破壞鐵軌所致。

邱吉爾立即採取行動。在歷時一個多小時的砲火攻擊下，他協助英軍的指揮官動員士兵去清理翻覆列車的軌跡，然後重新接上火車頭。最後，火車開始以步行速度後退。車上滿載著傷患，其他人則是以步行的方式躲在火車的另一側。後來，事情發展與匆忙制定的計畫相反，火車開始加速，留下步兵繼續步行。

邱吉爾要求列車長把火車開過藍克朗茲河（Blue Krantz River）上那座橋並在對岸停下來，好讓他沿著鐵軌往回走去召集那些步兵。他往回走時，看到一些人，但不是英國人。一個騎馬荷槍的人接近時，邱吉爾伸手掏槍，卻發現槍套是空的——他剛剛為了讓重新啟動火車的工作輕鬆一些，把槍收了起來。於是，他只好投降，成了波耳人的俘虜。

對年輕的邱吉爾來說，成為戰俘近乎折磨。他和其他的英國官員一起被拘禁在波耳首都普勒托利亞（Pretoria）的一棟學校建築中。他回憶道：「時間像癱瘓的蜈蚣那樣爬行，任何事情皆索然無味。閱讀，談何容易。寫作，毫無可能……我厭惡每分鐘遭到囚禁的感覺，更甚於一生的任何時期。[56]」他堅稱自己是戰地記者，但波耳人告訴他：他有武裝防備，而且有人看到他幫英軍對抗波耳人。

一八九九年十二月中旬的某晚，邱吉爾遭拘禁不到一個月後，他翻越一堵牆，避開了哨兵——這可能涉及了賄賂——接著依循星辰的方向，來到約半哩外的一條鐵路上。火車開始駛離車站時，他蹲在火車旁邊。「接著，我猛然跳上車廂，試圖抓住某個東西，但沒抓住。我再抓一次，還是沒抓住。後來我抓到類似扶手的東西，雙腳猛然被甩離地，腳趾危險地碰撞車上的東西。[57]」後來，他爬進一堆空煤袋裡睡著了。他覺得，沒有什麼催眠曲比「載著一名逃犯以時速二十哩的速度離開敵人首都的火車所發出的嘎嗒嘎嗒聲」更悅耳的了。

對一個前途無量的年輕帝國主義者來說，那是一次完美的冒險。在前往約兩百七十五哩外的葡屬東非邊境時，他白天睡在鄉下，晚上跳上火車。由於糧食與體力不足，他前往一名蘇格蘭礦場經理的住家，那名經理相當認同英國的理念。邱吉爾把這件事情描寫成一場幸運的邂逅，但大家肯定會懷疑他是否受過高人的指點才去找那個人。那位礦場經理把他藏在地下兩百呎的廢棄礦井底部，並提供他蠟燭、威士忌、雪茄和雞肉，以及羅伯特·路易斯·史蒂文森（Robert Louis Stevenson）的驚悚小說《綁架》（*Kidnapped*）。此外，經理也安排他登上另一列載運羊毛包前往葡萄牙殖民地的貨運火車，躲在羊毛包堆疊的縫隙裡。抵達葡屬東非的首都洛倫索馬貴斯（Lourengo Marques）時，他到英國的領事館報到。英國外交官擔心邱吉爾再度被城裡的波耳人捕獲，當晚把他送上一艘回南非的輪船。邱吉爾在那裡發表了演說，並以軍官兼記者的雙重身分重新加入英國軍隊，這在當時是大家普遍認為可取的做法。

在後續的幾個月裡，他沉醉於英國報紙上對其冒險經歷的報導。「報上對我的應變方式充滿了溢美之詞。[58]」包括火車事故及後來的逃離經過，「我有生以來第一次變得很有名」。這時他的思緒已經飄離了戰爭，因為戰爭已經分裂成小型的游擊行動。

邱吉爾做了一些比較散漫的報導後，返回家鄉，利用日益響亮的名聲重新啟動政治生涯。一九〇〇年夏季返家時，母親並未在家裡迎接他——當時她一心想嫁給第二任丈夫喬治・康沃利斯—衛斯特上校（George Cornwallis-West）[59]。康沃利斯—衛斯特帥氣挺拔，比她小二十歲，只比邱吉爾大十六天。多年後，邱吉爾在回憶錄裡以整整一章的篇幅描述「裝甲列車」事件。如此大書特書也無可厚非，畢竟那件事是他從英國民眾眼中的小名人一躍變成重要人物的跳板。

打從一開始，許多同儕就覺得邱吉爾在教養、性格、秉性方面都不太純正。維奧莉指出：「在保守黨和社交圈中，他是局外人，野心勃勃，善於向上鑽營及自我宣傳。[60]」事實上，到了十月，距離他之前淪為囚犯與逃犯才十二個月後，他就選上國會議員了。

探險者變成政治人物及成家立業

這時，邱吉爾在政壇上的崛起才剛開始。他進入下議院才四年，就退出保守黨，加入自由黨，這也是後來保守黨長期不信任他的一個原因。一九〇八年四月，年僅三十三歲的邱吉爾在新任首相H・H・阿斯奎斯（維奧莉的父親）的邀請下成為閣員。英王愛德華七世對此感到不以為然，他告訴兒子，邱吉爾「比起以前的在野身分，現來看起來更像執政的無賴」[61]。

同年，邱吉爾追求一位女性並如願成婚，此人成了他最親密的知己長達半個世紀以上。在這之前的多年間，他追求過不少女性，但都沒有結果。他和維奧莉非常親近，但他似乎覺得追她有些尷尬。她顯然希望他求婚，但他沒有那樣做。一九〇八年春季，他開始對另一位身家沒那麼顯赫的女人克萊門汀・霍齊爾（Clementine Hozier）產生興趣。克萊門汀系出貧窮蘇格蘭貴族的小分支，一度以教法語貼補收入。

一九〇八年八月，維奧莉得知邱吉爾向克萊門汀求婚時，寫信告訴好友威尼莎・史丹利（Venetia Stanley）：「不知道他最終會不會介意她其實愚不可及。他不想找一個幫他進化的挑剔妻子，以彌補他品味上的缺憾並阻止他犯錯，雖然他亟需這種賢內助。[62]」英國的貴族圈裡有不少奇怪又複雜的現象。幾年後，維奧莉的父親愛上了她的好友威尼莎。在討論一戰的內閣會議上，他還分心寫情書給威尼莎。

總之，維奧莉不太可能原諒邱吉爾對她毫無愛戀之意。幾年後，他們同搭一艘遊艇，航行在亞得里亞海上，他們一起站在船尾的欄杆旁（兩人仍是摯友），維奧莉嘆氣道：「真完美！」

「是啊！」邱吉爾回應，「範圍完美，能見度也完美。[63]」接著，他告訴她如何轟炸海岸線的城鎮。

克萊門汀的出生背景複雜。一些傳記作家認為，她的生父是貝特倫・米特福德（Bertram Mitford）[64]，亦即米特福德（Mitford）六姊妹的祖父。六姊妹在一九三〇年代和一九四〇年代對英國各界有廣大的影響。作家兼政治人物鮑里斯・強森（Boris Johnson）指出：「克萊門汀不太確定生父的身分。[65]」

對邱吉爾來說，克萊門汀的性格比她的身世更重要。娶克萊門汀也許是邱吉爾一生中最明智的選擇。她沉默寡言，觀察敏銳，跟邱吉爾不一樣，也完全不像邱吉爾的母親。她知道缺錢的恐懼，了解市井小民的生活。她也不像維奧莉那樣本身就有從政的潛力。她的鋒芒不會凌駕邱吉爾或與他匹敵。邱吉爾狂妄時，她是穩定他的力量；邱吉爾陷入低潮時，她是鼓舞他的動力。多年後，她對他說：「正因為我很平凡又愛你，我知道什麼適合你，對你最好。[66]」一九〇八年，邱吉爾和克萊門汀宣布訂婚幾週後，於九月成婚。或許值得注意的是，婚禮上，貝特倫・米特福德坐在克萊門汀的母親旁邊[67]。

一九一一年，邱吉爾獲任為第一海軍大臣，負責管理英國皇家海軍。直到一戰爆發時，

他仍擔任那個職務。一九一五年，一般認為他是促使英軍在土耳其的加里波利半島（Gallipoli）登陸的主要策劃者之一。那場行動簡直是災難。經過九個月的奮戰後，協約國從半島撤退，累計的陣亡人數逾五萬人，不僅人員損失慘重，英軍幾乎毫無戰績可言。

邱吉爾為土耳其戰役的失敗承擔了大部分的責任，為此而下台。他也很震驚自己突然失業了，後來他回憶道：「就像從深海中被釣起的海獸，或像突然被拉上海面的潛水者一樣，我的血管感覺像承受不了壓力，快爆裂開來。[68]」思及那場戰爭的後果時，他又補充提道：「我非常焦慮，無法抒解。」他開始尋找消磨時間、讓自己平靜下來的方法，因此開始畫畫。後續數十年，畫畫成了他排解情緒的消遣。

不過，辭官沉潛，退隱英國鄉間，並不足以減輕他的痛苦，也無法讓他重振旗鼓，回歸顯赫的地位。他覺得英軍在加里波利的失利不該由他來承擔，但依然覺得自己有必要為那件事情懺悔，所以他自願參與了法國的戰爭。一九一五年十一月，他抵達前線，結果在那裡指揮前線的營隊好幾個月。他在寫給克萊門汀的信中寫道：「這裡很亂，隨處可見髒污和垃圾，防禦工事和濫葬崗混在一起，到處都是爛泥廢土。在耀眼的月光下，一群巨大的老鼠不畏永不停歇的步槍和機槍及上空呼嘯而過的子彈，四處亂竄。[69]」儘管如此，他還是很訝異，在法國的感覺竟然比待在英國好多了。「我找回了暌違數月的快樂和滿足感。」

享用了一輩子的美酒佳餚，那段期間與人並肩在泥地裡生活的日子，是他最接近平民生活的體驗[70]。即使如此，他還是設法抒解當時的處境，請妻子寄給他「大塊醃牛肉、斯第爾頓乳酪、奶油、火腿、沙丁魚、果乾。妳可以試試大牛肉派，但不要寄罐裝松雞或花哨的罐裝食品。食物愈單純愈好，分量愈多愈好，因為這裡配給的肉類又柴又無味。[71]」

克萊門汀對他的情緒波動很敏感，當他在前線陷入低潮時，她會想辦法讓他保持鎮定。一九一六年二月，她寫道：「親愛的，昨天我收到的幾封信中，有一封寫得很憂鬱。希望你不要讓這種情緒盪得更深，而長久影響了心靈。」

他休假回家時，克萊門汀覺得他太關注政治，不太關心注她的需求。她輕輕地抱怨：「親愛的，你對公務的焦慮實在很磨人。希望下次見到你時，我倆能獨處一會兒。[72]」她沒有明確表示她需要更多的肌膚之親，但言下之意也差不多了：「我們還很年輕，但時光飛逝，歲月也會偷偷帶走愛，只留下和睦。和睦的相處非常平靜，但少了刺激或熱情。」二戰期間嫁給邱吉爾之子的潘蜜拉．迪格比（Pamela Digby）曾與克萊門汀私下聊過自己和先生的問題。數十年後，迪格比回憶道，她和婆婆聊完後的感覺是，邱吉爾家的男性沒有多大的性慾。她告訴她的傳記作者，她和藍道夫的性生活乏善可陳。「說到性事，藍道夫和邱吉爾家的其他男人一樣，似乎不是那麼感興趣。再加上飲酒過量，也難有什麼出色表現或少有表現。[73]」不過，邱吉爾和克萊門汀在一九〇九、一九一一、一九一四、一九一八、一九二二年都生下了孩子，這項事實或許可以反駁上述的說法。

邱吉爾駐紮的前線地帶比較平靜，因為當時戰爭的多數行動是發生在更南方的凡爾登附近。即使如此，他的部隊還是傷亡慘重。一九一七年五月，該部隊因兵力耗盡，不得不撤退，並與其他的部隊合併。邱吉爾趁機返家，重返政壇。當年七月，他又回到內閣，擔任軍需大臣。

一九二二年，他競選連任失敗。一九二三年，又補選落敗。一九二四年四月，他寫信給正在法國度假的妻子，說他和孩子在鄉下過得很開心。「每餐我都喝香檳，非用餐時間也喝了幾桶紅酒和汽水。菜餚雖然簡單，但很美味。晚上我們玩留聲機，打麻將。[74]」同年，工黨政府首次執政，邱吉爾重返議會。但他所屬的自由黨陷入混亂。後來他退出自由黨，重新加入保守黨。據報導，他換黨時得意地說：「任何人都可以換黨，但兩度換黨需要點智慧。[75]」不過，保守派的老戰友並沒有熱烈地歡迎他回歸。他的朋友兼政治盟友比弗布魯克勛爵（Lord Beaverbrook）寫道，在保守黨中，「大家厭惡他，不信任他，對他抱有疑慮。[76]」

即使如此，一九二四年底，執政不久的工黨政府垮台，保守黨重掌政權時，他還是獲得了一個重要的職位：財政大臣——相當於其他國家的財政部長。對他來說，這個職位有重大的心理意義，因為他的父親曾於一八八六年擔任財政大臣，雖然僅就任五個月，卻是其輝煌事業的顛峰。

一九二〇年代末期，他以另一種方式踏上父親的腳步，與黨內的領導人爭論不休並期望大家順從他的意願。結果，一九二九年後，工黨二度執政，取代保守黨，他再次失勢。此外，他也因投資不善，把財務狀況搞得一塌糊塗。他試圖靠寫作及演講來彌補虧損，所以一九三一年十二月才會踏上紐約的第五大道，卻因心煩意亂而分神看錯方向，沒注意到汽車朝他疾馳而來。

CHAPTER 3

員警歐威爾

Orwell the Policeman

如果說邱吉爾早年是在追求權力和聲望，歐威爾則是在追求一個核心主題。最終，他發現那個主題是：濫權。那是貫穿其所有作品的主線，從早期作品到最後的遺作始終如一。

一九〇三年六月，如今以「喬治．歐威爾」聞名於世的作者艾瑞克．布雷爾在英屬印度孟加拉管轄區誕生。他的祖父是英印軍的軍官，父親是印度總督府的低階公務員，負責監督鴉片的種植和加工。種植和加工的鴉片成品大多是出口到中國，以平衡英國從中國大量進口的茶葉、瓷器和絲綢。事實上，十九世紀中葉，鴉片貿易約占印度收入的百分之十五[1]。歐威爾的母親出生於法國家庭，姓氏是李莫桑（Limouzin），娘家在緬甸種植茶葉。

但歐威爾幼年時期待在緬甸的時間並不長。他未滿一歲時，母親就帶著他和姊姊回到英國，住在倫敦西方的泰晤士河畔亨利（Henley-on-Thames）。接下來的那幾年，蹣跚學步的歐威爾住在離邱吉爾不遠的地方，當時邱吉爾正在牛津的郡驃騎兵中隊裡服役。歐威爾在英國的第一個冬天，才七個月大，就得了支氣管炎[2]。

歐威爾十八個月大時，脫口說出的第一個字是「beastly」（意指討厭的、惡劣的）[3]。他跟邱吉爾一樣，都是鬱鬱寡歡的少年。他的姊夫韓弗理・達金（Humphrey Dakin）在歐威爾還小時就認識他了，也很討厭他。達金形容歐威爾是「小胖子……老是哭哭啼啼，愛告狀，瞎掰故事等等。[4]」歐威爾有一個姊姊和一個妹妹，儘管他後來創造出「老大哥」這個出名的用語，但他既沒有哥哥，也沒有弟弟。

他跟邱吉爾一樣，很少見到父親。一九〇七年，歐威爾的父親從緬甸飛往英國探視家人。一九一二年退休後，他搬過來和他們同住。歐威爾提過：「我八歲以前很少見到父親。[5]」八歲時，歐威爾已經被送去寄宿學校就讀了。父親的疏遠形象「在我看來只是一個聲音粗啞的老人，只會說『不要』。[6]」這也是歐威爾終其一生懷疑權威的起始。

歐威爾痛恨他就讀的第一所寄宿學校：位於東薩西克斯的聖西彼廉學校（St. Cyprian's）。後來他在短文〈這，這就是快樂〉（Such, Such Were the Joys）中憤慨地描述那所學校的情況。由於擔心遭到誹謗控訴，該文在他生前並未發表。他在文中回憶道：「八歲時，你突然從溫暖的安樂窩裡被拉了出來，扔進一個充滿暴力、詐欺、祕密的世界裡，就像金魚被扔進裝滿梭子魚的水箱裡一樣。[7]」

在學校裡，歐威爾既孤單又害怕，變成會尿床的孩子，引來校長的毒打，校長一邊揮舞著帶著骨柄的馬鞭、一邊高喊著「你這個髒小孩」。第一次挨打後，歐威爾向同伴透露不會痛。一位權威人士無意間聽到那句自鳴得意的話，所以歐威爾又被叫去毒打一頓。這次鞭打的力道之猛，連馬鞭都打斷了。這也促使歐威爾想到，他活在一個不可能做好人的世界裡——尿床並非他所願，他也想停止尿床，但還是忍不住尿床了。他把這番殘酷的體悟稱為「少年時代既深刻又持久的教訓」[8]。

後來他得知他是以減免學費的方式入學，亦即所謂的「獎助生」。獎助生制度不是學校的善舉，他的任務是以優異的學業成績擠進伊頓公學或哈洛公學之類的頂尖名校，以提高學校的聲譽。少年歐威爾因此意識到，富家子弟不管表現如何，永遠不會挨打，由此可見一個社會主義者的養成起點。「受苦的都是貧窮但『聰明』的孩子。我們的大腦有如黃金寶庫，校長把本錢投入這裡，勢必會從我們身上連本帶利討回來。[9]」他從這所學校學到兩個險惡的人生道理：強者總是欺負弱者；他嘗試的任何專案都會失敗。

後來，歐威爾不負眾望，拿到進入伊頓公學的獎學金。怪的是，十九歲他從那裡畢業後，並沒有繼續升上大學，而是加入英屬印度帝國警察單位（Indian Imperial Police），並被派往緬甸。即使現在，我們也很難理解他為什麼會做出那樣的決定。他寫道，他在學校記取的一個教訓是「不打破陳規就會滅亡」[10]。他身上並沒有什麼特質顯示他適合擔任任何法律的執行者，更何況是去殖民地執行壓迫的工作。然而，在後續的四年內，那正是他的工作。或許那是因為他想這輩子至少看一次自己站在強者的立場、身為當權者是什麼感覺。

所以，他跟邱吉爾一樣，也是在大英帝國的偏遠地區蛻變為成人。以他的情況來說，是在上緬甸，在阿富汗邊境東南方約一千六百哩處。二十五年前，邱吉爾曾在那裡騎行，並把那段經歷寫在《馬拉坎德野戰軍紀實》裡。一九二二年底到一九二七年中，歐威爾一直住在緬甸，擔任大英帝國的員警。他之所以能去那裡，是因為一八八六年英國在邱吉爾的父親藍道夫勛爵（當時他短暫出任印度事務大臣）監督的一場行動中，併吞了緬甸中部和北部的未殖民區。

歐威爾最初擔任員警時，給上級留下不太好的印象[11]，因此被送到緬甸鐵路線北端的卡塔鎮（Katha），那裡離中國邊境僅八十哩。他就是在那個伊洛瓦底江（Irrawaddy River）邊的偏遠小鎮上逐漸成熟的。他在那裡培養出來的視角，塑造了他整個寫作生涯的方向。以他早期的短文〈絞刑〉（A Hanging）中這段觀察細膩的時刻為例[12]，那是描述他幫忙押送一名被判有罪的印度教男子走四十碼的距離去絞刑台。

有一次，儘管有兩人緊緊抓住犯人的雙肩，他依然設法把身子稍微往旁邊挪移，以免踩到路上的水坑。這感覺很怪，但直到那一刻，我才意識到摧毀一個健康、清醒的人意謂著什麼。我看到犯人為了躲避水坑而挪移時，我頓時明白了突然結束一個活力滿載的生命是多麼匪夷所思、難以言喻的錯誤。這個人並非陷入垂死狀態，他還活著，就像我們一樣活得好好的。

歐威爾利用在那裡的歲月，創作了第一部小說《緬甸歲月》（*Burmese Days*）。與其說那是一部純想像的作品，不如說是一部回憶錄。多年後，他在一封信裡寫道：「大部分的內容只是在述說我的所見所聞。[13]」

這本書最適合的讀法，是把它當成研究各種濫權的讀物。他在精彩短文〈獵象記〉（Shooting an Elephant）中寫道，他每天都近距離看到帝國的骯髒勾當[14]：

> 可憐的囚犯擠在臭氣熏天的牢籠裡；長期監禁的囚犯一臉惶恐，面色鐵灰；因竹子鞭打而傷疤累累的屁股……

他年僅二十四歲就辭去員警的工作，返回英國，開始在倫敦和巴黎漂泊，並於幾年後完成《緬甸歲月》。《緬甸歲月》的出版是在他的第二本著作《巴黎倫敦落拓記》（*Down and*

Out in Paris and London）之後。但在歐威爾的人生中，緬甸歲月其實是發生在巴黎和倫敦歲月之前。

他對緬甸生活的描述很直接。《緬甸歲月》裡的非英雄型男主角是弗洛里（Flory），他是個無聊、不滿、有點自由主義的殖民地木材商人，住在緬甸北部伊洛瓦底江沿岸一個殖民地的偏遠村鎮裡。他的模樣可能很像歐威爾在緬甸再待十年後的樣子：「約三十五歲」，抑鬱寡歡，頂著一頭粗硬的黑髮，留著短短的黑鬍子，皮膚蠟黃，「一臉憔悴，雙頰瘦削，雙眼凹陷無神[15]」。歐威爾和弗洛里的主要區別，在於這個角色最引人注目的身體特徵：左臉上有個深藍色的胎記，讓他感到很難為情。

弗洛里認識了被送到緬甸來尋找另一半的年輕英國女子伊莉莎白・雷克史丁（Elizabeth Lackersteen）。她其實不喜歡弗洛里，也瞧不起他對藝術和文學的興趣，對於他對緬甸生活和文化的喜好日益提防小心。只有當他展現出帝國的舉止風範時（例如射鴿子），才對他有好感。然而，弗洛里貼近帝國主義的那一面，正是讓他自覺慚愧，希望自己有勇氣拋棄的一面。即使如此，伊莉莎白似乎已經顧不了那麼多了，因為當時她住在叔叔家，叔叔半夜會對她毛手毛腳。由於她當時的處境棘手，她似乎願意屈就嫁給弗洛里。但後來一個詭計多端的緬甸小官員（腐敗的分區法官）耍計謀，讓弗洛里在大庭廣眾下被他拋棄的情婦斥責，使他難堪。這件事促使伊莉莎白與弗洛里斷絕關係。弗洛里感受到尷尬及被甩的痛苦，面對情感的孤立，他選擇開槍自盡。他死後，那個「難看」的胎記逐漸消失[16]。

這一切是以混雜著社會和政治權謀的大雜燴形式呈現，書中充斥著英國人和緬甸人為了聲譽和面子之類的小事而耍弄的一些權謀，例如哪個緬甸人會受邀加入鎮上的歐洲俱樂部，哪個緬甸人被英國高層要求取消有種族歧視的錄取政策。這部小說描寫社會權勢的無盡施展，手法細微又殘酷，有時讀來像珍・奧斯汀（Jane Austen）和E・M・福斯特（E. M. Forster）的結合體。福斯特的《印度之旅》（*Passage to India*）出版四年後，歐威爾才動筆撰寫這部有關衰頹帝國的小說。

在《緬甸歲月》一開始，歐威爾為小說布局時寫道：「在印度的任一個城鎮中，歐洲俱樂部就是精神堡壘，是英國權力的真正所在，是當地官員和富豪企盼能排解一切煩憂的極樂世界，但他們始終徒勞而返。[17]」這種小巧孤立的俱樂部，發展不如其他的俱樂部，也不會邀請「本地人」加入會員。當上級要求歐洲俱樂部必須讓本地人入會時，俱樂部的三位會員強烈反對，其中一人還刻意以難聽的用語嘲諷道：「在橋牌桌上，挺著啤酒肚的小黑鬼在你面前滿口大蒜味。[18]」但另兩位會員抱持不同的意見，其中一人是弗洛里，他倒是很喜歡那個規定。另一人是麥格雷戈先生（Macgregor），他算是當地英國圈的領袖，像大家長一樣，他已經決定執行那份指示了。

由於歐威爾使用的意識形態框架相當明顯，情節的轉折幾乎總是帶有更大的意義。例如，一名英國婦女抱怨她家的傭人很「懶」：「在某些方面，他們幾乎和家鄉那些下層階級一樣糟糕。[19]」一位來訪的英國軍官踢了俱樂部的酒保時，俱樂部的會員責備他：「該踢僕人的是我們，不是你。[20]」弗洛里告訴一位印度醫生（那是他唯一的真朋友），他為自己活在底下的謊言中感到羞恥：「我們來這裡的目的，是為了激勵可憐的黑人兄弟，而不是掠奪他們的資源。[21]」他認為，大英帝國不斷地蓋銀行和監獄，並聲稱那叫進步[22]。最後，弗洛里說：「大英帝國就是讓英國人壟斷貿易的工具，甚至可以說是讓猶太人和蘇格蘭人的幫派壟斷的工具。[23]」沒有跡象顯示，歐威爾抨擊這兩個族群帶有諷刺意味，尤其他自己的身分認同又那麼貼近弗洛里。歷史上，從印度出口到緬甸的鴉片業務確實是由兩家公司壟斷，一家是蘇格蘭公司「怡和洋行」（Jardine Matheson），另一家是後來變成英籍的伊拉克猶太家族「沙遜家族」（Sassoons）。（一次大戰的回憶錄作家兼詩人西格里夫·沙遜〔Siegfried Sassoon〕就是這個家族的成員。）

這部小說雖然稱不算上乘，但還不差，至少比邱吉爾的早期作品優異（尤其是邱吉爾刻意遺忘的唯一小說作品《薩伏羅拉》〔*Savrola*〕），但部分原因在於歐威爾在這個職涯階段是比較老練的作家。

如果歐威爾後來沒繼續寫其他更具影響力的作品，如今《緬甸歲月》可能會被視為一本沒什麼名氣、但不乏一些有趣內容的帝國文學研究作品。多年後他回憶道，年輕時，

> 我想寫以悲劇收場的大部頭自然主義小說，裡面充滿細膩的描寫及顯著的明喻，還有許多詞藻華麗的段落，其中有些文字的運用是為了追求音韻效果。事實上，我首部完成的小說《緬甸歲月》正屬此類。那是我三十歲寫的，但構思是在更早之前[24]。

然而，那依然是一個值得一讀的故事，尤其它對帝國和帝國主義本質的見解，如今看來特別值得注意。在那本小說的第一個場景中，充滿權謀的緬甸官員吳波金（U Po Kyin）說：「歐洲人根本不管證據，一個人只要有黑皮膚，懷疑就成了鐵證。[25]」——他巧妙地運用這個現象來圖利自己。故事的敘事者後來提醒讀者，弗洛里「忘了大多數住在外國的人，只有在鄙視當地的居民時才會覺得自在[26]」——這不是放諸四海皆準的事實，但確實精準地描述了《緬甸歲月》那個可悲的英國小圈子。

最後，弗洛里痛苦不堪，自我厭惡，陷入絕望。他最後說的話也是謊話：「主人不會傷害你的。[27]」他安撫受驚的狗，接著開槍殺了寵物和自己。

歐威爾最初是讓弗洛里寫自己的墓誌銘，但是在該書的最終版本中，他又把那個墓誌銘刪了：「人生以我為鑑。[28]」在小說的結尾，弗洛里只是帝國的受害者。該書傳達的一大重點是，英國人和緬甸人都受到帝國體制的重創。

這也許是歐威爾居住在緬甸期間最重要的結果：如果說他在學校裡學會了懷疑權威，

那麼，他在亞洲則是學到權力的施展如何讓人腐化。他討厭看到權力對自己的影響，也擔心自己若是繼續在殖民地擔任執法者會發生什麼事。誠如他在〈獵象記〉裡說的：「白人變成暴君的同時，也摧毀了自己的自由。他變成某種虛偽、裝腔作勢的傀儡，徒以老爺的身分示人耳。[29]」這個結論等於全盤否定了他自己在英屬殖民地的官僚機構中的背景。

現在很難想像，這部描寫英國人在緬甸的小說，對那些管理大英帝國日常事務的英國中產階級來說是多大的一記耳光。即使到了一九三〇年代，英國文化仍常把帝國霸業描寫成一股至善的力量：把教育、貿易、法治觀念傳播到亞洲和非洲等遙遠地區。很少英國作家會把那些活動描述成邪惡的力量，並說那是受到最卑鄙的動機所驅使。歐威爾的姊夫達金回憶道：「當時我覺得那有點蠢，如果你懂我意思的話。」達金本身也是公務員，「他在尋找髒污與悲慘之類的東西，他找到了。[30]」由於擔心有人從小說中認出自己的身分而提出毀謗告訴，《緬甸歲月》最早是在美國出版。還有一些人則是考慮做出更直接的回應，例如，據說當年培訓他的老警官誓言，要是再遇到歐威爾，他會用馬鞭抽打他[31]。

歐威爾從緬甸經歷中得出以下的關鍵結論：「被壓迫者永遠是對的，壓迫者永遠是錯的。[32]」歐威爾接著又寫道，這是「一種誤解的理論，卻也是自己身為壓迫者的自然結果」。

為了彌補自己身為壓迫者那段期間所做的一切，歐威爾回到歐洲後，陷入一段漫長的自我放逐過程。先是在英國當了一段時間的流浪漢，接著一九二八年春天轉往巴黎，積極投入當地的底層社會。他生活及工作的環境都很骯髒，也因此第一次感染肺炎，那是他罹患連串肺部疾病的起點，使他接下來二十年的人生痛苦不堪。他也經常餓肚子，這主要是出於自願——他在巴黎有個姨媽，名叫奈莉・李莫桑（Nellie Limouzin），只要他願意開口，姨媽都會照顧他，但那不是他想要的。後來，他告訴一個朋友，他的積蓄被一個名叫蘇珊娜的女孩偷走了。他說蘇珊娜是他在咖啡館搭訕的「妓女」。「她長得很美，身材像個男孩，髮型也像男人，但各方面都很誘人。[33]」他開始為出版寫作，一九二八年底在法語和英語報紙上發表了幾篇短文。當時他仍以本名艾瑞克・布雷爾寫作。

一九二九年底，他從法國回到英國，並搬去和父母同住。他的父母已經搬到東南沿海的小鎮索斯沃爾德（Southwold），那裡是退休的印度公務員最喜歡養老的地方。他靠著當家教賺了點錢，後來在一所小型的中學裡找到一份教職。他也追求博學多才的體育老師布蘭達・薩克爾德（Brenda Salkeld），並一再向她求婚，後來才接受她的拒絕。之後，他又與另一個女人短暫交往。

接著，他開始體驗英國的底層生活。他在田野裡跟著流浪漢一起採啤酒花，睡在特拉法加廣場（Trafalgar Square）的人行道上。他試圖讓自己被捕，從一個庇護所轉到另一個庇護所。那些地方只給人吃廚餘剩菜，把流浪漢當狗一樣對待。

隨後，他把自己在英國和法國的經歷寫成一本小說化的回憶錄，於一九三三年出版，名為《巴黎倫敦落拓記》（*Down and Out in Paris and London*）。那是他第一次以「喬治．歐威爾」這個筆名出版。喬治．歐威爾是由一個非常英式的名字「喬治」與索斯沃爾德以南一條河口溪的名字「歐威爾河」（River Orwell）組合而成。

歐威爾寫作的那個時代，大家認為富人不僅可以忽視、甚至可以鄙視周圍多數人生活和工作的方式。英國小說家維塔．薩克維爾－韋斯特（Vita Sackville-West）和丈夫哈洛德．尼科爾森（〔Harold Nicolson〕才華洋溢但名氣沒那麼響亮）就是很好的例子。他們自認為是創作的頂尖人才——善良、正派、寬容、有教養，是世上最好國家的最好區域所孕育出來的最好人才。尼科爾森曾在日記中寫道：「我是個快樂、誠實、有愛的人[34]。」他的愛人包括蓋伊．伯吉斯（Guy Burgess）。一九五〇年代，伯吉斯被揭穿是英國貴族圈內蘇聯間諜集團的一員[35]，該集團是一九三〇年代金．費爾比（H.A.R. "Kim" Philby）在劍橋大學招募的。

尼科爾森是個徹頭徹尾的勢利鬼，他曾寫信告訴妻子：「我們是人道、仁慈、公正、不粗俗的。沒錯！我們不粗俗！[36]」他很樂於認同另一位愛人（文學評論家）雷蒙．莫提默爾（Raymond Mortimer）的傲慢評論：「大眾並不像我們那麼關心真相。[37]」

薩克維爾－韋斯特曾對尼科爾森透露：「我討厭民主，我希望從來沒有人鼓勵民眾從他們理當存在的位置崛起。我想看到他們像TT牛（T. T. cows）那樣吃得好、住得好，但沒必要有表達能力。」（TT牛是指經過結核病檢測的牛，結核病在二十世紀中葉對英國來說仍是威脅，歐威爾後來也不幸感染了。）在一週後的另一封信中，她補充提到，她很慶幸自己不是一般苦力。「如果一個人就只是活著，日復一日地度日，滿腦子都是微不足道的愚蠢小想法，那不是很慘嗎？我的意思是指成天只做洗碗、打掃前門台階、跟鄰居八卦之類的事？[38]」

因此，歐威爾有正當理由在《巴黎倫敦落拓記》裡提出下面的問題：「大部分受過教育的人對貧窮有多少了解呢？[39]」他想要親身體驗並對全世界描述的，正是勞動階層與社會底層那個「粗俗」的世界，那是絕大多數人生活的方式。有時，他的寫法令讀者感到不快。例如，該書一開始，他以中立的筆觸描述「查理」：一個遊手好閒的法國年輕人，常光顧附近的酒吧，講他如何付錢強姦一個遭到囚禁的二十歲女子。「我把她拉下床，將她摔在地上，然後像一隻老虎似的撲向她！……我一次比一次猛烈地發動攻勢，那女孩一次又一次地試圖逃脫。她一再哭著求饒，我卻嘲笑她。[40]」歐威爾在這本小書中（頁二二三），花了整整六頁的篇幅來寫這個類似愛倫．坡的恐怖故事。這種寫法可能是個錯誤，那很容易讓讀者忽略了他的真正主題：描述一九三〇年代巴黎和倫敦的窮人一心關注的問題：溫飽，補充剛好足以起床上工的睡眠，週六夜晚靠廉價的劣酒買醉。

那本書不僅是為讀者寫的，也是為他自己寫的。那是他經歷人生及邁向文學的必經之路。他之所以讓自己沉浸在貧窮工人的污穢、疲勞、饑餓之中，是為了替之前的殖民生活贖罪。在緬甸，他自願加入歐洲壓迫者的行列。現在為了贖罪，他自願生活在歐洲的被壓迫者之間。哲學家艾耶爾（A. J. Ayer）在二戰尾聲為英國情報局工作，那時他在巴黎遇上歐威爾，艾耶爾指出：「後來我逐漸明白那是一種贖罪行為，為了彌補他在緬甸當了五年的帝國員警，以推動英國殖民主義理念所做的一切。[41]」

《巴黎倫敦落拓記》是一九三三年一月出版，是歐威爾最重要的過渡性作品，也是他以作家及觀察者的身分所做的自我追尋。該書的調性帶點不確定感，甚至不太穩，尤其是第三章。他像許多年輕作家一樣，在構思故事時，容易受到一些簡單震撼的誘惑，例如加入強姦的情節。該書一開始還有一個段落顯示他只是去觀摩貧窮，而不是困在那個世界裡。那一段是描述他肚子餓時，看到一隻蟲掉進他想喝的那杯牛奶裡，當下他的結論是：「你別無選擇，只能把牛奶倒掉，什麼也沒得吃。[42]」真正長時間挨餓的人並不會如此大費周章，他們可能會直接撈起蟲子就喝光牛奶。窮人已經習慣與蟲子為伴。

《巴黎倫敦落拓記》有時讀起來像一本駭人的異世界指南，描述都市貧民那光怪陸離的世界。在書中的幾個地方，歐威爾描寫無產階級社會裡某個領域的地位結構[43]——歐威爾在無意間探討了這個頗具英國特色的課題。例如，在他工作的餐館中，金字塔頂端是飯店經理，下一層是餐廳領班，之後往下依序是侍者領班、主廚、人事主任、其他廚師、侍者、見習侍者、洗碗工、打掃客房的女工。該書接近尾聲時，敘事者回到英國，露宿倫敦街頭，他在街頭看到乞丐圈也有清楚的階級架構。「單純的乞討和試圖提供物有所值的服務之間，有一條涇渭分明的社會界線。[44]」最成功的層級是街頭藝人，例如風琴手、雜耍藝人、街頭藝術家。他們的下一層是假裝賣火柴、鞋帶或薰衣草、唱讚美詩的人——歐威爾解釋，假裝是必要的，因為沒有東西卻直接討錢是犯罪行為。歐威爾就像一個稱職的旅行作家，甚至在書裡提供了一份街頭生活的詞彙表，並定義了一些行話，例如gagger（乞丐或街頭表演者）、moocher（直接行乞，沒偽裝成某種行業）、clodhopper（街頭舞者）[45]。

歐威爾去巴黎時才二十五歲，所以那本書的缺點也是仍在精進寫作技藝的年輕作家常有的缺點。歐威爾的嗅覺特別靈敏，所以《巴黎倫敦落拓記》有時在被壓迫者的惡臭上多所著墨，而不是多談談他們承受的痛苦或生存模式。每天早上他搭巴黎地鐵通勤時，「擠身在搖搖晃晃的乘客之間，面對面地湊近某張醜陋的法國臉孔，呼吸著酸酒味和大蒜味。[46]」跟《緬甸歲月》不同的是，他沒有告訴讀者那個呼吸散發著大蒜味的人是否挺著啤酒肚。他對那種刺鼻的植物特別敏感，一九三九年冬天，他在摩洛哥經營小農場一段時間，農場裡的母牛誤吃野生大蒜後，導致牛奶難以入口[47]，但他還是設法用那些牛奶來烹飪。

在《巴黎倫敦落拓記》的後半部分，他寫道「床單的汗臭味濃烈得可怕，鼻子簡直無法接近。[48]」書中還有另外八個段落提到他所處環境的氣味，那些氣味大多令人反感。

這裡有兩點需要說明。首先，對氣味的敏感是他多數作品的特點。第二，也是比較令人不安的一點，他厭惡的是人類的味道。當他注意到自然的氣息時，即使是穀倉或牲棚的氣味，他幾乎都能接納。相反的，人類的味道隨時可能令他退避三舍。

另一條貫穿全書的線索更令人反感：他遇到猶太人時，總是不經意地流露出偏見。在一家咖啡店裡，他看到，「角落有個猶太人獨自埋首用餐，狼吞虎嚥，心虛地吃著培根。[49]」句中那個動物般的字眼「muzzle down」（指大口吃喝，但muzzle也有動物口鼻的意思）看來格外刺眼。在另一個場景中，他描述朋友波力斯（Boris）講的故事。波力斯曾是俄國士兵，有一次一名猶太佬找上他（「一個年老可憎的猶太人，留著酷似加略人猶大的紅鬍子[50]」），以五十法郎的價格向他兜售女兒的性服務。歐威爾的其他作品中也可以看到這種隨性展現的反猶主義。即使他是機會均等的偏執者，那似乎也無法淡化他的反猶偏見，因為他在《巴黎倫敦落拓記》裡引用了一句他認同的諺語：「寧信一條蛇，更勝猶太人；寧信猶太人，更勝希臘人；但絕對不能相信亞美尼亞人。[51]」

事實上，歐威爾對於猶太人的遭遇總是不太敏感。二戰期間，他寫過許多抗議「反猶主義」的文章[52]，但過程中，他並未重新檢視自己過去十年的作品。戰後，他對納粹大屠殺事件（那個時代的重大事件）幾乎隻字未提，令人意外[53]。終其一生，他始終是強烈的反猶太復國主義者，但他之所以反對猶太復國主義，那應該從「他對民族主義的長期厭惡」這條脈絡來看，而不是從「他早期作品中的反猶主義」來看。即使如此，他擔任記者的朋友馬爾科姆．蒙格瑞奇（Malcolm Muggeridge）還是認為：「他內心深處抱著強烈的反猶主義。[54]」

《巴黎倫敦落拓記》描述勉強餬口的生活如何折磨人，使人疲憊不堪。這本書的中間部分生動地彰顯出勞動生活的基本事實，提到他在飯店餐廳裡擔任洗碗工的狀況。那段經歷是從逐步走下底層世界開始的，底層社會在他的筆下帶有許多地獄的特質，例如敘述者所屬的較低層級：

他領我走下盤旋而下的階梯，來到一條深埋在地底下的狹窄通道。那條通道非常低矮，我必須彎下腰才能穿過。通道裡悶熱得令人窒息，而且極其昏暗，每隔幾碼的距離才出現微弱的黃色燈泡。這裡似乎有好幾哩長的昏暗通道，像迷宮一樣——我估計全長約數百碼……

其中的一條通道是通往洗衣間，一名臉孔像骷髏的老婦人給了我一條藍圍裙和一疊洗碗布。接著，人事部的主管帶我到一個很小的地下室——宛如地窖下的地窖——那裡有一個水槽和幾個煤氣灶。水槽太低，低到我無法站直，那裡的室溫或許高達攝氏四十三度[55]。

走筆至此，他寫下書中最令人難忘的一段：把悶熱骯髒的廚房與隔壁飯店餐廳的潔淨華麗做了對比。他說那家餐廳是巴黎最貴的餐廳之一，客人是在富麗堂皇的環境裡用餐，隨處可見明亮的鏡子、清新的鮮花、雪白的桌布、鍍上金色塗層的飛簷。但是在通往廚房的門後，離幾步遠的地方，暗藏著

令人作嘔的污穢，我們直到晚上才有時間掃地。在晚上掃地以前，我們都在肥皂水、生菜葉、廢紙、踩爛的食物之間滑行。十幾個服務生脫下外套，露出汗涔涔的腋窩，坐在桌邊攪拌沙拉，把大拇指伸進奶油罐裡……這裡只有兩個水槽，沒有盥洗台，所以服務生在洗淨餐具的水槽上洗臉也很稀鬆平常，但客人完全沒看見這些景象[56]。

他在伊頓公學與富人相處，之後又在巴黎飯店的底層及倫敦街頭上與窮人混在一起後，得出以下的結論：「泛泛的百萬富豪只不過是泛泛的洗碗工換上新西裝。」對於那些擔心在街上被暴徒搶劫的人，他的回應是：「暴徒現在其實不受拘束，逍遙法外，而且是

以富人的型態出現。[57]」換句話說，在歐威爾看來，富人正在發動階級戰爭，掠奪窮人，只是他們不承認罷了。

這時的歐威爾是以作家自居。一九三〇年代中期，他住在倫敦北部漢普斯特德（Hampstead）的波西米亞式社區。住處就在二手書店「書迷角」（Booklovers' Corner）的樓上，早晚寫些三流的小說，下午在書店工作。他形容那裡像墳墓：「一個黑暗的小房間，充滿灰塵和爛紙的味道……擺滿了書，大多是賣不出去的舊書。[58]」

在人生的這個時點，他的未來看起來依然毫無前景。作家瑪莉・麥卡錫（Mary McCarthy）曾含蓄地描述歐威爾：「他不是天生的小說家。[59]」任何人只要讀過他於一九三〇年代中期寫的小說，都可以馬上看出他身為傳統小說家的局限，例如《牧師的女兒》（*A Clergyman's Daughter*, 1935）、《讓葉蘭飄揚》（*Keep the Aspidistra Flying*, 1936）、《上來透口氣》（*Coming Up for Air*, 1939），這些書都近乎難以卒讀，例如底下是《牧師的女兒》的拙劣開場：

> 五斗櫃上的鬧鐘叮鈴鈴地響起，像可怕的小炸彈那樣炸開時，陶樂西從惱人的噩夢

深處掙脫出來，猛然驚醒，仰望著一片漆黑，感到極度虛脫[60]。

除了出版小說以外，歐威爾早期也寫了兩本後來扔掉的小說[61]，如今已完全找不到那兩本小說的蹤影了。歐威爾的朋友傑克·科姆（Jack Common）也是社會主義小說家，他說歐威爾以最快的速度在一九三〇年代寫下那幾本小說，寫作所賺的錢只夠勉強餬口[62]。小說家安東尼·鮑威爾（Anthony Powell）以一段令人震驚的評論，總結他對那些小說的評價。他其實也是歐威爾的朋友：「除了自我投射的部分以外，他小說裡的人物並不是以人的身分生活，雖然他們有時是他用來表達當下論點的實用傀儡。[63]」

幾年後，一位朋友寫信向歐威爾索取一本《讓葉蘭飄揚》，歐威爾回信說：

有兩三本著作令我尷尬，我一直不願讓它們再版或讓人翻譯，這本是其一，還有一本更糟的是《牧師的女兒》。那只是我的寫作練習，當初不該出版的，但我急需用錢，我寫《讓葉蘭飄揚》時也是如此。當時我根本沒有寫書的構想，但已經勒緊皮帶挨餓，必須寫點東西去換一百英鎊左右的收入[64]。

歐威爾的才華是存在他自己尚未發現的其他地方。他的兩部經典小說《動物農莊》和

《一九八四》是他的生命接近尾聲時創作出來的。那些小說不是二十世紀典型的自然主義小說，而是一般認為比較次要的流派變體——童話和恐怖故事。但是那種文體又比傳統的小說更直接地反映現實，《動物農莊》和《一九八四》都是建立在我們對政治最基本的認知基礎上，包括我們如何組織公共世界，以及個人與那個組織的關係。

——

那個時期歐威爾比較明顯的收穫是，於一九三五年春季認識他未來的妻子。愛琳・歐香納西（Eileen O'Shaughnessy）是個迷人又聰明的年輕女子，一九二七年從牛津大學的英語文學系畢業。他倆相識時，愛琳正在倫敦大學學院攻讀心理學碩士學位，主要是研究兒童智力與想像力的衡量。

幾個月後，英國版的《緬甸歲月》出版了。歐威爾現在已經出版了兩本書，他開始懷疑，在那本有關巴黎和倫敦的書中，他觀察了錯誤的族群。他意識到：「遺憾的是，結識流浪漢並無法幫你解決階級問題。流浪漢、乞丐、罪犯、社會邊緣人都是很特殊的人，他們在勞動階級中並不比文學知識分子在資產階級中更具代表性。[65]」現在，他想投入英國經濟的核心——英格蘭北部的煤礦場——與在裡面辛勤勞動的人一起生活。

一九三六年一月，他離開漢普斯特德的書店生活，開始研究勞動階級。第一晚，他住在考文垂（Coventry）。他在日記裡寫道：「這裡的氣味聞起來像簡易旅社。女服務生反應遲鈍，塊頭大、腦袋小，脖子後方擠出好幾圈肥肉，不禁讓人想起後腿肉。[66]」

他搭乘火車北上，花了兩個月的時間在利物浦附近的一個煤礦區四處走動。大部分的時間，他在雨中或雪中，從一個城鎮步行數哩到另一個城鎮。一九三六年二月十二日，他大步穿過威根（Wigan）。威根是位於曼徹斯特和利物浦之間的煤礦和運河小鎮，隨處可見礦渣堆和泥坑。「寒風刺骨，他們不得不在運河上派出一艘汽船，以便在煤駁船的前面破冰……幾隻老鼠在雪地裡慢慢地跑著，很溫順，大概是餓到沒力氣了吧。[67]」

他把那段經歷寫成了《通往威根碼頭之路》（*The Road to Wigan Pier*），那是他的非虛構作品中最直截了當的作品。那其實不算敘事體，而是依循著一個聰明但簡單的計畫，以紀實的方式描述經濟大蕭條時期煤炭國家的勞動階級生活。這並不表示研究或寫作就很容易——套用歐威爾的名言：「看清眼前的世界，需要不斷地奮鬥。[68]」

從威根回到南方後，歐威爾開了一家店，當起了老闆[69]，在赫特福德郡的瓦靈頓村（Wallington）租了一間兩層樓的小屋子。瓦靈頓村就在倫敦前往劍橋的中途，小村裡有三十四間房子、兩間酒吧、一座教堂。他承租的那間小屋沒有電，沒有熱水，也沒有室內管線，但有一間以前就是用來開店的前室。前門約一百二十公分高，對瘦高的歐威爾來說想必很難進出。在寫作的空檔，他在店裡賣培根、糖、糖果，還有他自己養的雞蛋和蔬菜[70]。當地的農場工人弗雷德・貝茲（Fred Bates）回憶道：「那裡有一台不錯的培根切片機，以前他們有販售美味的培根。[71]」營業利潤可用來支付每月不到兩英鎊的房租。

他在那間小屋裡寫的那本書彷彿是大雜燴。《通往威根碼頭之路》的前半部是密切觀察英國窮人生活的系列報告，文中提到他們住哪裡、吃什麼、如何保暖、如何工作，以及隨著經濟大蕭條加劇，失業對他們造成什麼影響。在這一半的內容中，如今我們所熟知的那個作家歐威爾首度出現。雖然《巴黎倫敦落拓記》裡也可以稍微看到那個跡象，但是在這本書裡，歐威爾的文筆已臻成熟。這部作品不像上一本書那樣沉溺於譁眾取寵的調性，而是以明確的事實為基礎。他寫道，工人的飲食是「白麵包和人造黃油、醃牛肉、加糖的茶和馬鈴薯[72]」。他也寫道，或許是因為缺鈣，多數工人在三十歲就掉牙了。在蘭開夏郡，他看到婦女在礦場外的礦渣堆裡，「跪在煤渣泥和刺骨的寒風中[73]」撿煤塊。「她們很慶幸能幹這活兒，因為冬天她們亟需燃料，那幾乎比食物還要重要。在此同時，放眼望去，到處都是煤渣堆和煤礦場的起重設備。由於經濟大蕭條，那些煤礦場都無法把生產出來的所有煤炭全賣出去。」

《通往威根碼頭之路》的這部分相當於歐威爾版的《地下室手記》（*Notes from Underground*）——名符其實地記錄著地下生活。就像在《巴黎倫敦落拓記》中他描寫自己進入飯店洗滌室的地下世界一樣，這裡他是進入煤礦場內，他覺得那很符合他腦中的地獄畫面。「大家想像的各種地獄元素在此齊聚，舉凡悶熱、噪音、混亂、黑暗、污濁的空氣，尤其是難以忍受的狹小空間。[74]」抵達礦井的底部時，他必須彎著腰走一哩，穿過一條高約一百二十公分的隧道以抵達採煤場。那段旅程需要花歐威爾近一個小時的時間，令他痛苦不堪。他指出，那還只是礦工開始工作以前的一般通勤而已。抵達採煤場後，接下來是勞動一整天，「做到眼睛發黑，喉嚨裡充滿煤塵[75]」。這就是歐威爾直指核心的紀實報導。

不過，這時歐威爾尚未完全蛻變成為作家。這本書的後半部是一篇非比尋常的長篇大論，歐威爾在那篇奇怪的長文中剖析了英國社會主義，試圖理解它為什麼無法吸引英國的中產階級，甚至無法獲得勞動階級社會主義者的青睞。這部分內容的失敗之處和成功之處一樣醒目，導致《通往威根碼頭之路》變成「一個不知怎的不太均衡的成就[76]」——套用彼得・斯坦斯基（Peter Stansky）和威廉・亞伯拉罕（William Abrahams）在歐威爾傳記裡的說法。

對歐威爾來說，這本書的後半部不僅罕見地出現觀察欠妥的敘述，也寫得很差，偶爾還會出現刻薄的評述，例如他嘲笑那些與英國社會主義有關的中產階級怪人。「彷彿光是『社會主義』和『共產主義』這兩個詞彙，就足以像吸鐵一樣，在英國吸引每位果汁愛好者、裸體主義者、穿涼鞋者、性愛狂熱者、貴格會教徒、提倡『自然療法』的庸醫、和平主義者和女權主義者。[77]」僅僅八頁之後，他又再次譴責「那些思想高傲的女人、穿涼鞋的人、以及蓄鬍的果汁愛好者所組成的沉悶族群。他們一嗅到『進步』的味道就立刻蜂擁而來，彷彿蒼蠅聞見死貓一般。[78]」

更引人注目的是，這本書的後半部也顯現出歐威爾最奇怪的冒險：他試圖以他的超靈敏嗅覺為基礎，建立一個政治理論。「西方社會階級差異的真正祕密……可以用下面幾個可怕的字眼一言以蔽之……**下等人臭不可聞**。[79]」他聲稱，幾乎任何錯誤都是可以克服的。「你可以愛上殺人犯或雞姦犯，卻無法愛上有口臭的人——我的意思是，總是滿嘴臭烘烘的人……你會恨死他。[80]」他以好幾頁的篇幅一直談這件事，可能只有飽受嗅覺靈敏之苦的人（亦即「嗅覺過敏」患者），才會懂那種叨叨絮絮的散文。

這也難怪《通往威根碼頭之路》惹惱了許多朋友和社會主義者。當時歐威爾的左翼朋友凱．艾克瓦（Kay Ekevall）表示：「我覺得那本書很糟，它詆毀了所有的社會主義者，也以極其悲慘骯髒的方式描寫勞動階級。[81]」她特別不喜歡歐威爾對煤礦工人的描述。「那年代的礦工很熱中政治，他們或多或少是工會運動的先鋒。歐威爾似乎忽視了政治上的正面發展，只把焦點放在所有骯髒齷齪的面向。」這種評論類似他因《緬甸歲月》而招致舊帝國主義者的批評。

連該書的出版商維克多．格蘭茨（Victor Gollancz）也不知如何是好，只能勉為其難地出書。格蘭茨為那本書撰寫的前言猶如一封道歉信——為他以「左派讀書會」出版社（Left

Book Club）的名號出版那本書表達歉意。他看到歐威爾把社會主義者描繪成趕流行的怪人時，相當震驚。他試圖把用來區別階級的氣味理論，美化成一位悔悟的中產階級勢利鬼深思熟慮後的自白。他只譴責歐威爾「把俄羅斯政委稱為『半留聲機、半匪徒』是令人費解的失言[82]」。他也提出一些模稜兩可的意識形態說法以避免正面的回應。那些說法如下所示，日後成了歐威爾在職業生涯晚期持續拿來嘲諷的笑柄：「左派讀書會『沒有政策』……說人民陣線就是左派讀書會的『政策』是錯的……換句話說，人民陣線不是左派讀書會的『政策』，但左派讀書會的存在是支持人民陣線的。[83]」這段話究竟意謂著什麼，猶如霧裡看花。

最終，《通往威根碼頭之路》即使內容混雜，帶有矛盾，但它呈現出作者向前邁進但略微偏頗的進步。最棒的是，在書中，歐威爾完成了自學，找到了他真正擅長的技能和主題。他的寫作方法是發現事實並加以說明。他的觀點是，當權者幾乎一定會試圖掩蓋真相。

在一九三〇年代末期的這個時點，歐威爾並不知道自己正站在邁向卓越的風口浪尖上。他特別擅長洞悉理論和現實之間的落差，以及每個人表面宣稱與實際作為之間的差距。他很樂於、甚至渴望對抗那些令人不安、不得人心的事實。這種心態讓他準備好撰寫意識形態與現實之間的致命衝突：先是西班牙內戰期間的局部狀況，之後是二戰期間的全面狀況[84]。

一九三六年六月，歐威爾和愛琳在人口約兩百人的瓦靈頓村結婚[85]，當時他正把北方之行的日記撰寫成書。他們一起從租賃的小屋走到瓦靈頓村的鄉村教堂，去參加婚禮儀式。婚禮結束後，婚宴派對在酒吧裡舉行。

愛琳身為妻子，性格上爭強好勝。某天早上，歐威爾與夜宿家中的賓客共進早餐，隨口提到「培根製造商」與政府談定了法規，以阻止村民自製培根。愛琳質疑他的「籠統說法」[86]，歐威爾堅稱那應該是出於衛生要求而制訂的法規，但他沒有證據可以佐證。愛琳回應：「不負責任的記者才會做出那樣的籠統報導。」愛琳也積極投入鄉村生活，她得知當地一名十歲的男孩不識字時[87]，便主動教他閱讀，使他能夠上學。

他們結婚一個月後，西班牙的左翼政府和叛軍之間爆發了戰爭[88]。叛軍是由多數的西班牙陸軍和海軍所組成，獲得法西斯主義者、極端民族主義者和一些天主教組織的支援。那場戰爭立刻引起這對新婚夫妻的關注。十二月，《通往威根碼頭之路》的手稿一完成，歐威爾隨即把它交給出版社。接著，他典當了一些銀器以籌措旅費，並動身前往巴塞隆納。兩個月後，愛琳也來了。

歐威爾去西班牙對抗法西斯主義，結果卻遭到共產黨人的追捕。這是那場西班牙內戰體驗的核心事實，也是他一生的關鍵事實。然而，一九三七年五月，如果狙擊手發射的子彈以略微不同的方式射入他的脖子，他永遠也寫不出第一本卓越的著作《向加泰隆尼亞致敬》（*Homage to Catalonia*），這個世界也永遠遇不到如今吸引大家關注的這位偉大作家。

CHAPTER 4

邱吉爾：一九三〇年代的窮途潦倒

Churchill: Down and Out in the 1930s

現在我們看到這兩人都即將進入蛻變階段，蛻變成如今大家心目中的形象：他們不僅幫我們了解他們的年代，也幫我們了解這個年代。

一九三〇年代在很多方面都很可怕。許多人日益覺得新的黑暗時代即將來臨。這些恐懼始於經濟大蕭條所造成的經濟巨變和社會混亂。一九四〇年代的漫長血腥戰爭導致數千萬人死亡，那是從亞洲開始爆發，並在西方世界醞釀。誠如詩人史蒂芬·斯賓德（Stephen Spender）所言，大家普遍認為，他那個世代很可能會看到「西方文明的終結」[1]。

許多人，尤其是憂國憂民的年輕人，認為自由資本主義的民主已經疲乏、失靈了。他們看到眼前只剩下兩種選擇：法西斯主義和共產主義——這些來自德國、義大利、俄國的新意識形態充滿了活力。西方生活方式的終結，尤其是自由民主的消亡，是文化圈的共同主題，每天都在報紙和私人日記中討論。一九三〇年代一開始，歷史學家阿諾·湯恩比（Arnold Toynbee）就指出，認為「西方社會體系可能崩潰並停止運轉」的想法愈來愈普遍。

一九三〇年代接近尾聲時，他於一九三九年到倫敦政經學院演講，講題是「文明的衰落」。一九三五年，莎士比亞學者A．L．羅斯（A.L. Rowse）在日記中寫道，「拯救任何自由主義皆為時已晚，也許拯救社會主義也太遲了。」（二十年後，羅斯出版了一本令人欽佩的史書，描寫邱吉爾家族。）當時認同史達林主義的記者路易士．費雪（Louis Fischer），於一九三六年寫信告訴畢翠絲．魏柏（Beatrice Webb）：「整個體系已經垮了。」一九三七年，美國頂尖的政治學家哈羅德．拉斯威爾（Harold Lasswell）發表了一篇文章，預言「屯駐地」（garrison state）的興起[2]，說那裡是「由暴力專家掌權，有組織的經濟和社會生活是系統化地受制於戰鬥部隊」。一九三八年九月英國首相張伯倫與希特勒簽了慕尼黑協定後，作家維吉尼亞．吳爾芙（Virginia Woolf）寫信給姊姊凡妮莎．貝爾（Vanessa Bell），哀嘆「文明注定終結」。三年後，她自殺身亡[3]。

在這些災難迫在眉睫的跡象中，邱吉爾遭到邊緣化。一九三〇年代的大多時候，他遭到多數同黨人士的孤立，許多人認為他的政治生涯已經結束了。尼科爾森看到邱吉爾時，發現他「跟我上次見到的樣子，差異甚多，頂著一張浮腫蒼白的臉，老了很多……精神也大不如前，他哀嘆自己已經失去了往昔的戰鬥力[4]」。約莫同一時間，邱吉爾的政敵蕭伯納（George Bernard Shaw）和南西．阿斯特（Nancy Astor）一起前往蘇聯，到克里姆林宮拜訪史達林[5]。他們談及英國的反蘇政策時，史達林提起邱吉爾，阿斯特夫人說他不值得一提，並向史達林保證邱吉爾已經「完蛋了」。蕭伯納也附和阿斯特夫人的說法，說邱吉爾永遠也不會成為首相。史達林對此感到懷疑，他猜想英國人可能會在危機中向邱吉爾求助。

邱吉爾不斷地抱怨英國的印度政策（他反對獨立）和德國政策（他認為英國低估了德國的威脅），以至於黨內人氣盡失，黨團領導者阻止他入閣的決心也日益堅定。誠如緬甸的經歷促使歐威爾開始左傾並遠離高薪的工作，反對印度獨立的經歷也促使邱吉爾開始右傾，遠離權力，並導致他在一九三一年與保守黨領袖史坦利．鮑德溫（Stanley Baldwin）決裂，退出該黨的商業委員會[6]。從那時起，他開始加強修辭技巧，一度在下議院把前工黨的首相拉姆齊．麥克唐納（Ramsay MacDonald）比喻成馬戲團的怪物，說他是「坐在內閣閣員席上的無骨奇觀」（意指他太過軟弱）[7]。一九三〇年代後期，邱吉爾在演說中指出德國居心叵測，卻遭到質疑，這主要是因為他對印度獨立的危險也曾提過同樣強烈的警訊。

他花了很多時間寫書並為報社寫稿。有一次，他順路去《倫敦標準晚報》交稿時，年輕記者馬爾科姆．蒙格瑞奇（Malcolm Muggeridge）看到他，納悶他出了什麼事。蒙格瑞奇心想：「這個人看起來氣色不好或運氣不好，或看來窮愁潦倒。[8]」當時蒙格瑞奇坐在新聞編輯室裡，旁邊就是邱吉爾那個放蕩不羈的兒子藍道夫。

誠如蒙格瑞奇所料，邱吉爾當時確實面臨嚴重的財務問題[9]，而且那些問題後來延續了十年，最後迫使他不得不考慮變賣心愛的鄉間別墅查特韋爾莊園（Chartwell），那裡已變成他逃離世界的避難所。

在戰時回憶錄中，邱吉爾把一九三〇年代稱為他的「政治荒野期」[10]。一些現代學者對於他遭到政治流放的程度提出質疑[11]，但事實和當代的觀察都支持邱吉爾的說法。

邱吉爾東山再起的道路漫長又艱辛。一九三〇年代的那十年，大多時候他是處於四處遊蕩的狀態，與那個時代的氛圍顯得格格不入。牛津大學辯論社（Oxford Union）的辯題可說是那個年代的縮影。一九三三年二月，該社的辯題是：「在任何情況下，都不為其國王和國家而戰。[12]」英國的領導人往往贊同牛津辯論的基調，他們正開始採取安撫德國的政策，從軟弱的立場上做出讓步。

綏靖政策的性質——它是什麼、如何實施、何時停止——在一九三〇年代的多數時間裡，變成英國政治的關鍵問題。

這裡應該謹記一點，當時英國有一部分的貴族對於法西斯主義有一種狹隘但強烈的認同傾向，甚至對希特勒也是如此。在那些對德國友好的貴族中，最著名的是倫敦德里勛爵（Lord Londonderry），他是邱吉爾的親戚，一九三〇年代初期曾在內閣任職，後來短暫擔任英國上議院的議長。歐威爾曾說：「英國統治階級究竟是邪惡、還是愚蠢，這是我們這個時代最難回答的問題。在某些時刻，這也是非常重要的問題。[13]」他寫下這段文字時，心裡想的可能就是倫敦德里勛爵。

倫敦德里雖然頭腦簡單、容易上當，但其財富與地位使他習於順從，對自己的地位相當敏感。國王稱他為「查理」，在那個年代，那樣的暱稱賦予他很高的地位。他是倫敦社交圈的重要人物。倫敦的社會名流兼保守黨的政治人物亨利．香農爵士（Sir Henry "Chips" Cannon）在一九三六年的日記裡寫道：「里賓特洛甫一家（Ribbentrops）與倫敦德里家族關係密切。[14]」他指的是即將被希特勒指派為外交部長的德國駐英大使。同年，倫敦德里在會見希特勒之後，聲稱這位德國領導人「隨和」[15]，並呼籲英國政府在對抗共產主義方面，找到與德國人的「共通點」。一九三八年三月，他甚至稱讚德國接管奧地利的行動「或許激進、卻是避免流血的必要之舉」。身為邱吉爾的遠房表親，倫敦德里一直與邱吉爾維持友好的關係，直到一九三八年十月，在格里利斯餐會（Grillions）的晚餐上，邱吉爾嘲笑他的政治觀點，兩人才發生齟齬，終至不歡而散[16]。

倫敦德里是極端的個案，但絕非唯一的特例——無論是接納法西斯主義的某些特質，或是既接納法西斯主義又與邱吉爾有遠親關係，他都不是特例。在某些方面，邱吉爾一家和米特福德一家的關係更是密切。邱吉爾的妻子克萊門汀是米特福德六姊妹（Mitford sisters）的父親的表妹，而且前面提過，克萊門汀的出生背景複雜，她甚至可能與米特福德一家有更緊密的血緣關係，這取決於她的生父究竟是誰。

克萊門汀和邱吉爾的兒子藍道夫一度「熱戀」六姊妹之一的戴安娜・米特福德（Diana Mitford）[17]。一位曾為戴安娜畫像的藝術家告訴南西・米特福德（Nancy Mitford），他聽說戴安娜與藍道夫有染。南西寫信給戴安娜，提到這件事，並在信中提到她與美國演員佛雷・亞斯坦（Fred Astaire）的妹妹愛黛兒（Adele）的某次午餐對話。愛黛兒說：「我不介意有人出軌，但我確實反對這種自由性愛。[18]」

在另一樁貴族的愛戀糾葛中，克萊門汀的外甥艾斯蒙德・羅米利（Esmond Romilly）一九三六年在西班牙為共和軍作戰，一年後與表親潔西卡・米特福德（〔Jessica Mitford〕米特福德六姊妹之一）私奔。長久以來，一直有傳言指出艾斯蒙德其實是邱吉爾的親生兒子。潔西卡說，艾斯蒙德在朋友面前把邱吉爾模仿得「惟妙惟肖」[19]，所以艾斯蒙德可能也助長了那些流言蜚語。後來，艾斯蒙德搬到加拿大，自願加入空軍，一九四一年駕駛轟炸機出戰時陣亡。

至於戴安娜・米特福德（Diana Mitford），她明智地離開藍道夫，後來嫁給了健力士國際釀酒公司（Guinness brewing）的繼承人。但她的下一段戀情就沒有挑得那麼好了：幾年後，她與健力士離婚，開始和不列顛法西斯聯盟（British Union of Fascists）的領導者奧斯瓦爾德・

莫斯利（Oswald Mosley）交往。一九三六年，他們的婚禮在納粹宣傳部長約瑟夫・戈培爾（Joseph Goebbels）的家中舉行，希特勒也出席了婚禮。一九三〇年代中期，米特福德六姊妹中排行第三的優妮蒂（Unity）與希特勒結識為友。米特福德的另一個妹妹黛博拉說：「我想，希特勒一定很喜歡她，他的目光始終未離開她。[20]」一九三五年十二月的某次午餐會上，優妮蒂對戴安娜說：「他談了很多猶太人的事，感覺很棒。[21]」

當時不是只有年輕人和傻瓜才跟法西斯分子往來。張伯倫住在羅馬的嫂子還跟墨索里尼保證，即使墨索里尼出兵非洲，英國政府仍將與義大利保持友好關係[22]。持平而論，一九二〇年代，邱吉爾也曾對義大利的領導人表達過一些欽佩之情[23]。如今幾乎遭到大家遺忘的史學家湯恩比，在當時可說是英國最傑出的史學家之一。一九三六年湯恩比會見了希特勒，並向英國的外交部報告說，這位德國的領導人是真心希望和平。保守黨的黨鞭湯瑪斯・瓊斯（Thomas "T. J." Jones）和湯恩比在鄉間散步後，回憶道：「他相信希特勒是真心渴望歐洲和平及維持德英兩國的密切關係。[24]」美國出生的同儕華爾道夫・阿斯特（Waldorf Astor）向瓊斯解釋，美國人之所以厭惡納粹，「很大程度上是因為猶太人和共產主義者廣泛又密集地宣傳反德活動。報紙受到那些在報上大打廣告的公司所影響，那些公司通常是猶太人掌控的。[25]」一九三八年五月的某晚，尼科爾森在倫敦一家貴族聚集的俱樂部「普拉特」（Pratt's）裡用餐，席間他赫然聽到三位年輕的貴族認同「他們寧可在英國看到希特勒，也不想看到一個社會主義的政府」[26]。四天後，世界上最著名的飛行員及美國著名的孤立主義者查爾斯・林白（Charles Lindbergh）來拜訪尼科爾森。後來尼科爾森寫道：「他說我們不可能奮戰，因為我們肯定會被打敗。他認為我們應該讓步，直接與德國結盟。」

一九三九年五月，蘇格蘭的保守黨議員阿奇博・拉姆齊（Archibald Ramsay）成立一個親德反猶的團體，名為「右翼會」（Right Club）[27]。該會的徽章是一隻老鷹殺死一條蛇，並搭配英文字首「PJ」——意指「毀滅猶太」（Perish Judah）。

當時，《倫敦時報》是由阿斯特家族（Astor）的成員約翰・阿斯特（John J. Astor）所共同擁有，屬於英國當權派的日報。在張伯倫政府中擔任外務大臣的哈利法克斯勛爵（Lord Halifax）在英國參戰前曾說：「大家特別重視《倫敦時報》的社論所表達的觀點，認為那些觀點即使沒有獲得政府的認可，也帶有一定程度的政府背書。[28]」整個一九三〇年代，《倫敦時報》皆強烈支持綏靖政策，甚至願意容忍及接納希特勒的策略。「長刀之夜」（Night of the Long Knives）是一九三四年年中希特勒下令展開的一系列血腥政治謀殺，當時《倫敦時報》還以奉承的口吻報導：「無論大家怎麼看待希特勒先生的做法，他是真心想把革命的熱情轉化為溫和又有建設性的成果，並對納粹官員設立公共服務的高標。[29]」

一九三七年，《倫敦時報》的編輯傑佛瑞・道森（Geoffrey Dawson）對日內瓦的駐外記者透露：「每天晚上我都會竭盡所能，避免報紙報導任何可能傷害英德脆弱關係的事情。

[30]」根據一九五二年《倫敦時報》自己出版的官方歷史，那些反對綏靖政策的人往往是「知識分子、烏托邦主義者、多愁善感者、和平主義者，他們喜歡沒有抵抗手段的抵抗計畫」。《倫敦時報》的官方歷史甚至大膽地譴責那些反對綏靖政策的人，說英國之所以必須採取綏靖政策，就是那些人害的，並聲稱該報「就像政府一樣，面對一個明顯奉行孤立主義的大英國協及奉行和平主義的英國，感到無能為力[31]」。然而，這種說法並未提到，泱泱大報的功用不僅在於追蹤意見，也應當塑造意見，尤其政府的主要政策以錯誤的假設為基礎時更應當如此。況且，以新聞可能擾民或迫使政府官員重新考慮政策為由而壓制新聞的報導，也不是報社編輯該做的事。

一九三六年，英王愛德華八世在位的十一個月期間，他也是支持綏靖政策。有一種說法是，一九三六年三月，希特勒違反《凡爾賽條約》的規定、進軍萊茵蘭（Rhineland）時，德皇打電話給德國的駐英大使，說他已經向英國首相鮑德溫（Baldwin）「表達了自己的不滿」[32]。也就是說，「我已經對某某人說了，如果希特勒發動戰爭，我就退位。進軍萊茵蘭確實可怕，但你不用擔心，不會有戰爭的。」不過，同年晚些時候，德皇因其他的原因退位了。戰爭期間，他的右翼觀點和人脈關係，是邱吉爾和英國的情報機構持續擔心的問題。

許多主張綏靖政策的人自認為是務實的思想家。在他們看來，他們面臨的事實是，唯有願意採取軍事行動的強大歐洲聯盟能夠制止德國的崛起。但他們也指出，那樣的聯盟是不可能出現的。所以，在他們看來，由於缺乏聯盟，再加上英國重整軍備的步伐緩慢，唯有綏靖才是明智之舉，那也是比邱吉爾冷靜的人所偏好的做法。一九三八年一月，張伯倫在一封信中表示，「身為現實主義者，我必須盡我所能讓這個國家平安。[33]」

儘管《倫敦時報》提出上述的論點並大力支持英國首相（先是鮑德溫，後是張伯倫），但現在可以明顯看出，綏靖政策主要是建立在自欺欺人的基礎上，而不是理性的算計上，因為那勢必需要大家相信希特勒的理智和可信度。張伯倫私下告訴妹妹，希特勒「做出承諾時，是可以信賴的」[34]。英國前首相大衛・勞合・喬治（David Lloyd George）與希特勒會面後表示，這位德國領導人「非凡出眾[35]」，「並未因為受到吹捧而沖昏了頭」。

面對綏靖主義者的觀點，邱吉爾的回應是，納粹在德國掌權，意謂著綏靖政策最終將導致戰爭。一九三三年四月，就在希特勒出任總理約三個月後，並把德國變成一黨制國家的時候，邱吉爾在下議院表示：「德國崛起變成軍力媲美法國、波蘭或其他小國的勢力時，就意謂著歐洲戰爭又出現了。[36]」當年年底，在另一場下議院的演講中，邱吉爾斷言：「現在最顯而易見的事實是，德國正在重新武裝。他們已經開始重新武裝了。[37]」

一年後，他問道：「過去十八個月中，我們突然發現什麼重大的新狀況？[38]」他自己回答：「德國正在重新武裝。那是引起歐洲各國關注、甚至全球關注，並讓其他的問題都相形失色的重大新狀況。」他特別擔心德國空軍日益強大的實力。「德國已經有一支裝備精良的陸軍，又有精密的火炮和大批訓練有素的武裝軍力。德國的軍工廠幾乎是在戰時條件下運作，戰爭物資持續從這些工廠流出，而且過去十二月的產量肯定是持續增加，這無疑違反了已經簽署的條約。德國正在陸上重新武裝，某種程度上也正在海上重新武裝，不過最令我們擔心的是，德國也在空中重整軍備。」

然而，這時英國政府的觀點仍與邱吉爾完全相反：許多領導人認為，通往和平的道路是避免軍備競賽[39]，甚至是裁軍。一九三〇年代末期，希特勒認為英國太弱了，無力作戰，許多英國的領導人私下也認同他的看法。當德國確實開始增加軍力時，英國官方的反應是向法國政府施壓[40]，要求法國讓步以安撫德國。當時工黨的領導人克萊曼・艾德禮（Clement Attlee）的看法可說是主流觀點的代表，他於一九三五年表示：「我們認為追求和平不能靠國防，只能朝著一個新世界邁進——一個法治的世界，以一種世界的力量和一種世界的經濟制度來廢除國家軍備。[41]」然而，一九三〇年代末期，艾德禮已經轉而支持邱吉爾的觀點，強烈反對張伯倫的綏靖政策。

不過，其他人仍堅持綏靖政策。一九三七年五月張伯倫當上首相後，試圖讓德國管理殖民地的領土以藉此跟德國和解[42]。一九三七年十一月，張伯倫的外務大臣哈利法克斯勛爵會見了希特勒。會後，他放心地離開，並告訴內閣，德國「沒有立即冒險行動的計畫」[43]。一九三八年三月，艾德禮指控張伯倫「仍繼續跟那些相信武力的人、甚至在談判時仍使用武力的人進行談判[44]」。

保守黨的領導人認為，為了安撫希特勒，必須把邱吉爾排除在領導位置之外。鮑德溫首相的參謀瓊斯多年來一直努力確保邱吉爾遭到邊緣化。一九三四年，瓊斯向一位朋友透露：「無論對錯，每個見過希特勒的人都相信，安撫希特勒是確保和平的要素。[45]」瓊斯本身就是這麼想，他在兩年後寫道：「我們有充分的證據顯示，各種德國人都希望與我們維持友好關係。[46]」瓊斯拜見德國的領導人後，向鮑德溫報告：「希特勒相信你，他相信這個國家只有你能實現他所希望的英、法、德重新定位。[47]」瓊斯接著又「強烈主張英國與德國結盟」[48]，連一些政治盟友都對此感到震驚。

史學家托尼．朱特（Tony Judt）指出，這種政策分歧，導致一九三九年以前，大家一直把邱吉爾視為「才華橫溢的局外人：優秀到不容忽視，但是太標新立異、太『不可靠』，而無法被委任最高職位」[49]。其他的政治人物嘲笑他輕浮，感情用事更勝於理智判斷，固執己見，對所屬政黨不夠忠誠。一九三〇年三月，自由黨的名人赫伯特．塞繆爾（Herbert Samuel）在一場議會的辯論中嘲諷道：「我們都知道，在政治中，找不到比十年前的邱吉爾更徹底過時的東西。[50]」幾年後，塞繆爾把邱吉爾的國防政策比喻成「失控的馬來人」[51]。邱吉爾的官方傳記作家馬丁．吉伯特（Martin Gilbert）寫道，一九三四年，邱吉爾在牛津大學演講，談及他對英國安全的擔憂時，台下觀眾抱以「嘲笑聲」回應[52]。一九三五年二月，著名的保守黨人塞繆爾・霍爾爵士（Sir Samuel Hoare）向《曼徹斯特衛報》（*Manchester Guardian*）的編輯透露：「幾乎沒有一個保守黨人願意讓邱吉爾擔任該黨的領袖或英國首相。[53]」

或許最難堪的是，一九三五年五月一位保守黨的國會議員對邱吉爾做了無情的攻擊。湯瑪斯・摩爾（Thomas Moore）說：「儘管我們不願在一個人落寞時加以批評，但任何理由都不足以原諒這位可敬的埃平森林（Epping）議員（邱吉爾）讓整場演講瀰漫著德國正在為戰爭武裝軍力的氣氛。[54]」另一位保守黨人與邱吉爾共進晚餐後，在日記裡寫道，他認為邱吉爾「非常偏激」[55]。眼看這種譴責的聲浪，這也難怪一九三六年底邱吉爾自己也曾短暫想過，他的政治生涯「已經完了」[56]。邱吉爾在回憶錄中並未提到他是否相信這點，但他確實指出：「幾乎所有的人都認為，我的政治生涯終於結束了。[57]」

大家都覺得邱吉爾不太可能登上首相的寶座，這件事也成了對手的笑柄。例如，舒爾布雷德（Shulbrede）的蓬森比男爵（Baron Ponsonby）在上議院咯咯地笑著說：「無論這個國家眼前面臨什麼危險，至少由邱吉爾先生組成政府的可能性……和其他事情，並不是我們需要面對的危險。[58]」蓬森比男爵的父親曾是維多利亞女王的私人祕書，他的祖父曾參與過滑鐵盧戰役[59]。後來他又進一步闡述前述的危險，並告訴上議院，在某個時點或許有必要監禁邱吉爾：「我對邱吉爾先生的議事能力、文學能力、藝術能力都非常欽佩，但我始終認為，在危機中，他應該是率先被拘留的人之一。[60]」約莫同一時間，毛姆勛爵（Lord

Maugham）建議，最好把邱吉爾「槍斃或絞死」[61]。

一九三六年十二月，在英王愛德華八世因渴望迎娶美籍離婚女子華麗絲・辛普森（Wallis Simpson）而下台的危機中，邱吉爾因支持英王的立場，而導致自己陷入更嚴重的孤立狀態。支持英王，等於是站在反對貴族階級的立場，因為貴族圈試圖掌控享有普遍民意支持的英王。邱吉爾站在英王那邊，等於是在挑戰保守黨及其領導人（首相鮑德溫）的權威。邱吉爾對英王的支持始終令史學家費解，尤其後來愛德華又展現出對法西斯主義的認同，更是令人霧裡看花。關於這點，最佳臆測也許是邱吉爾向來支持傳統主義，他熱愛「國王和國家」，因此混淆了他對英王的判斷。

邱吉爾在下議院發表反對保守黨的演說時，遭到同黨人士的強烈抗議。他氣得滿臉通紅，對鮑德溫喊道：「你不把他（指英王）擊垮，誓不甘休，是吧？[62]」當天稍後，他告訴一位朋友，他覺得自己的政治生涯完了。

後來，英王確實被迫退位。在那個月的聖誕慶典上，英國小學生吟唱的歌曲令父母和師長同感震驚：

聽天使高聲歌唱

辛普森偷了吾王[63]。

「上層社會比較介意她是美國人，而不是離婚身分。[64]」向來勢利的尼科爾森如此評論。德國人還是不確定邱吉爾的仕途是不是已經完了，所以仍持續研究他。一九三七年某天，邱吉爾去德國大使館與時任德國駐英大使的約阿希姆·馮·里賓特洛甫（Joachim von Ribbentrop）共進午餐。此時納粹很清楚邱吉爾是英國境內反德的主要聲音。里賓特洛甫一開始就對邱吉爾說，德國尋求英國的友誼，並不希望看到大英帝國解體，德國只是希望能自由處理歐洲東部的事務，以取得需要的「生存空間」（Lebensraum）。他指著大使館牆上的地圖說，為了實現那個目標，德國必須併吞波蘭、烏克蘭和白俄羅斯。德國只想要求英國不要干涉這件事。

邱吉爾站在地圖前回應，英國不會同意那樣的計畫。里賓特洛甫「突然」把臉從地圖移開，並說道：「如果是那樣，那麼戰爭就無可避免，沒有別的出路了。元首的心意已決，沒有什麼能阻止他，也沒有什麼能阻止我們。」

語畢，兩人又坐了下來。邱吉爾提醒里賓特洛甫，不要低估英國。「你們要是把我們推進另一場世界大戰，英國會像上次那樣，號召全世界來對付你們。」

里賓特洛甫一聽，又站了起來。他語帶幾分「怒意」表示，這不是他自己的評斷：「英國也許很聰明，但這次它無法號召全世界對付德國。[65]」

邱吉爾持續反對綏靖政策。一九三七年四月，他警告下議院：「我們似乎在違背自己的意願下，在違背各種族、民族、階層的意願下，朝著某種可怕的災難穩定地漂移。每個人都想停下來，但大家都不知道該怎麼做。[66]」

一九三八年，張伯倫的綏靖政策在實務及民意上都達到了顛峰，邱吉爾的憂慮與日俱增。

一九三八年二月二十日晚上，邱吉爾陷入低潮的谷底。他躺在床上，徹夜未眠，直到黎明。他的心裡一直想著外務大臣安東尼・艾登（Anthony Eden）剛剛為了張伯倫決心繼續推行綏靖政策而辭職的事情。他寫道：「我凝視著陽光慢慢地透入窗戶，在腦海中看到死神的影像。[67]」一個月後，他哀傷地對下議院說：「五年來，我一直在下議院談論這些問題，但成效甚微。我看著這個知名的島嶼毫無節制地、懦弱無能地沉入黑暗的海灣中。[68]」

一九三八年五月十四日，英國足球隊在柏林的奧運體育場內，當著十萬觀眾的面與德國隊比賽。會場上播放德國的國歌時，英國的足球隊員在英國外交部的要求下，行了納粹致敬禮[69]。當時的英國外交部是由哈利法克斯勳爵所領導。同年春天，哈利法克斯告訴內閣，為了和平，英國可能有必要對捷克斯洛伐克施壓，要求捷克斯洛伐克對希特勒做出大幅的讓步。他坦言：「這是吃力不討好的事，必須盡可能巧妙地完成。[70]」這句令人不安的話可能正是綏靖政策的精髓所在，也是它的墓誌銘。

同年九月底，首相張伯倫在當月三次訪德之後，與希特勒簽了慕尼黑協定。邱吉爾的東山再起之路是從該協定的簽署開始的。

當然，一開始看起來並非如此。一九三八年秋季，張伯倫的聲勢如日中天。他很滿意自己的外交能力，首度與希特勒會談後，他表示：「我建立了一定的信心，那是我的目標，儘管我在對方的臉上看到強硬和無情，但我覺得這個人只要做出承諾，就可以信賴。」[71] 當月張伯倫與希特勒二次會晤時，答應了希特勒的所有要求。法國和英國政府要求捷克斯洛伐克放棄該國西部日耳曼人聚居的邊緣地帶：蘇台德地區（Sudetenland）。過程中，張伯倫開始放任德國分裂捷克斯洛伐克——從強占其三分之一的人口及邊境防禦系統開始。對此，邱吉爾表示：「以為把一個小國扔給狼群就能獲得安全，無異是一種致命的誤解。」[72] 張伯倫告訴內閣，他相信希特勒信任他。

九月二十九日，張伯倫飛往德國，與希特勒進行當月的第三次會晤。回到倫敦後，他宣布他已經確保了「我們這個時代的和平」，並在街上受到群眾的歡呼喝采。

接下來的那週，下議院開會時，張伯倫一開始就開心地說：「我們的焦慮已經煙消雲散。」他還說，他「已經奠定了和平基礎」，並向下議院保證他無怨無悔。當時幾位反對者大喊：「無恥！」他回應：「我沒什麼好羞恥的。就讓那些感到羞恥的人，自己羞愧地低頭吧。」

下議院的多數議員都支持張伯倫[73]。工黨大老喬治．蘭斯波里（George Lansbury）也支持保守黨的首相，他告訴下議院：「我聽過各種譴責希特勒先生和墨索里尼先生的言論，也見過他們兩人。我只能說，他們和我遇到的其他政治人物或外交官很像。」保守黨的西里爾．庫爾維威爾（Cyril Culverwell）稱讚張伯倫的「勇氣、真誠和嫻熟的領導力」，他還補充提到，無論如何，「只有兩種選擇：戰爭或綏靖」。當時多數人是支持後者。

另一位保守黨的議員亨利．雷克斯（Henry Raikes）認為，張伯倫在歷史上取得了崇高的地位。他說：「我們下議院為首相領導我們的方式感到自豪。我們有權相信，我們的領導人將名留青史，成為這個時代或任何時代最偉大的歐洲政治家，而不是奚落他所謂『和平時代已經到來』的說法。」

下議院辯論慕尼黑協定的第一天，邱吉爾一直按耐不動。事實上，第二天他也按耐不動。直到第三天，亦即最後一天，十月五日星期三下午五點剛過，他才終於站起來發言。「首先我想說，大家都想忽視或忘記、卻一定要講清楚的事：我們遭遇了全面徹底的失敗。[74]」

邱吉爾的政治宿敵阿斯特夫人是綏靖政策的積極支持者，她聽到這裡，馬上打斷邱吉爾的話，大喊：「胡說八道。」

邱吉爾回應：「首相閣下竭盡所能，窮極我國的一切努力和動員，極盡我國經歷的一切痛苦和壓力，他所能取得的最大成果是——」

這裡，他又被議員的喊叫聲打斷：「是和平！」

邱吉爾不顧干擾繼續說：「他能為捷克斯洛伐克取得的最大成果是……德國的獨裁者不是從餐桌上搶奪食物，而是好整以暇地享用一道又一道免費端上的佳餚。」

他繼續說：「我們正面臨一場規模空前的災難。」阿斯特夫人再次打岔，邱吉爾還是沒理她，繼續發言，最後以近乎聖經式的警告作結：「這只是清算的開始。這只是第一口，第一次嘗到這杯苦酒的滋味。之後，我們年復一年都會被迫喝下這苦酒，直到我們的道德和軍力恢復良好，再次站起來，像過去一樣捍衛自由，才能避免苦酒入口。」

不過，邱吉爾那天是為了歷史說話，而不是為了下議院的其他議員說話。當時代表泰恩（Tyne）附近蓋茨黑德選區（Gateshead）的自由黨議員湯瑪斯・梅格內（Thomas Magnay）反問邱吉爾：「什麼是捷克斯洛伐克？」，他顯然也不在乎答案是什麼。那個問題充分彰顯出當時下議院的普遍看法。

首相張伯倫最後強調其奉獻的本質，並藉此結束為期三天的討論：

> 任何人只要經歷過我日復一日必經的一切，並面對以下的想法：在萬不得已下，我

不得不獨自做出影響成千上萬同胞及其妻小命運的決定。有這種經歷的人，是不會輕易遺忘的。

所以，他說，他的決定不會受到議會批評的左右，只以自身的良心為準則。「我想，一個人到了我這個年紀，坐上我這個位置，通常會覺得只要良心認同他的行為，一切批評、甚至辱罵，對他來說皆無關緊要。」最後，下議院以三六六票對一四四票通過了他的政策。

慕尼黑協定的辯論結束後，邱吉爾面臨了來自選區的挑戰。邱吉爾的傳記作家詹金斯寫道：「當時有個冷酷無情的事實，一九三八年秋季有長達六週左右的時間，大家都在懷疑邱吉爾能否繼續擔任保守黨的議員，那懷疑後來又以逐漸減弱之勢延續了四個月。」[75]一九三八年十一月四日，埃平森林選區的保守黨人召開會議，以思考是否繼續支持邱吉爾出任他們的議會代表。他以一百票對四十四票贏得了黨團投票。詹金斯指出，僅僅三十票之差就有可能改變歷史，迫使邱吉爾交出代表權，並自己參與一場特別的選舉以競選席位，而且競選對手可能是張伯倫派系的保守黨員。

在此同時，張伯倫的人氣大漲[76]。威爾斯首府卡地夫（Cardiff）的市長下令懸掛納粹黨的旗幟以示慶祝。愛德華八世的私人侍從（亦即第六代布朗洛男爵）佩萊格琳・卡斯特（Peregrine Cust）送給張伯倫一個刻著歐洲地圖的菸盒，菸盒上是以藍寶石標記張伯倫與希特勒的三次會談地點——貝希特斯加登（Berchtesgaden）、哥德斯堡（Godesburg）、慕尼黑。十月底，張伯倫信心滿滿地向內閣重申：「我們的外交政策是綏靖政策。[77]」這時林白抵達倫敦，對接待他的東道主說，萬一發生戰爭，他相信「民主政體絕對會遭到徹底的摧毀」[78]。

不過，希特勒顯然比英國的領導人更了解張伯倫的地位所衍生的結果。希特勒開始在言語和行動中，展現出慕尼黑協定的真正意涵。在十一月初的兩次演講中，他直接點名攻擊了邱吉爾，說他是「瘋子」[79]，是一股主張戰爭的力量。在那兩場演講後，德國和奧地利的納粹暴徒在全國各地攻擊猶太人，燒毀了數百座猶太教堂，破壞猶太人擁有的七千個事業。一九三八年十一月九日和十日的攻擊，如今稱為「水晶之夜」（Kristallnacht，或譯「碎玻璃之夜」），因為許多猶太商店的窗戶遭到打破，碎玻璃在月光的照射下如水晶般發亮。一些史學家把那次事件視為納粹大屠殺的開始，因為那是德國和奧地利首度發生國家對猶太人施加大規模的組織暴力。

張伯倫面對「水晶之夜」，只感到疲乏倦怠。他告訴妹妹他「為之驚駭」，卻又抱怨：「我想我還是得為這個議題說點什麼。[80]」然而，當月稍後下議院討論猶太難民的問題時，他幾乎沒有直接或間接地談及此事[81]。他的沉默引起了注意，英國猶太代表會（Board of Deputies of British Jews）的主席內維爾．拉斯基（Neville Laski）向《曼徹斯特衛報》的編輯表示，張伯倫從未「對德國的猶太人表達過一絲同情」[82]。他又補充提到，首相與英國的猶太名人私下會晤時，也是一樣沉默。張伯倫仍沉浸在慕尼黑協定的餘暉中。那年他在聖誕賀卡上自豪地印著他的飛機照片，那是一架雙引擎、雙尾翼的洛克希德Electra單翼飛機，當時正飛往德國[83]。

邱吉爾對此感到震驚，私下揚言：「下次大選時，我將在全國所有的社會主義會場上，發表反對政府的演講。[84]」但不知怎的，他在多卷二戰回憶錄中，鉅細靡遺地描述導致戰爭爆發的種種（例如以好幾頁的篇幅分析幾個月後以莫洛托夫〔V. M. Molotov〕取代馬克西姆·李維諾夫〔Maxim Litvinov〕擔任蘇聯外交部長的影響），卻對「水晶之夜」隻字未提。那是那套回憶錄中比較奇怪的疏漏之一。

英國有足夠的資金可以加強防禦，但張伯倫警告大家不要那樣做。儘管英國政府有兩千萬英鎊的盈餘，他仍堅持挪用那些資金來加強防禦是不智的。身為前財政大臣，他告訴內閣，當時英國的財政狀況看起來「極其危險」[85]。

總之，張伯倫對自己的成就很滿意。他寫信告訴妹妹：「現在還需要一段時間，氣氛才會恢復正常，但局勢正朝著我希望的方向發展。[86]」德國政府詢問英國駐德大使怎麼看待邱吉爾的演講時，大使說不用擔心。

一九三九年三月中旬，希特勒下令德軍進入捷克斯洛伐克的其他地區。六個月前，張伯倫曾公開形容捷克斯洛伐克是個「遙遠的國家」[87]，正陷入「一場爭執……我們對爭執的當事者一無所知」。

希特勒的詭計終於被揭穿了。德軍侵入捷克斯洛伐克後，顯然綏靖政策失敗了，張伯倫也失敗了。近幾十年來，有一種修正主義的觀點逐漸形成，他們認為張伯倫之所以那樣做，是為了幫英國的建設爭取時間。但是那種觀點忽略了兩個關鍵因素。第一，希特勒在同一時間獲得了巨大的利益，例如，奪取奧地利的黃金和捷克斯洛伐克的軍火工業，並取得更多的人力資源，可以配置到工廠和軍隊中。第二，張伯倫從未說過爭取時間是他的目標，他或他的政治盟友（例如哈利法克斯勳爵）若是掌權，很可能在一九四〇年尋求和解。一些修正主義者爭辯，時間上的拖延是為了給英國皇家空軍（RAF）有充足的時間打造機隊[88]。但是那種說法忽略了一個事實：張伯倫之所以資助戰鬥機的打造，只是因為打造戰鬥機比打造轟炸機便宜。

我們現在知道，一九三九年五月二十三日，希特勒召集旗下的高級軍官到總理府的辦公室，以說明作戰計畫[89]。他說，戰爭是無可避免的。首先，他打算「一有適當時機就攻擊波蘭」；最終，德國和英國將會有一場「生死鬥」。他提出德國勝利所需要的條件。「只要成功占領荷蘭和比利時，並擊敗法國，打贏英國的基本條件就確立了。接著，我們的空軍可以從法國的西部近距離地封鎖英國，海軍可以用潛艇擴大我們的封鎖範圍。」根據戰後紐倫堡審判中所使用的翻譯文字，他在那份檔案中並未提到美國。不過，證據顯示，在那個時點，他確實有設想過與美國作戰[90]，只不過是排在征服歐洲和蘇聯之後。

英國眼看著希特勒在德國的境外擴張，這時取笑邱吉爾的政治基調開始變了。一九三九年六月，雷金納德・弗萊徹（Reginald Fletcher）在一場辯論中說：「這位可敬的議員持續來下議院，對政府提出警告，但政府總是對他的警告置之不理。然而，我們一再發現，政府後來不得不採用他的建議時，往往必須比一開始就聽信他的話，付出高出許多的代價。[91]」即使如此，張伯倫還是堅決反對讓邱吉爾擔任領導職，他告訴政治盟友道森（《倫敦時報》的編輯），他「無意回收邱吉爾」[92]。

然而，支持邱吉爾擔任領袖的聲浪愈來愈大。一九三九年八月，在歐洲戰爭爆發的前夕，無黨籍的女權行動分子愛蓮娜・拉斯伯（〔Eleanor Rathbone〕她是代表牛津、劍橋、倫敦以外的英國大學，當時牛津、劍橋、倫敦大學有自己的代表）告訴下議院，邱吉爾「自始至終一直預言這些事情會發生，但他的建議一再遭到忽視。[93]」

CHAPTER 5

歐威爾成為「歐威爾」：一九三七年西班牙
Orwell Becomes "Orwell": Spain 1937

一九三六年十二月十五日，歐威爾把《通往威根碼頭之路》的手稿寄給了出版社，一週後便啟程前往西班牙。途中他在巴黎稍做停留，與他欽佩的作家亨利．米勒（Henry Miller）交談。米勒送他一件燈芯絨夾克，讓他穿去西班牙。歐威爾在耶誕節的前後抵達巴塞隆納。

歐威爾政治生涯中最重要的七個月就此開始。一九三七年，他在西班牙內戰中的所見所聞，將成為他後續所有作品的依據。一九三七年巴塞隆納的街道和《一九八四》裡的刑求室之間有一條直線串連起來。

一九三六年底他剛抵達西班牙時，情況還不是如此。巴塞隆納是加泰隆尼亞的首府，位於西班牙的東北部，是右翼團體抵抗西班牙共和軍的主要中心。歐威爾去那裡表面上是為了書寫西班牙內戰，但他幾乎是一到當地，就馬上加入反右翼的勢力。在巴塞隆納，他發現一種真正的革命氛圍，每個人都把彼此當成同志看待，這種氛圍令他喜不自勝。他感到自己有生以來第一次看到勞動階級掌權。他寫道：「最重要的是，大家對革命和未來抱有一種信念，一種突然進入平等和自由時代的感覺。[1]」

其他的外來訪客也一樣投入。年輕的美國反法西斯主義者凱蒂・鮑勒（Kitty Bowler）在寫給母親的家書中寫道：「一個新世界正在這裡形成。[2]」無政府主義者把大力水手卜派當成他們的吉祥物[3]，並在販售的別針和圍巾上印著卜派揮舞紅黑相間的黨旗。美國人露易絲・奧爾（Lois Orr）很喜歡這個景象，但她也指出，大家覺得米老鼠是無黨派的。（幾年後，歐威爾在一篇有關狄更斯的文章中附帶一提，大力水手和米老鼠都是「巨人殺手傑克（Jack the Giant-Killer）的變體」[4]。）奧地利的馬克思主義者弗朗茨・波克諾（Franz Borkenau）抵達巴塞隆納後，覺得「好像來到一個前所未見的大陸[5]」。勞工掌權，警察幾乎不見蹤影，每個人似乎都是同志。然而，波克諾沒料到自己隔年會因為對共產主義缺乏信心，而遭到西班牙共產黨警察的拷打。同樣的，奧爾不久之後也被關進共產黨所掌控的監獄[6]。

歐威爾一邊在城市裡摸索，一邊問一位英國女人如何抵達前線。那女人對他感到懷疑，所以問了他的資歷。她回憶道：「他指了指肩上的靴子，贏得了我的信任。[7]」那個舉動很有說服力，因為那顯示他知道自己在做什麼，或許還有一些軍事背景。在歐威爾的從軍檔案中，他在職業欄裡填寫「雜貨商」[8]。以他最近在小村裡開店的經歷來看，那確實是真的。

接著，他前往前線，在巴塞隆納以西約七十五哩的地方。他在那裡遇到當地的英國志願兵協調者鮑伯．愛德華茲（Bob Edwards）。愛德華茲記得他抵達時的景象：「他那一九〇公分高的身軀，大步地朝著我走來，全身混搭著奇怪的衣服——燈芯絨馬褲、卡其色裹腿布、超大的靴子上結了泥塊、黃色的豬皮無袖上衣、巧克力色的巴拉克拉瓦頭罩，還有一條長度無法估量的卡其色針織圍巾從脖子一直往上纏繞到耳朵，肩上背著老式的德國步槍，皮帶上掛著兩顆手榴彈。[9]」

歐威爾畢竟是歐威爾，他一抵達戰場，首先感受到的就是現場瀰漫的惡臭：「我們現在離前線很近，近到足以聞到（smell）戰爭特有的味道（smell）——根據我的經驗，那是排泄物及腐爛食物的氣味（smell）。[10]」這可能是最典型的歐威爾句子：他做了直接又冷酷的觀察，而且設法用了「smell」這個字眼三次。

他覺得這裡的前線毫無浪漫、幻想可言，而是悲傷、累人的，有時令人毛骨悚然：

> 我們才剛卸下裝備，爬出防空壕，就突然聽到一聲巨響。同隊的一個孩子從防護的矮牆衝了回來，滿臉是血。原來，他用自己的步槍開了一槍，但不知怎的把槍栓給打爆了。爆裂的彈殼碎片把他的頭皮炸得慘不忍睹。他是我們的第一個傷患，是典型的自殘[11]。

誠如歐威爾所述，他幾乎是偶然加入「馬克思主義統一工人黨」（Partido Obrero de Unificacion Marxista，簡稱POUM）所成立的組織。那是極左翼的小派別，當然是反對佛朗哥的法西斯主義，但是在政治上是以「反史達林」的立場著稱。在托洛斯基（Trotsky）為非史達林派的社會主義者提供一個焦點，從而對蘇聯的世界觀構成嚴重威脅時，POUM的立場偏向托洛斯基派。這導致POUM變成西班牙共產黨（蘇聯掌控）深惡痛絕的對象。一九三六年夏天，史達林肅清大部分布爾什維克的老同志後，開始在莫斯科展開公審，POUM的報紙是加泰隆尼亞唯一批評那些公審的報紙[12]。

加入POUM對歐威爾來說很危險，比他當時所想像的還要危險許多，但後來證明那也成了絕佳的落腳點，讓他對那個時代的意識形態危機有了充分的了解。歐威爾不可能知道，當時深入參與西班牙事務的俄羅斯間諜機構「內務人民委員部」（NKVD）早就已經冷眼看待POUM。三個月前，位於西班牙的蘇聯情報機構負責人亞歷山大·歐洛夫（Aleksandr Orlov）曾向上級保證，必要的話，「可以輕易消滅托洛斯基派的組織POUM。[13]」一九三七年春季，POUM遭到鎮壓時，歐威爾和他的夥伴淪為攻擊者的追殺目標。

抵達前線的戰壕時，歐威爾注意到身後跟著一條狗，狗的側身烙印著POUM的字樣[14]。看到這種政治化的動物，可能為他七年後寫一本書描寫史達林主義的豬埋下了種子。事實上，後來那幾年，他養了一條黑色的貴賓狗，並把牠取名為馬克思（Marx）[15]——不過，那名字究竟是取自格魯喬・馬克思（Groucho Marx）、還是卡爾・馬克思（Karl Marx），就不得而知了。

在前線安頓下來後，他一如其他的士兵，抱怨道：「整個戰線平靜無事，什麼也沒發生。[16]」他的部隊奉命必須通報教堂的鐘聲，因為國民軍在發動重大的攻擊以前，會先舉行天主教彌撒。如果鐘聲真的有預警作用的話，那表示他們從未按規定通報。

英國志願兵史塔福德・科特曼（Stafford Cottman）回憶道，歐威爾當兵時，「非常務實」[17]。歐威爾因為在緬甸有類似的從軍經驗，所以幾乎是一進軍隊，就立即被任命為班長，監督十二個人。他很重視步槍的清潔和上油，也會冒險進入敵方戰壕線之間的無人地帶去撿拾馬鈴薯[18]。有一次他違反紀律，開槍射擊一隻老鼠，導致戰友以為他們受到攻擊了。在該區領導英國志願兵的愛德華茲說，歐威爾對夜晚啃咬靴子的齧齒動物有一種特別的恐懼。愛德華茲憶起當時的情景時，依然有點惱怒：「原本四下寂靜無聲，突然間響起可怕的爆炸聲。那是歐威爾幹的，他在防空洞裡射殺了一隻老鼠，那噪音震盪了整個前線。法西斯分子認為那就是襲擊，炮彈來了，轟炸機飛過來了，他們炸毀了我們的食堂、我們的公車等等。也就是說，開槍殺老鼠是代價高昂的射擊。[19]」

不過，歐威爾派駐的前線區段通常很平靜，甚至沉悶到有如一潭死水，所以他考慮南下到馬德里一帶，加入國際縱隊（International Brigade）。但愛德華茲警告他不要貿然前往，說那個軍旅的上將正在處決那些展現出「托洛斯基派傾向」的成員[20]。

一九三七年二月，歐威爾的妻子愛琳也來到巴塞隆納，她在那裡為英國工黨的小派別ILP工作。她在巴塞隆納市中心的主幹道「蘭布拉大道」（Ramblas）上的洲際飯店（Hotel Continental）找到了一個房間。那家飯店離POUM的辦公室僅幾步之遙。三月中旬，她去前線探望歐威爾。後來，她寫信給歐威爾的文學經紀人時，在信中提到：「我獲准整天待在前線的掩體內。法西斯分子對那裡進行了小規模的轟炸，並以大量的機關槍朝那裡開火。」[21]但她寫信給母親時，對槍彈砲火隻字未提，只說：「我非常喜歡待在前線。」

在站崗期間，歐威爾藉由幻想來打發時間，他幻想著休假以及帶著愛琳去海邊度假。他在給愛琳的信中寫道：「如此一來，我們就可以好好休息了。」[22]他也幻想他們「去釣魚」——那是他最喜歡的消遣之一。四月下旬，在前線服役一百一十五天後，歐威爾確實獲准休假了，可以前往巴塞隆納。休假期間，他最想做的事情包括徹底除蝨及洗個熱水澡。

但是，他在巴塞隆納已經找不到幻想中的海灘假期，只看到一座徹底改變的城市，城市裡的「革命氣氛已經消失了」[23]。他也驚訝地發現，他在前線的補給很差，但共和軍的軍官卻穿著整齊的制服，配戴武器，在城市裡大步地遊走。他指出：「我們在前線，想盡辦法都買不到手槍。」[24]那時，打擊非共產黨民兵的官方宣傳運動正如火如荼地展開[25]。支應共和軍的俄國人認為，反史達林的左派是比佛朗哥主義者更直接的威脅，這導致

NKVD啟動反對POUM的活動——包括在巴塞隆納附近興建一座祕密的火葬場，以處理其殺害對象的遺體。迫在眉睫的危險籠罩著整座城市[26]。

那場風暴於五月三日爆發[27]，大約是在歐威爾從前線抵達巴塞隆納的兩週後。當時，他正在洲際飯店的大廳裡，一位朋友對他說：「我聽說電信局出了點問題。」他是指警方意圖重新掌控那棟被無政府主義者占領的電信大樓。電信大樓就在科隆飯店（Hotel Colón）的斜對面，一九三五年十二月邱吉爾曾住過那間飯店，覺得那裡的食物很棒[28]。西班牙共產黨地方支部的官員也很喜歡那家飯店。內戰開始後，他們便占領了那家飯店，把它當成共黨的地區總部。

幾個小時後，歐威爾走在蘭布拉大道上，槍戰突然開始了。他在前線認識的一個美國人拉著他的胳膊說，POUM的人正在蘭布拉大道盡頭的獵鷹旅館（Hotel Falcon）集合。歐威爾去到那裡，看到POUM的幹部在分發步槍和彈藥盒。他在POUM占據的夜總會裡過夜，把舞台的布幔剪下來當毯子。

翌日早晨，街上設置了路障，那些路障是由撬起的鵝卵石及其底下的碎石所構成。在路障的後方，有人生了火，正在煎蛋。在加泰羅尼亞廣場，歐威爾寫道：「在橫掛於科隆飯店門面的巨大招牌『Hotel Colón』底下，一個靠近倒數第二個O的窗戶[29]，共產黨人在那裡裝了一把能以致命效果掃射整個廣場的機關槍。」

那年五月的街頭戰鬥經驗，是《向加泰隆尼亞致敬》的核心內容。那也促使他開始反思當時的政治局勢。令他震驚的是，他發現有人譴責POUM的同志是「托洛斯基主義者、法西斯主義者、叛徒、殺人犯、懦夫、間諜等等」[30]。POUM的成員特別容易遭到攻擊，因為他們的派系小，裝備差，事先也沒料到他們必須轉入地下活動，所以沒為此做好準備。

他被派去蘭布拉大道上的波里歐拉馬劇院（Poliorama）的屋頂上站崗。波里歐拉馬劇院的頂部有兩個圓頂，可以俯瞰整條街。劇院就在洲際飯店的對面，他和愛琳之前一直待在那間飯店裡。屋頂提供了良好的射程，從那裡可以保護位於蘭布拉大道盡頭的POUM行政辦公室。

他在劇院的屋頂上站崗時，以前一起在漢普斯特德舊書店工作的老同事喬恩．基歐（Jon Kimche）出現了。基歐回憶道：「街頭戰鬥大多是發生在一兩哩外。」歐威爾告訴他，POUM的民兵訓練及裝備有多糟。無聊之餘，歐威爾讀了幾本前幾天才剛買的企鵝出版社平裝書。

五月七日下午，又有約六千名政府軍抵達，後來戰鬥結束了。看到這些後方部隊的裝備遠比前線部隊的還要精良，歐威爾再次感到震驚。令他反感的是，政府把所有的戰鬥都歸咎於POUM，因為它是左翼派別中勢力最弱的。

眼看這一切發展，歐威爾得出一些與那個時代的左翼傳統觀點對立的結論。那個年代認為左翼團結起來是必要的，也是正確的做法，但歐威爾開始對那種觀念起疑。看到不同的反法西斯派別在巴塞隆納互鬥，他指出：「你始終有一種討厭的感覺，覺得目前為止跟你還是朋友的人可能向祕密警察告發你。[31]」

事實上，巴塞隆納的事件逼他開始檢視左派，就像他以前檢視帝國主義和資本主義那樣。他最後總結：「西班牙的共產黨仰仗著蘇聯的支持，仗勢欺人，對革命施壓。[32]」共產黨決心系統性地消滅左翼的反共派系——先是POUM，接著是無政府主義者，最後是社會主義者。

然而，公開說出這些話猶如現代的異端邪說。歐威爾震驚地發現，左翼報紙並未準確地報導實際的狀況，也不想那樣做，他們很樂於接納謊言。他寫道：「這場戰爭最可怕的影響之一，就是讓我意識到左派媒體在各方面都和右派媒體一樣虛偽不實。[33]」這促使他展開這輩子的志業：不斷地推動事實的確立，不管那有多艱辛或不討喜[34]。

此時，POUM仍部署在前線，繼續保護政府的領土。一九三七年五月十日，歐威爾即使在巴塞隆納遭到政府的壓迫，依然離開巴塞隆納，回到前線，繼續跟著POUM一起捍衛政府的領土。五月十一日，《每日工人報》（*Daily Worker*）譴責POUM是「佛朗哥的第五縱隊」[35]。巴塞隆納的牆上出現一些海報，標題寫著「撕破面具」[36]，上面是一張標示著POUM的臉，那張臉的底下是法西斯主義者的臉——那是典型的「彌天大謊」宣傳。

前線的ＰＯＵＭ士兵還不知道自己在巴塞隆納遭到譴責。來自城市的報紙也對整肅活動隻字未提。

歐威爾預期自己在前線待到夏末。但五月二十日的黎明，他穿過戰壕檢查哨兵時，不幸遭到子彈擊中。他知道那是危險的時刻，因為他的戰壕朝西，只要旭日從後方升起，敵人的狙擊手就會看到他的高大身影。關於中彈一事，他寫道：「大致說來，那種感覺就像置身在爆炸的中心。好像有一聲巨響和炫目的閃光包圍著我，我感受到一股劇烈的震動——不會痛，只是猛然一震，就像觸電一樣。震動之後，我只覺得全身虛弱無力，像是被電擊了，全身化為烏有。我眼前的沙袋感覺退到了很遠的地方。[37]」子彈的衝擊力把他擊倒在地。「這一切都發生在一秒內……我有一種麻木、恍惚的感覺。我知道自己嚴重受傷了，卻沒有一般的疼痛感。」

剛剛跟他對話的那個美國哨兵衝過來對他說：「天啊！你中彈了嗎？」那個美國人名叫哈利．米爾頓（Harry Milton），他後來回憶道：「我以為他沒救了，他緊咬著嘴脣，我心想他應該傷得很重。但他仍在呼吸，眼睛還在動。[38]」

歐威爾精彩地描述了被子彈擊中後靜靜等死的感覺。他知道自己中彈了，但不知道是哪裡中彈。當他被告知是頸部中彈時，「我心想我死定了，我從來沒聽過任何人或動物的脖子被子彈射穿後還活下來的。[39]」鮮血從他的嘴角滴落下來，他猜想是頸動脈被切斷了，那表示他只能活幾分鐘。「當下我的第一個念頭很符合常理，我馬上想到妻子。第二個念頭是對於自己被迫離開這個待我不薄的世界感到憤恨不平。」

然而，幾分鐘過去了，他竟然沒死。他也沒想到自己竟然那麼幸運，子彈是穿過頸動脈和喉頭之間約一釐米的狹小空間，只傷了聲帶。要是子彈稍微左偏或右偏一點，或高速子彈晃動更大，他可能那天就死了。由於子彈是以某個角度擊中他，那顆子彈後來從頸部後方射出，沒有切斷他的脊椎，只擦傷了一根神經，導致他的一隻手臂暫時癱瘓。

同袍以擔架把他抬到一哩外的野戰醫院，在那裡先幫他打了一針嗎啡，接著又把他送到附近謝塔莫村（Sietamo）的較大型軍事醫院，該村就在威斯卡省（Huesca）的首府以東。老戰友來探望他，對於他還活著表示開心，然後幫他取下身上的手錶、手槍、手電筒、刀子，因為他們知道那些東西在醫院裡可能會被偷走，而且前線也需要那些裝備。他的營長喬治・科普（Georges Kopp）說，後續幾週，歐威爾的聲音沙啞，有如老舊T型車的剎車聲，在兩碼外完全聽不見[40]。

但這時他的麻煩才剛開始。康復後，他以病人的身分從西班牙軍隊退伍。六月十五日，POUM的領袖安德魯・寧恩（Andreu Nin）被捕後失蹤[41]，很可能是慘遭NKVD的毒手。六月十六日，POUM就遭到查禁了。

六月二十日，歐威爾回到巴塞隆納[42]，發現蘇聯正在全力鎮壓POUM。他抵達巴塞隆納後，當晚就去洲際飯店會見妻子。愛琳看到他穿過飯店的大廳時，隨性地露出微笑，接著在他的耳邊低聲說道：「快出去！……馬上離開這裡。[43]」他開始離開，從大廳沿著漫長的樓梯蜿蜒而下，走向蘭布拉大道上的大門，途中遇到了一位朋友。那個朋友也是警告他，趁飯店員工通知警察之前，盡快離開飯店。接著，另一位富有同情心的飯店員工對他發出第三個警告：「POUM遭到鎮壓了，他們占領了所有的建築，幾乎每個人都在監獄裡，而且聽說他們已經開始大開殺戒了。[44]」歐威爾很快就意識到，「現在是史達林派掌權，因此每個『托洛斯基派』自然是大難臨頭。[45]」

於是，歐威爾成了逃犯。當晚他睡在教堂的廢墟裡，之後持續在街上遊蕩了幾天，直到他和妻子取得離開西班牙的證件。他在路上和老戰友擦身而過時，都刻意對彼此不理不睬，「彷彿素不相識，那真是可怕」[46]。警察國家侵犯友誼的方式，令他感到怨恨。這種怨恨已稍稍帶有《一九八四》的味道。

六名祕密警察半夜來到愛琳的旅館房間，搜尋足以將她定罪的文件。他們搜尋得很徹底，清空抽屜和行李，連浴缸和暖爐底下也不放過，而且還把衣服舉向光線查驗。但有一件事情他們沒做，那就是在床上搜查，因為當時愛琳還坐在床上。歐威爾語帶感情地描述了那個場景：「我們必須謹記一點，現在警察幾乎完全受到共產黨的掌控，這些警察可能本身就是共產黨員。但他們也是西班牙人，對他們來說，把一個女人從床上攆下來有點太過分了，所以他們悄悄地省略了這部分的搜查。[47]」對歐威爾來說，這是不幸中的大幸，因為他們夫妻倆的護照就藏在床上[48]。

當時海明威也在西班牙，他與歐威爾形成了鮮明的對比。歐威爾對政治的觀察敏銳，海明威則是看法天真，部分原因在於他的陽剛氣概有礙準確的觀察。在海明威寫的西班牙內戰小說《戰地鐘聲》（*For Whom the Bell Tolls*）中，主人公在經過淬練後，以睿智的口吻自言自語道：「這他早就懂了……如果一件事情基本上是正確的，那麼為那件事情撒謊也無所謂。只是，要撒謊的事情實在太多了。一開始他不喜歡撒謊，甚至對撒謊深惡痛絕，但後來他開始喜歡撒謊。想要成為局內人，就必須撒謊。[49]」

同一章中，聰明的俄羅斯記者卡可夫（Karkov）對POUM的評論是「從來不是玩真的」。他告訴主人公：「那只是瘋子和激進分子組成的旁門左道，實際上只不過是小孩玩大車而已。有些是遭到誤導的老實人。他們有一個不錯的軍師，也取得法西斯派的一點資金，金額不多。POUM真可悲！都是一群蠢蛋……POUM真可悲！他們從來沒殺過人，無論在前線或其他地方都沒殺過。在巴塞隆納確實殺過一些。[50]」海明威對於POUM的領導者寧恩遭到處決一事，也為俄羅斯人提供了不在場證明：「我們抓住他，但又被他逃走了。」八年後，歐威爾的朋友蒙格瑞奇在解放後的巴黎遇見海明威，對他的為人處事頗不以為然：「醉醺醺的，只在乎形象，而非現實。[51]」

六月二十三日，歐威爾夫妻倆逃離西班牙，他們很慶幸自己能活著逃出來，許多朋友就沒那麼幸運了。然而，歐威爾沒料到的是，幾週後的七月十三日，巴塞隆納有人提出一份起訴書，指控他和妻子從事間諜活動及叛國。那封起訴書的開頭是這樣寫的：「他們的通信顯示，他們是托洛斯基派的堅定信徒。[52]」它還說，歐威爾「參與了五月的事件」（亦即巴塞隆納的街頭戰鬥）。

歐威爾一回到家，就開始著手寫《向加泰隆尼亞致敬》，那也是他的第一部卓越著作。那本書就像最好的戰爭回憶錄一樣，徹底地避開了過度的戲劇化，充分展現出所有戰爭的本質都是一樣的：都是由長時間令人思維不清的無聊與恐懼和震驚的時刻交織而成。相較於躲在遠處的戰壕內、遠在共和軍的步槍射程之外的法西斯分子，饑寒交迫反而是更大的敵人。

這本書一開始是講參戰的故事，但是講完前面三分之二的故事後，歐威爾在巴塞隆納遇到史達林派鎮壓其他的左派分子，使故事轉變成黑色的政治驚險小說。在最後三分之一的敘事中，歐威爾強調兩點。第一，其他的左翼人士不該信任由蘇聯主導的共產主義。第二，左派和右派一樣容易接受謊言。

歐威爾知道這兩個主題都無法獲得英國左派的支持。他與親史達林主義的傳統左派決裂，此舉就像邱吉爾早期疏遠英國貴族圈那些親法西斯分子一樣。歐威爾知道，許多抱持社會主義的英國朋友認為，如果說謊有助於推動蘇聯的理念，那麼說謊不僅是可行的，甚至是必要的[53]。

那本書以出乎意料的巧妙方式收尾：歐威爾回到家鄉，欣賞英國南部如伊甸園般的風景，望著那片翠綠又宜人的大地，接著對那片大地的居民發出警訊：

這裡依然是我童年時期就已經熟悉的英國：野花蓋滿了鐵路的路塹，毛色閃亮的壯馬在濃密的草地上悠閒地吃草，緩緩流淌的溪水邊有柳枝掩映生姿，榆樹的榆錢，還有農舍花園裡的翠雀花。外倫敦有遼闊的寂靜原野、髒污的河面上漂著駁船，還有熟悉的街道、公告板球賽和王室婚禮的海報、戴著圓頂禮帽的男人、特拉法加廣場的鴿子、紅色的巴士、身著藍色制服的警察——他們都沉睡在英國的深層酣睡中，我有時擔心我們要等到炸彈發出轟然巨響，才會猛然驚醒[54]。

這些優美的句子值得大聲朗讀。由此可見歐威爾的敏銳觀察，字裡行間都充滿了他對英國的愛，最重要的是，它帶有詭異的預言性。這本書是寫於一九三七年的年中，當時英國的領導人正以綏靖政策尋求和平，很多人表明支持和平主義，但歐威爾選擇了一條截然不同的道路。誠如他在一九三八年二月發表的書評所述：「如果有人向你的母親扔一顆炸彈，你應該對他的母親扔兩顆炸彈。[55]」

歐威爾回到家鄉後，變成了如今我們從《動物農莊》和《一九八四》中認識的那個作家。緬甸經歷使他成為一個反帝國主義者，但西班牙的經歷幫他拓展了政治視野，以及以同樣的力道批判左右兩派的決心。去西班牙之前，他是很傳統的左派人士，認為法西斯主義和資本主義本質上是一樣的[56]。在那之前，歐威爾仍謹守著一九三〇年代的一些左派觀點。

他離開西班牙時，決心力抗政治左右兩派的濫權。文學評論家休伊．肯納（Hugh Kenner）指出，經過西班牙的洗禮後，他變成「與官方左派相左的左派」[57]。一九三七年九月，歐威爾寫道：「遺憾的是，英國很少人意識到共產主義現在是一股反革命的力量。[58]」

離開西班牙後，他的身心靈受創，開始走上一條更加獨立自主的道路。他在〈我為何寫作〉（Why I Write）裡解釋：「西班牙內戰和一九三七年的其他事件扭轉了局勢，從此以後，我開始明白自己的立場。[59]」〈我為何寫作〉是他寫完《動物農莊》後、尚未動筆寫《一九八四》的空檔所寫的精彩短文，「我在一九三六年後所寫的嚴肅作品，每一行都是直接或間接地反對極權主義，並支持我所理解的民主社會主義。」他小心翼翼地區別社會主義與共產主義，把共產主義與法西斯主義歸為一類，認為它們本質上是不民主的。在生命的尾聲，他相信「共產主義者和法西斯分子的近似度，更甚於他們與民主主義者的距離。[60]」

從西班牙回來後，他的任務是把所見所聞如實地寫下來（不管那些事實會把他帶到何方），並對他讀到的一切抱持懷疑的態度（尤其事實是來自掌權者或令掌權者寬慰的時候）——這成了他的信念。幾年後他寫道：「在西班牙，我第一次看到報上的報導與事實毫無關係。[61]」他繼續說：

> 我看到報紙報導大規模的戰鬥，但實際上當地並未發生打鬥；我也看到有些地方明明有數百人罹難，但報紙隻字未提。我看到英勇作戰的部隊被斥為懦夫和叛徒，還有那些從未見過彈火的人被捧為想像中的勝利英雄。我看到倫敦的報紙轉述那些謊言，急切的知識分子在從未發生過的事件上加油添醋。事實上，我看到歷史並不是根據發生的事情寫出來的，而是根據不同的「黨派路線」，覺得該發生什麼就寫什麼。

回到鄉間小屋後，歐威爾專事寫作並投入園藝，但未再開店。教堂的牧師眼看著這對剛從西班牙回來的夫妻，可能懷疑他們的政治傾向，所以順道過來跟他們聊天。歐威爾在寫給戰友的信中提到，那位牧師「根本不認同我們在西班牙是站在政府那邊。當然，我們必須承認共和軍確實燒毀了教堂，但是他聽到那些教堂只是羅馬天主教的教堂時，又高興了起來」。[62]

一九三八年三月，《向加泰隆尼亞致敬》出版前六週，歐威爾的肺部開始出血，他因此短暫住院。四月，該書出版了。九月，他和愛琳前往摩洛哥過冬以療護他的呼吸系統。這次旅行之所以能夠成行，是因為一位匿名者捐給他三百英鎊。

如今，《向加泰隆尼亞致敬》讀起來像是對未來發出危急警報，描述法西斯主義與共產主義的可怕交鋒，雙方都不願容忍別的選擇。一九五二年，美國版的《向加泰隆尼亞致敬》首度出版，文學評論家萊昂內爾・特里林（Lionel Trilling）為該書撰寫導讀時，聲稱該書是「這個時代最重要的文獻之一」[63]。一九九九年，保守派的美國雜誌《國家評論》（*National Review*）把它列為二十世紀排名第三的最重要非小說類書籍[64]。排在第一位的是邱吉爾的《第二次世界大戰回憶錄》（*Second World War*）；第二的是索忍尼辛的《古拉格群島》（*Gulag Archipelago*）。歐威爾是唯一有兩本著作進入前十名的作家，他的《歐威爾文集》（*Collected Essays*）排名第五。

不過，一九三八年《向加泰隆尼亞致敬》剛上市時，反應冷淡許多。那本書是緊跟在《通往威根碼頭之路》之後出版，並證實了他是英國文壇的叛徒。歐威爾平常的社交圈，無論是出版圈、還是新聞圈，都沒興趣發表他的西班牙見聞。格蘭茨一年前出版《通往威根碼頭之路》時遭到抗議，這本直接抨擊史達林主義的著作對他來說更是難以負荷的重擔。持平而論，格蘭茨深諳市場反應，不願出版此書亦無可厚非。一九三八年四月，另一家出版社出了《向加泰隆尼亞致敬》。書評反響熱烈，但銷量不佳。在歐威爾的有生之年，該書的銷量不到一千五百本[65]。歐威爾在該書的最後一段預言炸彈轟炸，豈料這本實體書最後也淪為炸彈轟炸的受害者：一九四一年，德國對英國普利茅斯（Plymouth）的一次轟炸行動中，原版的印刷板遭到炸毀[66]。

《向加泰隆尼亞致敬》是一本難能可貴的好書，肯定是歐威爾最好的作品之一。即使如此，還是有一個懸而未決的道德問題揮之不去，那個問題或許也是無可避免的。他在書中總結，儘管他在巴塞隆納目睹了一切（包括朋友失蹤，可能是被蘇聯支持的祕密警察所射殺），他依然覺得，讓共產黨支持的共和軍擊敗法西斯分子比較好。共產主義者可能是非共產主義左派的敵人，但即使如此，他仍主張：「不管戰後政府有什麼過錯，佛朗哥政權肯定更糟。[67]」

歐威爾在書中暗示了這種矛盾。即使他極力主張打敗佛朗哥，他也承認佛朗哥不過是

「不合時宜的」封建主義者[68]，是代表軍方、富人、教會的利益。歐威爾在該書的某一章中說了同樣的話，但那一章只收錄在第一版中，後來的多數版本已經把下面的文字刪除了：「嚴格說來，不該把佛朗哥和希特勒或墨索里尼相提並論。[69]」此外，他在書中提到英勇的祕密警察沒有讓他的妻子難堪，那件事也暗示著他明白以下的道理：儘管西班牙存在著種種問題，但它並不是德國或蘇聯。內戰結束後的西班牙確實有大規模的殘酷鎮壓，數以萬計的反法西斯分子遭到處決，還有數千人被羈押在集中營裡。任何人只要去參觀佛朗哥為了紀念內戰陣亡者而在烈士谷（Valle de los Caidos）興建的駭人陵園，就可以直覺感受到一九四〇年代西班牙的殘暴氣氛。烈士谷是一個體育場大小的岩洞，有一部分是由左翼的政治犯建成的，是一座死亡的大教堂。

此外，佛朗哥掌權後也證明了，他對所有的問題毫無答案，毫無解方。他不善應變，只會往後看。一九七五年他過世後，西班牙開始以比較迅速的步調轉型走向民主。中間偏左的社會工人黨（Socialist Workers' Party）從一九三九年到一九七七年遭到禁止，但在一九八二年的全國大選中勝出，執政了十四年。我們不可能知道，讓蘇聯支持的西班牙政府獲勝是否對西班牙比較好，但以後見之明來看，這確實是一個懸而未決的問題。

不過，做這種反現實的臆測終究是徒勞的。任何人都可以輕易推論，如果當初是共和軍獲勝，他們可能在二戰初期就被納粹趕下台了。德國要是占領西班牙，或只是占領地中海和大西洋的主要港口，都可能使同盟國在一九四三年和一九四四年的行動變得困難許多。

邱吉爾對西班牙內戰的立場，一開始是希望雙方都不要贏，但如果勢必有一方勝出的話，他寧願看到佛朗哥獲勝。不過，隨著希特勒的威脅日增，尤其是一九三八年三月占領奧地利後，他的立場就變了。法西斯主義及其盟友主宰歐洲並不符合英國的利益，所以一九三八年十二月邱吉爾說：「如今看來，對大英帝國來說，西班牙政府在內戰中獲勝所構成的風險，遠小於佛朗哥將軍獲勝的風險。[70]」

歐威爾的政治教育尚未完全結束。最後一步是發生在一九三九年八月二十三日，希特勒與史達林簽署了《德蘇互不侵犯條約》。那項條約讓極權主義右派與極權主義左派達成了和平協議。這對歐威爾的影響，就像十一個月前《慕尼黑協定》對邱吉爾的影響一樣，反而證實了他的恐懼，並使他更加堅定地走上那條異於主流左派同志的政治路線。「德蘇協議宣布的前一晚，我夢見戰爭已經開打。[71]」歐威爾寫道，「我下樓看到報上刊登里賓特洛甫飛往莫斯科的消息，所以戰爭即將來臨，政府（即使是張伯倫的政府）可以確信我對國家的忠誠。」

納粹德國和蘇聯之間的協議，為西方左派帶來了一個非比尋常的時刻。多年來，西方的蘇聯支持者總是堅稱，儘管史達林暴行累累，共產主義是唯一強大到足以對抗法西斯主義的意識形態。但現在，這兩種極權主義即使保持一定的距離，卻是相互支持的。

對歐威爾來說，這是釐清一切的終極時刻[72]。從此以後，他鎖定的寫作目標是各種形式的濫權，尤其是極權國家，不分左右派。他探索的副主題是一些左派人士的虛偽：那些人認為，如果壓抑事實有助於蘇聯推行理念，那麼壓制事實不僅是可行的，更是必要的。許多人對一系列的災難視若無睹，從烏克蘭的饑荒到莫斯科的公審都是如此，現在納粹與蘇聯簽訂協議，他們依然視而不見，但他不是那種人。

一九三〇年代接近尾聲時，戰爭的威脅日益逼近。儘管現今的讀者讀完《向加泰隆尼亞致敬》後，可以明顯看出歐威爾的卓越，但是他在那個年代並未獲得廣泛的肯定，大家覺得他只是一個無足輕重、有點古怪的作家。如今歐威爾赫赫有名，所以很少人意識到他一生的大部分時間，其實是默默無聞的人物。H．G．威爾斯（H. G. Wells）和赫胥黎（Aldous Huxley）等作家如今逐漸淡出歷史的舞台，但他們當時的地位比歐威爾顯赫許

多。歐威爾那個年代的名人回憶錄和日記——諸如安東尼．艾登（Anthony Eden）、休．道爾頓（Hugh Dalton）、哈利法克斯勛爵、克萊曼．艾德禮（Clement Attlee）、亨利．康頓（Henry Channon）、奧利弗．哈威（Oliver Harvey）、亞歷山大．賈德乾爵士（Sir Alexander Cadogan）等等——從未提過他。那年代最著名的日記作家是尼科爾森，即使他和歐威爾之間稍微有點關係，但他在五百頁的日記中對歐威爾隻字未提。尼科爾森的情人之一是文學評論家兼編輯雷蒙．莫提默爾（Raymond Mortimer），他曾因西班牙內戰的政治問題，而與歐威爾發生口角[73]。

一九三〇年代結束不久後所寫出來的文化史，也沒有提到歐威爾。詩人羅伯特．格雷夫斯（Robert Graves）和史學家艾倫．賀智（Alan Hodge）於一九四〇年出版《漫長週末：英國社會史，一九一八－一九三九》（*The Long Week-End: A Social History of Great Britain, 1918—1939*），但書中完全沒提到歐威爾[74]。就連跟他意氣相投的蒙格瑞奇在一九三〇年代末期撰寫《三〇年代》（*The Thirties*）時，也覺得書中提到歐威爾不太合適。唯有如今回顧過往，我們才能清楚看到，一九三六年到一九三九年之間，歐威爾蛻變成如今我們所知的「歐威爾」。

一九三九年的夏天，歐威爾主要是在赫特福德郡的小屋中度過，他在那裡從事園藝，養殖雞鴨，記錄歐洲逐漸陷入戰爭的新聞。他一度告訴朋友，給雞取名字是不智的，「因為這樣一來，你就吃不下牠了」[75]。八月二十四日，他種了七十五棵韭菜，注意到翠雀花開出「五種不同的顏色」。同一天，他在日記裡寫道，妻子從英國陸軍部（War Office）下班回家（她在「審查部門」任職），「感覺戰爭幾乎一定會爆發」[76]。八月三十日，他寫道，一位朋友告訴他，「幾週前邱吉爾對他提出非常悲觀的看法。[77]」翌日，他寫道：「黑莓正在成熟……雀鳥開始聚集。」九月一日，他淡淡地記錄道：「今天早上，德國開始入侵波蘭，華沙遭到轟炸。英國宣布全面動員，法國也是如此並宣布戒嚴。」[78]

CHAPTER 6

邱吉爾成為「邱吉爾」：一九四〇年春季
Churchill Becomes "Churchill": Spring 1940

一九三九年八月的多數時間，邱吉爾都在法國度假，畫風景，思考即將到來的戰爭，腦中充滿了不祥的預感。他對一位畫友說：「這會是好一段時間內我們畫下的最後一幅平靜畫作。[1]」月底，他回到英國，從車窗望出去，看到鄉野間種植著玉米的寧靜風光，他緩緩地說：「在收成之前，我們已經開戰。[2]」

一九三九年九月一日週五的早晨，在小麥尚未成熟之前，德軍侵入波蘭。

兩天後，九月三日那個晴朗的週日上午九點，英國政府對德國發出最後通牒：除非德國逆轉對波蘭的侵略，否則英國和法國將被迫宣戰。十一點，最後通牒到期。十五分鐘後，首相張伯倫上英國廣播公司（BBC）宣布英國和德國處於戰爭狀態。他一說完，空襲警報開始響起。

張伯倫在公開場合顯得心煩意亂，他說：「今天對所有人來說都是悲傷的一天，沒有人比我更悲傷。我從事公職以來努力奮鬥的一切、希望的一切、相信的一切，皆已化為烏有。[3]」他這番話講得精準，但可能不太適切。眼下的問題遠比他個人的感情或政治前途來得重要。此時歐洲乃至於世界的命運皆危在旦夕。

邱吉爾明白這點。後來他回憶道，當天他在下議院等著演講時，「我感受到內心的平靜，並體會到一種凌駕於人間事務與私人問題之上的超然感。[4]」他起身演講時，試圖把這種感覺傳達給整個下議院。

邱吉爾的語氣比首相更堅定，也更清晰。「這不是為但澤（Danzig）或波蘭而戰的問題，我們正努力拯救全世界，以免世界陷入納粹暴政的瘟疫中，並捍衛對人類來說最神聖的一切。這不是為了統治、帝國擴張或物質利益而進行的戰爭，也不是為了阻止任何國家重見天日或進步的戰爭。本質上，這是一場在堅不可摧的磐石上確立個人權利的戰爭，是一場確立及恢復人類地位的戰爭。[5]」

歐威爾可能不相信邱吉爾的說法，但他一定也認同那番話所陳述的原則，尤其是最後那句有關個人權利和地位的文字。多年後，他寫道：「知識的自由……無疑是西方文明的顯著標誌之一。[6]」他也表示：「如果這場戰爭有任何意義的話，那應該是一場爭取思想自由的戰爭。[7]」

邱吉爾發表演說六天後，歐威爾寫信給英國政府，希望能參與作戰。沒想到，對他來說，這竟然是一場漫長又令人失望的奮鬥。

大家對戰爭的反應各不相同。有一種反應是看到事件鋪天蓋地而來，震驚到不知所措，或開始從社交圈退縮，沉潛下來。不過，邱吉爾或歐威爾都不是如此，他倆精力充沛，立刻投入智識上的爭論。

一九三九年九月三日（週日）結束以前，邱吉爾已經重返政府，擔任內閣成員。他獲任為海軍大臣，那相當於英國的海軍部長，也是一次大戰爆發時他擔任的職務。保守黨非得等到另一場大戰爆發，才肯為邱吉爾敞開大門。（在此同時，那個週日在慕尼黑，優妮蒂．米特福德走進一個公園，往自己的頭部開了一槍[8]。子彈射入她的大腦，造成很大的傷害，但她自殺未遂，九年後才過世。）

九月十一日，邱吉爾收到美國總統發來的一則訊息，內容非比尋常。羅斯福寫道：「如果你想通知我任何你想讓我知道的事情，我隨時樂於傾聽[9]。」邱吉爾欣然回應[10]。二戰期間，羅斯福發送了約八百則訊息給邱吉爾，九月十一日的訊息是第一則[11]，而邱吉爾發給他的訊息更多，共有九百五十則。

美國總統表面上維持中立與平靜，但私底下卻直接和參與戰爭的英國內閣成員溝通，這個現象看來不太尋常，甚至可以說極不正常。箇中原因很可能是羅斯福和邱吉爾都不信任當時的美國駐英大使約瑟夫．甘迺迪（Joseph P. Kennedy），亦即未來美國總統約翰．甘迺迪的父親。羅斯福的主要助手哈樂德．伊克斯（Harold Ickes）在日記裡寫道：「總統認為，如果換成約瑟夫．甘迺迪掌權，他會給我們一個法西斯式的政府。[12]」甘迺迪一度對羅斯福說，他相信，事態的發展將使美國必須「落實法西斯國家的基本特徵（可能是以其他的名義來落實）：為了對抗極權主義，我們必須採取極權主義的方法」[13]。《慕尼黑協定》簽署的前後，羅斯福低聲對另一位同僚說，他認為甘迺迪「不忠於自己的國家」[14]。

事實上，當天稍早，甘迺迪向羅斯福和國務卿科德爾．赫爾（Cordell Hull）發出「最速件」的訊息，建議美國與希特勒展開和平談判。那則訊息很可能是促使羅斯福與邱吉爾直接聯繫的原因。羅斯福早在一九三八年一月就試圖聯繫英國政府，並寫信給首相張伯倫，卻遭到拒絕。時任英國外務大臣的安東尼．艾登（Anthony Eden）擔心「我們怠慢了總統」[15]。邱吉爾在二戰回憶錄中表示，他很「驚訝」張伯倫竟然會冷落羅斯福：「一個正直幹練、立意良善的人，負責掌握國家及所有人民的命運，卻在這個事件中表現得毫無分寸，甚至連自衛的本能也沒有，實在很可怕。即使是現在，還是令人想不透，當初究竟是什麼心理導致他採取那種外交姿態。[16]」

九月十七日週日，那是夏末的晴朗日子，邱吉爾在蘇格蘭的鹹水湖埃維湖（Loch Ewe）視察部分的英國艦隊，包括湖口處的反潛網。接著，他開始穿越高地，前往印威內斯（Inverness）的火車站。那天的天氣溫暖乾爽，所以中途他在山間的小溪邊停下來野餐。他坐在那個詩情畫意的地方，一戰的可怕記憶悄然地浮上心頭。儘管當時陽光明媚，回憶卻令他不寒而慄。當他想到自己及全球的處境時，不禁感到「前景黯淡」[17]，「波蘭正處於水深火熱之中；法國往日的戰爭熱情已不復見；俄國巨擘不再是盟友，甚至連中立者都不是，很可能還會變成敵人；義大利不是朋友；日本亦非盟國；美國會再次加入我們嗎？大英帝國雖然完整，團結一致，但準備不足，缺乏應戰的充分條件。我們仍掌握著海權，但是就飛機這種新凶器來說，我們的數量卻處於可悲的劣勢。」在那沉思的片刻，他做好了應戰的準備。

兩週後，邱吉爾發表了重返內閣以來的第一次重要談話[18]，並做了一次成功的全國廣播。在接下來的六年裡，只有肺炎迫使他臥床休息時，他才停下來。在戰爭爆發的最初幾天，他已經插手管了許多別人的事，所以九月中旬，他寫了一份備忘錄批評英國皇家空軍的狀況後，張伯倫決定和他進行一次「非常坦率的談話」[19]，要求他克制自己，少管別人的事。但邱吉爾並未就此收手，十月中旬之前，他又寄給張伯倫十三封分析信[20]。幾個月後，仍對邱吉爾抱持懷疑態度的首相助手約翰．科爾維爾（John Colville）在日記裡寫道：「邱吉爾的孜孜不倦令人折服。[21]」邱吉爾習慣仔細地審查檔案，並對細節提出質疑，這給他底下龐大的軍事官僚體系注入了必要的能量。他的堅定決心讓科爾維爾覺得，萬一英國垮了，邱吉爾會轉入地下，以黨派領袖的身分繼續奮戰。

大家也注意到戰爭讓邱吉爾恢復了不少活力。英國前首相之子馬爾科姆．麥克唐納

（Malcolm MacDonald）本身也是政治人物，他震驚地發現，邱吉爾「二十年來，從未看起來如此健康」[22]，而且這還是他每天大量飲酒下的狀況。尼科爾森回憶道，一位朋友與邱吉爾共進午餐後，「對於邱吉爾飲用大量的波特酒和白蘭地感到相當震驚」[23]。他的助手伊恩．雅各爵士（Sir Ian Jacob）曾說，平日，邱吉爾午餐會搭配香檳和白蘭地，午睡後會喝兩三杯威士忌蘇打，晚餐時搭配香檳和白蘭地，之後還會再喝威士忌蘇打。雅各也說，有時他早餐也會搭配白酒[24]。

一九三九年的秋冬和一九四〇年的早春，在張伯倫的領導下，戰爭進行得並不順利。到了五月，顯然他已經不得不讓出首相職位。許多人預期，外務大臣哈利法克斯勛爵將繼任為首相。哈利法克斯是綏靖政策的規畫者之一，也是保守黨和英王喬治六世偏好的首相人選。如果哈利法克斯願意接任首相，而不是讓邱吉爾擔任首相，他很可能與德國人進行和平談判。

但哈利法克斯很擔心，他說他是上議院的議員，因此難以領導下議院。他的猶豫不決，使邱吉爾成了繼任的唯一人選。

一九四〇年五月十日[25]

五月十日早晨，邱吉爾得知德國已經開始入侵荷蘭和比利時，他也知道自己當天稍後可能接任首相的位置，所以他早餐吃了煎蛋和培根，並抽了一根雪茄。對上了年紀的人來說，那頓早餐挺豐盛的。他六十五歲，正值許多人退休的年齡。不過，經過幾十年的努力，他終於快要實現畢生的抱負，擔任英國首相了。

那是非比尋常的一天。那天他的第一場會議，是早上六點和陸軍大臣及空軍大臣開會。七點，他是和軍事協調委員會開會。八點，整個戰時內閣到首相官邸開會，以檢討慘淡的局勢——德國轟炸比利時和法國北部；德國的傘兵登陸比利時，英國的戰鬥機隊移師法國；凱利號驅逐艦（HMS Kelly）在比利時的外海遭到魚雷擊沉。

有鑑於上述的種種狀況，首相張伯倫的第一個想法是他應該繼續留任，直到危機解除為止。那天上午稍後，邱吉爾的辦公室收到一則消息：「張伯倫先生鑑於當前大戰臨頭，覺得似乎有必要繼續留任。[26]」邱吉爾的盟友對此的反應是：不，正因為危機當頭，張伯倫更應該盡速讓位給新的國民政府。

邱吉爾隨後接見了荷蘭的政府官員。「他們剛從阿姆斯特丹飛過來，看起來面容憔悴，精疲力竭，眼中流露出恐懼的神色。[27]」

上午十一點三十分召開了第二次戰時內閣會議，以檢討更多有關德國轟炸和傘兵部隊的新聞。隨後，下午一點，軍事協調委員會再次開會。邱吉爾與報業大亨比弗布魯克勛爵共進午餐。比弗布魯克有一段時間和邱吉爾是政治上的盟友。

下午四點半，戰爭內閣再次開會。消息傳來，德軍正在英格蘭東南部的肯特郡投擲燃燒彈。德軍已經占領了鹿特丹機場。英國派出六架戰機去荷蘭上空攔截德國的傘兵飛機，但只有一架返回。陸軍部傳來訊息，德國坦克和步兵已經進入比利時。張伯倫終於決定辭職了。

張伯倫去見英王喬治六世，英王建議由哈利法克斯繼任首相，他在日記裡寫道：「我認為哈利法克斯是公認的人選。」但張伯倫說哈利法克斯不是當下合適的人選時，「我問張伯倫的意見，他告訴我，邱吉爾才是應該徵召的人選。」

於是，英王召見邱吉爾，鄭重其事地要求邱吉爾組建新內閣。在白金漢宮外，邱吉爾轉向他的保鏢，保鏢向他道賀。邱吉爾熱淚盈框地回應：「我希望現在還不算太遲，但我擔心為時已晚，我們只能盡力而為。」[28]

邱吉爾回到海軍部的辦公室，組建新的內閣。他寫信給張伯倫，請他繼續為新政府提供諮詢和服務。他也請哈利法克斯繼續擔任外務大臣。他請工黨的領袖艾德禮當晚來見他。艾德禮來的時候，他邀請他加入內閣，並提交一些可能加入內閣的工黨成員名字。

相較於同黨的保守黨人，邱吉爾與工黨人士相處起來更加自在。首相助手科爾維爾在日記裡寫道，邱吉爾猶如打不死的蟑螂，「是現代政治史上最偉大的冒險家……混血的美國人，他的主要支持者效率不彰，但跟他一樣健談。」[29]他補充提到，他是以有點沒必要的「完全恐懼」來看待邱吉爾的崛起[30]。

邱吉爾的回憶錄和其官方傳記作家馬丁．吉伯特（Martin Gilbert）寫的詳盡傳記裡，都沒有提到五月十日還有一場會議。當晚，他與資深的情報官威廉．史蒂文森（William Stephenson）共進晚餐。他指派史蒂文森前往美國，並賦予他三項任務：為英國取得軍事援助，在西半球打擊敵人的情報，以及「最終把美國一起拉進來參戰」[31]。這可能是二戰期間邱吉爾發布的最重要命令，而且是在他升任首相僅數小時後就下的命令。

當天，邱吉爾凌晨三點就寢，「如釋重負的感覺很強烈，我終於獲得指揮全局的大權了」[32]。這是他這輩子第一次以首相的身分入眠，後來他寫道：「十年的政治荒野期」終於結束了。

但是這能持續多久呢？他很可能只是英國的臨時領導人。事實上，確實有人打賭那是可能的結果。

邱吉爾就職後，所屬的保守黨並沒有團結起來支持他。說到這個新首相，J・C・C・戴維森（J. C. C. Davidson）向政治盟友及前首相鮑德溫表示：「保守黨不信任邱吉爾。[33]」由於戴維森曾是保守黨主席，這番評論並非隨口說說。他希望邱吉爾只是暫時擔任首相，並預期「第一起戰爭衝突結束後，出現一個更健全的政府」。保守黨的議員彼得・艾卡斯利（Peter Eckersley）預測：「邱吉爾撐不過五個月。[34]」

邱吉爾有時也會以酸言酸語反擊。當年稍後，前首相鮑德溫擁有的工廠遭到德軍炸毀時，邱吉爾酸溜溜地說：「他們太忘恩負義了。[35]」

一九四〇年五月十三日，邱吉爾第一次以首相身分進入下議院時，得到的掌聲還比不上卸任的首相張伯倫。他回憶道：「最初幾週，大多只有工黨議員跟我打招呼。[36]」有些人的歡迎詞感動了他，令他不禁熱淚盈框，擦了擦眼睛[37]。

那天下午兩點五十四分，他站起來發言。他向議會介紹了他的戰時內閣——新內閣中五位最重要的成員——接著發表了響叮噹的演說：「我能盡心奉獻的別無他物，只有熱血、辛勞、眼淚和汗水。[38]」那句話呼應了拜倫的詩〈青銅時代〉（The Age of Bronze）[39]，在那首詩中，拜倫批評英國領主靠「數百萬人的流血、流汗、流淚」為生。

接著，他發表了一場充滿感染力的演說，因內容簡潔而顯得更加鏗鏘有力：

你們問，我們的政策是什麼？我會說：就是開戰！展開海戰、陸戰、空戰，盡我們所能，窮極上帝賜予我們的力量，全面開戰！向人類罪惡史上最黑暗、最可恥的殘暴政開戰。這就是我們的政策！

你們問，我們的目標又是什麼？我可以用兩個字來回答，那就是勝利！我們會不惜一切代價取得勝利，不懼一切恐怖，不管未來的道路有多麼艱辛漫長，我們一意求勝。因為沒有勝利，便無活路。

我們一定要認清這點：不成功，大英帝國將不復存在，大英帝國所代表的一切也將消失殆盡，推動人類歷史不斷朝著目標前進的動力也將蕩然無存。

這場演講與歐威爾最優秀的散文不相上下——當然，保護大英帝國並非歐威爾的目標。邱吉爾不僅是對下議院演講，也是對英國乃至於全世界演講，他正在設立一條更強硬的新路線。他不是為了求和而成為首相，將來也不是。他的政策就是全面開戰以追求勝利，英國再也不會跟德國協議以達成妥協，也不會以放棄殖民地做為和解條件。

令人驚訝的是，邱吉爾上台掌權竟然鼓舞了身為左派的歐威爾，他寫道：「數十年來，我們第一次有了一個充滿想像力的政府。[40]」

邱吉爾不僅忙著團結全國，他也需要穩固自己的地位。許多政治領袖覺得，他並非長遠領導英國的合適人選，可能只是危機時刻的代管者。

從一九四〇年的五月中旬到六月中旬，邱吉爾的地位並不確定。如何與美國打交道並讓美國參戰——這些問題始終縈繞著他的心頭。五月十八日，他擔任首相的第九天，一早他展開一天時，一邊刮著鬍子，一邊對兒子藍道夫說，他預期英國不僅能夠挺過這場戰爭，也能夠獲勝。「我的意思是，我們能夠打敗他們。」他解釋道。

藍道夫聽了很訝異，回應：「我完全認同，但我不知道你要怎麼辦到。」

邱吉爾把臉擦乾，轉身看著兒子，激動地說：「我一定要把美國拉進來。」[41]他對英國皇家海軍的領導人說話時，也提出類似的看法：「首要之務是讓美國參戰，我們可以之後再決定怎麼打這場戰爭。」[42]

美國駐英大使甘迺迪持續低估邱吉爾的實力，他覺得德國即將獲勝。一九四〇年五月二十日，他寫信告訴妻子：「局勢很糟，我覺得一切都完了……英國人會奮戰到底，但我覺得他們無法無限期地承受轟炸。」[43]六月初，甘迺迪寫信給兒子小喬（Joe Jr.）說：「眼前我只看到屠殺。」[44]持平而論，美國駐法大使威廉．布列特（William Bullitt）也是抱持類似的立場。一九四〇年五月，布列特建議羅斯福考慮一種可能性：英國組成一個法西斯政府，並與德國協議休戰。他警告：「那表示英國海軍將與我們對立。」[45]

邱吉爾知道一九四〇年會很艱辛。真正的問題在於，他和英國的耐久力是否比那兩位美國大使所想的還久。五月中旬，他從唐寧街走向海軍部大樓時，群眾夾道歡呼。他的軍事助理海斯丁・伊斯梅將軍（General Hastings "Pug" Ismay）寫道：「我們一踏進大樓，他便潸然淚下。[46]」邱吉爾向伊斯梅解釋他的情緒：「可憐的人們！他們相信我，我卻只能帶給他們長期的災難。」

敦克爾克

究竟會有多少災難，連邱吉爾自己也不知道。他剛上任那幾週的重要關鍵，是一九四〇年的五月下旬，英軍撤退到比利時邊界以西的法國沿海城鎮敦克爾克。幾十萬英軍和盟軍遭到德軍的包圍[47]。如果當時德軍大舉進攻，他們可以殲滅二十五萬人，使英國陸軍全軍覆沒。那將帶給英國巨大的壓力，迫使它參與和平談判，從而迫使邱吉爾下台。

但德軍並未強行攻入海灘地區，一支由九個裝甲師組成的強大部隊在敦克爾克附近停了下來。一位英國將軍對此深感不解，在日記裡寫道：「德國的機動縱隊肯定是基於某種原因才停下腳步。[48]」

一些德軍的下級軍官也對此感到訝異。當時擔任裝甲偵察連指揮官的漢斯・馮路克（Hans von Luck）回憶道：「我們也不明白為什麼會讓那麼多人逃脫。[49]」

所以，英軍得以開始從海灘撤離。即使是今天，對於敦克爾克大撤退為何對英國如此有利，仍是眾說紛紜、懸而未決的問題。一群史家認為，希特勒仍希望與英國達成和平協議，所以才會下令坦克停止，以「避免讓英國蒙受慘敗的羞辱」[50]，那將導致英國更不願意協議和平——這是軍史家史蒂芬．邦傑（Stephen Bungay）的看法。歷史紀錄則是摻雜了各種論點，但其中一個頗具說服力的證據顯示，希特勒下令地面部隊停止行動的命令並未加密[51]，這使得英國可以馬上聽到及理解這是一種尋求和解的舉動。戰爭後期，希特勒開始抱怨他對英國太好了。例如，德國軍事總部的瓦特．瓦利蒙特將軍（Walter Warlimont）指出，希特勒說：「邱吉爾完全無法理解我的心意，我刻意在英德之間避免製造無法彌補的裂痕以茲證明。我們確實在敦克爾克避免消滅他們。[52]」事實上，戰後聽取任務匯報的德國指揮官證實，他們在離敦克爾克八哩處，確實接到停下來的命令。陸軍元帥格特．馮．倫德施泰特（Gerd von Rundstedt）說：「我的坦克在那裡停了三天。如果我可以照自己的意思行動，英軍不會如此輕易地逃脫。但希特勒的命令直接箝制了我的手腳。[53]」倫德施泰特下面的一位將軍在一次小型會議上告訴希特勒，他不明白為什麼會下達那個命令，希特勒回答，「他的目的是讓英國在保有尊嚴下接受和解」[54]。

然而，一些嚴肅的史學家認為，這些停止行動以求和平的說法，可能只是編造出來的藉口，目的是為希特勒的錯誤決定辯解。例如，寫兩卷本希特勒傳記的伊恩．克肖（Ian

Kershaw）推論，希特勒聲稱他是故意讓英軍脫逃，「不過是為了保全面子的藉口」[55]，不過格哈特・溫伯格（Gerhard Weinberg）在其戰史巨著中斷然否定了這是「捏造」。

著名軍史家阿利斯泰爾・霍恩（Alistair Horne）則是支持第三種可能：希特勒的目的，是把敦克爾克的致命一擊留給德國空軍，因為空軍是希特勒的武裝部隊中最忠誠的。霍恩引用了德國裝甲部隊指揮官海因茨・古德林（Heinz Guderian）的說法：古德林寫道，要求他停止行動的命令寫道：「敦克爾克之役將留給德國空軍。[56]」

無論敦克爾克之役的戰術實情是什麼，結果都是英國軍隊大多平安返國，雖然丟了大部分的武器、火炮和車輛。約有三十萬人撤離，其中三分之二是英國人，其餘是法國人。歐威爾妻子的哥哥也參與了那場戰役，在醫療隊裡擔任少校，但在比利時不幸遭炮彈碎片擊中胸部，於疏散前幾小時不幸身亡[57]。愛琳的朋友回憶道，兄長的喪生使她陷入嚴重的憂鬱約十八個月。「她披頭散髮，形容枯槁。對她來說，現實如此可怕，使她蜷縮回自己的世界裡。[58]」不過，歐威爾的傳記作家邁克・謝爾登（Michael Shelden）指出，愛琳的痛苦並未反映在歐威爾的信件或日記中，更不可能反映在他的新聞和文學批評上。謝爾登說：「他沒有跟其他人談論過那些事情。[59]」他只告訴外人，工作令愛琳疲憊不堪，所以需要「好好休息」。

在敦克爾克大撤退的討論中，常被忽視的一大重點是，希特勒希望與英國達成和平解決方案的意圖並非毫無根據。我們現在知道，即使敦克爾克行動正在進行，英國政府也在考慮是否尋求和解。一九四〇年五月二十七日，敗相畢露的英國軍隊在英國的東南海岸下船時，邱吉爾的戰時內閣五成員正在討論和平談判是否明智。邱吉爾強烈反對任何和談，他主張：「即使我們後來被擊敗，那也不會比現在就放棄奮戰更糟。」

哈利法克斯則比較偏向和談，當晚他的日記中寫道：「我覺得邱吉爾的胡說八道很可怕。」[60]哈利法克斯認為，法國仍參戰（當時距離法國投降還有兩週），而且英國的飛機製造廠尚未遭到轟炸時，英國的談判立場比較強大[61]。他也覺得，英國的目標不該是試圖打敗德國，而是在某種和平共處中，盡可能保持英國的獨立。由於張伯倫執政時英國記取的主要教訓是，從軟弱的立場與希特勒談判愚不可及，哈利法克斯的這番論點令人震驚。

即使如此，邱吉爾還是需要在這方面走一條選擇有限的道路。兩位英國政治人物在評論邱吉爾的文章時，對邱吉爾在這個決定性時刻的處境，提出了兩種不同但互補的看法。二〇一六年年中升任英國外務大臣的政治家兼作家鮑里斯．強森（Boris Johnson）指出，邱吉爾是在「為自己的政治生涯和信譽奮戰，如果他向哈利法克斯屈服，他就完了」[62]。羅伊．詹金斯（Roy Jenkins）的觀點也同樣有理：邱吉爾需要想辦法推翻哈利法克斯的立場，但又必須小心翼翼，以免導致哈利法克斯和張伯倫從內閣辭職。在這個時點，邱吉爾在保守黨內尚未贏得足夠的支持，承受不起兩人退出內閣的震撼。詹金斯說，萬一他們兩人退出內閣，「邱吉爾的政府將站不住腳」[63]（詹金斯本人曾任工黨議員數十年，並在一九六〇年代和七〇年代多次擔任內閣高級官員。）

在五月二十七日的戰時內閣會議上，哈利法克斯向賈德乾爵士抱怨，他覺得自己再也無法與邱吉爾共事了[64]。邱吉爾或許也覺察到他們的關係可能決裂，因此邀請哈利法克斯到花園裡安靜地散步。哈利法克斯在日記裡寫道，在那裡，邱吉爾表達了「歉意和友好之情」[65]。

恭維結束後，翌日，邱吉爾就拿出魄力，堅持立場。在另一場內閣會議上，他直截了當地表示英國不會投降，只要他在任，就不會與納粹談判[66]。他誓言：「如果這個島國的悠久歷史終究要結束，那只能結束在我們每個人都浴血搏鬥之後。[67]」約莫同一時間，他寫信給一位下屬：「無論發生什麼事，英國在擊敗希特勒或不再是一個國家之前，絕不退出戰爭。[68]」這是簡潔有力的聲明，尤其是出自一個執政不到三週的人口中。約翰・查姆利（John Charmley）在詳盡的邱吉爾傳記中寫道，在那個時點之前，「很多人仍支持至少開啟會談，看希特勒可能開出什麼和平條件」[69]。不過，在那個時點之後，英國毫無疑問將會奮戰到底。西蒙・夏瑪（Simon Schama）的看法或許有點誇大，他把邱吉爾推翻哈利法克斯的立場描述成「二戰中的首次精彩戰役」[70]。但夏瑪這番誇大的說法亦無可厚非，邱吉爾那天徹底掌控戰時內閣的決定，很可能是二戰中最重要的時刻。

德國並不了解英國政府這些內部的爭辯，所以後續幾個月，他們依然期待他們所謂的「邱吉爾及其團夥」被趕下台[71]，一舉掃除和平協議的路障。不僅如此，他們的情報來源還誤傳英國的政壇風向依然偏向那個結果。六月，納粹的宣傳部長戈培爾告訴幕僚：「英國將會成立一個妥協的政府，戰爭結束的日子快到了。[72]」同月，瑞典駐英大使通報瑞典政府，看來似乎會有和平談判，而且「哈利法克斯可能會接替邱吉爾的位置」[73]。在接下來的那個月裡，希特勒持續思考邱吉爾被迫下台，改由哈利法克斯、前首相大衛・勞合・喬治、張伯倫共組政府的可能性[74]。

一九四〇年邱吉爾的卓越言語攻勢

一九四〇年六月四日，隨著敦克爾克大撤退的進行，邱吉爾知道他去下議院時，必須跟下議院報告英國史上最糟一日的細節，那是不列顛群島四百年來最接近慘敗的一天。

他講得很巧妙，設法把德軍驅逐英軍描述成一場丟臉的潰敗，同時也把它塑造成一件奇妙的事件。他一開始說：「一週前，我請下議院把今天下午的時間騰出來讓我做報告時，我擔心我不得不對諸位宣布英國悠久歷史上最慘烈的軍事災難。[75]」他告訴下議院，當時他擔心可能只有兩三萬名英國士兵平安返鄉，那表示有數十萬人陣亡或淪為俘虜。結果沒有，他說：「勇敢、毅力、完美的紀律、無暇的行動、資源、技巧、堅不可摧的忠誠，讓我們看到了拯救的奇蹟。」

邱吉爾出任戰時領袖原本是出人意表的結果，他的身高約一七〇公分，渾圓的頭型配上梨形的身材[76]。然而，約莫是這個時點，他成了凝聚英國人民的關鍵力量。

這是邱吉爾狀況最好的一刻，也是他最善於操弄的一刻。「我們必須非常小心，絕對不能把這次救援成功解讀成一場勝利。在戰爭中，勝利是無法靠撤軍贏得的。但值得一提的是，這次救援中確實蘊含著一場勝利，我們的空軍因此從中受惠。」

演講約三十分鐘後，邱吉爾以一種誇張的方式陳述未來，為這次演講做了強而有力的結論：

> 我們要在法國作戰，在海上作戰，以日益強大的信心和實力在空中作戰，我們將不惜一切代價保衛我們的島嶼。
>
> 我們要在灘頭作戰，在登陸地作戰，在田野和街道上作戰，在山上作戰。我們絕不投降，即使整個英倫島或大部分的土地被占領了，即使人民饑寒交迫（雖然我不相信會淪落至此），大英帝國的海外屬地在英國艦隊的武裝保護下，也會繼續奮戰，直到上帝認為適當的時機已屆，新世界將竭盡所能挺身而出，來拯救及解放舊世界。

表面上看來，以這種方式來穩定受驚的民心很奇怪。誠如軍事史學家邦傑所言，上述的那些作戰地點是依循著一套鍥而不捨的戰鬥撤退模式，從海岸和機場撤退到城市和田野，接著再退到更偏遠的山區[77]。他也冒險提到「德國勝利」和「英國挨餓」等等之前難以啟齒的前景。他談的是一些難以想像的事情，而且是當著全國的面那樣講。

然而，這種嚴酷的談話並未讓英國人民喪氣，反而激勵了民心。尼科爾森是邱吉爾的崇拜者，也是資深的國會議員，他寫信給妻子：「今天下午，邱吉爾做了我聽過最精彩的演講，下議院深受打動。[78]」

戰爭期間，如果人民無法得知真相或貼近真相的事情（也許摻雜著對未來的展望），他們會相信最壞的狀況。所以英國人民聽了邱吉爾的演講後，多少放心了一些。倫敦市民瓊・西曼（Joan Seaman）回憶道：「我記得法國淪陷時，我真的很害怕，我以為下一個倒下的是我們。我恐懼極了，但聽了邱吉爾在廣播中談到在灘頭作戰的演講後，我突然不再害怕，真是太神奇了。[79]」

物理學家兼小說家C・P・史諾（C. P. Snow）回憶道，一九四〇年的夏天，邱吉爾的聲音成了「我們的希望」[80]。他繼續提到：「那是意志和力量的化身，他說出了我們想聽的話（『我們絕不投降』），以及即使違反現實和常識，我們依然想相信會實現的話。」

當時在邱吉爾旗下擔任情報局長的達夫・庫伯（Duff Cooper）也在同一天發表了談話。

庫伯說：「把我軍從現在占據的位置上撤回來是必要的，但這不是一支失敗的軍隊。[81]」相較於邱吉爾六月四日的講話，庫伯的說法既老套又令人誤解，他說：「那會是一支志氣依然高昂、信心依然堅定的軍隊，每個軍官和士兵都渴望在戰鬥中面對敵人……隨著危險增加，我們面對危險的勇氣也跟著增加。」這些話一點也沒有鼓舞人心的效果。真要說有什麼不同的話，那就是，在那些「戰士迫不及待重返戰場」的陳腔濫調背後，潛藏著一種恐慌的氣氛。當政治家只會講虛假的空話時，他是暗地裡坦承非常接近失敗的狀況。

事實上，當時英國有充分的理由恐慌。在敦克爾克戰役之後，後續的幾個月裡，英軍處於一種很糟的狀態。軍事史學家凱薩爾・諾蘭（Cathal Nolan）總結道：「英國不僅被逐出歐洲，也失去了部分的武裝。[82]」在比利時海岸的沙丘上，英軍留下了七百輛坦克、八百八十門重型火炮、一萬一千支機槍，以及約六萬四千輛汽車，那些軍備皆淪為德軍的資產[83]。那年夏天英軍返鄉時手頭上的武器數量，即使是今天看來，也少得驚人。當時英國領土上的地面部隊只擁有兩百輛頂級的坦克[84]，那和現代美國一支陸軍裝甲師所擁有的坦克數量差不多。倫敦第一師（規模較小的師）僅配備二十三門火炮，完全沒有裝甲車和機槍[85]。當時擔任陸軍大臣的艾登曾向一位記者透露，有一段很短的時間，英國只有一支訓練有素、裝備精良的軍隊——亦即僅幾千人——能夠投入戰鬥[86]。然而，英國民兵的反入侵戰備，約是當年六月英國軍備的十六倍[87]。

英國準備應付敵軍入侵時，杜倫輕裝步兵團（Durham Light Infantry）的少校威廉・沃森（William Watson）指出，他手下有些人仍穿著從敦克爾克撤退時穿的制服[88]。另一名士兵道格拉斯・戈達德（Douglas Goddard）被派往東南海岸巡邏，他手下一些步槍手每人只攜帶五顆子彈。一九四〇年五月，英國皇家空軍在短短十天內，就損失兩百五十架現代戰機[89]。到了六月時，戰機總數僅剩約五百架。

法國淪陷

這個時點，邱吉爾可說是無處不在。德軍迅速攻陷法國，導致法國的領導人暈頭轉向，陷入政治混亂。邱吉爾多次前往法國，試圖讓法國的領導人振作起來。他在法國的外交部會見了一些人，當時濃煙從外面飄進屋內，工作人員以手推車把大量存檔的檔案推到外交部大樓後方的院子，在那裡生火焚毀[90]。法國戰爭部長看著雪茄的煙霧繚繞著邱吉爾的頭，覺得「狀似火山」[91]。法國官員告訴他，他們的軍事計畫中並沒有戰略後備部隊可以投入戰爭。邱吉爾一聽，大為震驚，還反問他是否聽錯了。他寫道：「我驚訝得說不出話來，我們該怎麼看卓越的法國陸軍及其最高的軍事將領呢？[92]」他可能想起了他在一次大戰後說過的一句話：「在所有戰爭中，總司令通常需要做兩件事：第一是為軍隊制定良好的計畫；第二是保持強大的後備軍力。[93]」法國的領導人在這兩方面都失職了。

邱吉爾眼看著法國的失敗，決心絕不重蹈覆轍。「我們要以飢餓來迫使德國投降。[94]」那天他對法國人如此誓言，「我們要摧毀德國的城鎮，燒毀他們的作物和森林。」

在回憶錄中，邱吉爾用了兩百多頁的篇幅，來描述法國的領導人是如何因分裂、毫無方向、意志消沉而讓法國人民失望的。他的結論是，「完全防禦性的思維習慣毀了」法國。這成為他在戰爭期間不斷地督促旗下英國將領的主因。他下令：「我們必須努力擺脫心理上和精神上屈服於敵人意志及主動攻勢的心態。[95]」

六月十七日晚上，邱吉爾在ＢＢＣ播出一份聲明，開宗明義就說：「法國傳來的消息很糟。[96]」巴黎已經淪陷。翌日，法國政府要求停戰談判。軍史家沃特．米利斯（Walter Millis）巧妙地歸納了敦克爾克事件後令人震驚的軍事局勢：「英國幾乎毫無地面防禦，整個歐洲大西洋沿岸的占領區，已經對德國潛艇的破壞開闢了無數擋不住的門戶。[97]」事實上，希特勒十三週前設定的條件都已經達成了：拿下波蘭，占領比利時和荷蘭，擊敗法國。現在英國在西歐孤軍奮戰，希特勒打算展開猛烈的攻擊，以飢餓來逼迫英國投降。

邱吉爾在另一次戲劇性的演講結論中，警告同胞：

> 敵人勢必很快就傾全力朝我們猛撲而來。希特勒深知，如不能在英倫島上擊潰我

們，德軍將會敗北。如果我們能夠抵禦他的攻擊，整個歐洲皆可獲得自由，全世界都將邁向光明燦爛的美好境地。但是，萬一我們失敗了，包括美國在內的整個世界，以及我們熟悉與珍愛的一切，都會墜入一個新黑暗時代的深淵。濫用的科學智慧將使那個新的黑暗時代變得更加險惡、漫長。因此，讓我們勇敢地承擔責任，倘若大英帝國和聯邦得以永世長存，將來大家仍會說：「那是他們最輝煌的時刻。」[98]

詹金斯認為，這次演講的重要性媲美林肯總統的〈蓋茲堡演說〉（Gettysburg）[99]。

歐威爾很欣賞那個夏天邱吉爾扮演的角色。他寫道：「法國淪陷後，幾乎所有的反納粹分子都支持邱吉爾，因為沒有其他人如此——也就是說，沒有夠出名的人挺身而出，而且大家又相信他不會投降……大家想要的，主要是執拗的性格，在這方面邱吉爾多的是。」[100]邱吉爾也欣賞自己身上的這種特質。他對哈洛公學的學生說，戰爭初期記取的教訓很簡單：

永不屈服，永不屈服，永遠永遠永遠不要屈服。除了對榮譽和理智的信念以外，永遠不要向任何事情屈服，不分事情的大小輕重，都不要屈服。絕不向蠻力屈服，絕不向敵人的壓倒性勢力屈服。[101]

邱吉爾向他的內閣發誓，他絕對不會逃離英國。一九四〇年的六月中旬，歐威爾在日記中也寫過類似的文字：「現在甚至不可能決定，萬一德國征服英國該怎麼做。我唯一不會做的就是逃離，無論如何我都不會逃到比愛爾蘭更遠的地方，即使那是可行的做法也一樣。如果英國艦隊完好無損，而且看來美國和自治領都會持續參戰的話，我們應該盡可能活下來，必要時也要在集中營裡活下來。萬一連美國也被征服了，我們除了奮戰至死以外，別無他法。但一個人必須先拚命奮戰，享有殺死別人的滿足感[102]。」六天後，他再次思索這個議題。他在日記中寫道，他的妻子和小姨子都勸他，「萬一發生最壞的狀況」[103]，就逃到加拿大，但他沒有那樣做。「流亡的『反法西斯分子』已經太多了，必要的話，死比逃更好。」

棘手的決策逐漸逼近。法國與德國停戰後不久，邱吉爾擔心法國在阿爾及利亞的艦隊可能落入德國手中，要求法軍投降，不然英軍將發動攻擊。法國海軍短暫地反擊，但不到一小時內，就有約一千兩百九十七人喪生。

對近期的盟友做這種冷酷無情的攻擊，震撼了邱吉爾旗下的一些海軍將領，但這也向全世界展現了英國剛毅的決心。許多人為此喝采，包括歐威爾。歐威爾在日記裡寫道：「從德國電台爆發的可怕怒火來看（如果報導屬實的話，他們呼籲英國人民在特拉法加廣場上絞死邱吉爾），採取這項行動是多麼正確的決定。」邱吉爾不得不向議會解釋為什麼他下令攻擊維琪法國的艦隊時，不禁淚灑議場[104]。

「即日行動」

邱吉爾努力團結全國並試圖支持法國的同時，也全力投入另一項重大的任務：喚醒昏昏欲睡的英國官僚體系。他在這方面的努力雖然不受重視，但此舉對戰爭的貢獻跟他的演講效果一樣大。他上任時，英國的國內面臨的一大問題是，戰爭的最初九個月，政府部門萎靡不振。他的助手雅各爵士回憶道：「張伯倫有效率地管理內閣，管理得井然有序，但沒什麼成果。[105]」這種官方怠惰衍生出一種令人訝異的現象：英國為大規模的戰爭全面動員起來後，理當加快工業的發展，沒想到結果恰恰相反，失業率從一九三九年九月的一百二十萬人，升至一九四〇年二月的一百五十萬人[106]。

邱吉爾升任首相後，開始對張伯倫執政時期那種「穩重、真誠、但按表操課」的態度開刀[107]，每天發出大量的個人備忘錄來轟炸底下的文武官員，使軍方領導人和資深文官皆為之震撼。備忘錄上常貼上鮮紅色的標籤，要求「即日行動」[108]——一九四〇年五月二十九日敦克爾克危機陷入最嚴重的狀態時，邱吉爾首次運用這招。一位助手寫道，邱吉爾的備忘錄「就像一束探照燈不停地搖擺，穿透政府的偏遠角落——因此，每個公務員無論職位或職務多麼卑微，都覺得總有一天那束光會照在他身上，照亮他正在做的事情。在英國政府中，這種做法的影響力是直接又顯著的……一種新的使命感和迫切感突然出現了，因為大家意識到一股雷厲風行的果敢力量，在堅強意志的指引下掌權。[109]」另一位戰時助手也回憶道：「整個政府上上下下都正襟危坐，認真辦公。[110]」他們開始在晚上和週末加班，就像邱吉爾一樣。

有時新政府認為，只要提出一些尖銳的問題，就能改善官僚績效，但邱吉爾不這樣想。他不止喜歡雞婆多管閒事，多年來他一直在自學軍事問題。即使是退隱期間，他也是一個祕密政府委員會的成員，那個委員會是負責追蹤空中防禦的問題。加入該委員會期間，他參觀了南海岸新建的雷達站，並鼓勵英國海軍研究是否能運用雷達在夜間引導魚雷。此外，他也研究了德國空軍的重建。這表示，當他在關鍵時刻升任英國領袖時，「這門學問對我極有幫助。我熟悉棋盤上的每顆棋子，知道它們是怎麼走的。別人和我談起這門學問時，我都可以理解。[111]」這些知識使他能夠做出判斷，並承擔其他政治家可能迴避的風險。他不僅大力地鞭策下屬，還會發布一些備忘錄和命令，以刺激那些習慣較慢步調及較少問題的下屬。

邱吉爾對旗下將領的鞭策有時令人不快，但幾乎都是必要的。他最擔心的是，一九四〇年五月和六月削弱法國實力的那種消極態度。他的戰時顧問莫頓爵士說：「他隨時隨地都想著『攻擊、攻擊、再攻擊。』」[112]擔任首相不到一個月後，他向旗下的將領強調，他相信英軍的強勢攻擊可以讓德軍不再一味地思考如何進攻，而是多思考他們會不會遭到攻擊及哪裡可能受到攻擊[113]。他不僅鞭策軍事指揮官而已。戰爭期間，他還一度抽出時間去研究國內的雞蛋生產，並不斷地督促農業大臣：「我希望我能說服你設法克服困難，而不是只讓自己身陷困難中，難以脫身。[114]」

戰爭期間，邱吉爾從頭到尾秉持的一項理念是，大家應該寬容地看待指揮官的攻擊行為。當年稍後，他寫信給旗下的高階軍官：「對於應付敵人上的任何疏失，以及任何真心參戰的表現，都應該以寬大的態度看待。[115]」

他也明白，有些軍事行動在戰術上可能不合理，但基於戰略或政治因素，卻是有利的（但很多人不明白這點）。邱吉爾知道，在戰爭時期，軍隊有所作為（例如那年春天英軍在挪威攻擊德軍）總是比毫無作為、把主動權拱手讓給敵人更好。他知道這種行動偏好很難以純粹的軍事術語來解釋。他曾對空軍指揮官說：「你不必爭論轟炸德國的效益，因為我有我自己的看法，也就是說，轟炸沒有決定的意義，但總比什麼都不做好。[116]」

邱吉爾也比多數人更了解軍事思維的局限性，尤其是不從更大的戰略脈絡去看待軍事行動的危險。在戰爭初期，他曾要求張伯倫有時趁著將軍和海軍上將不在場時開會。他寫道：「許多不屬於三軍參謀長職務範圍內的事務，現在強加在他們身上……我想大膽地向你建議，我們有時應該單獨地討論一般局勢。在許多方面，我覺得我們並未找出問題的根源。[117]」

從一次大戰擔任海軍大臣，乃至於後來二度擔任海軍大臣掌管英國海軍，邱吉爾對軍事官僚主義的花招，培養出一種敏銳的感覺。他敦促下屬減少行政官的數量，把那些人轉調到需要戰鬥的職位。一九四〇年八月，當英軍亟需飛行員時，他設法把那些從事文職的軍官變成能幹的皇家空軍軍官。他建議一位空軍將領：「各基地的指揮官很自然會想要把權力盡量地掌握在自己手中，海軍上將也這麼想。即使你做了徹底的搜尋，幾週後你再巡視一遍，還是會發現很多多餘的人力可以善加利用。[118]」

當旗下將領能夠為真正的軍事需求提出辯解時，邱吉爾也會傾聽。一九四〇年五月和六月，在他接任首相的最初幾週，他承受著來自法國的巨大壓力，因為法國要求英國派遣更多的戰機去法國支援，有些人說那裡是決定戰爭局勢的關鍵，但是當時他聽取了空軍指揮官的意見，拒絕那麼做。軍史家邦傑寫道，如今回顧那段往事，「那項決定無疑是正確的。那些戰機在法國無法發揮任何影響力，但是在英國發揮了很大的效力。[119]」那年夏天稍後發生的不列顛空戰（Battle of Britain）就是很好的證明。那也是邱吉爾一生中最輝煌的時期。

CHAPTER 7 與德國作戰，向美國求助：一九四〇～一九四一年

Fighting the Germans, Reaching Out to the Americans: 1940–1941

一九四〇年八月八日，德國空軍總司令赫爾曼・戈林（Hermann Goering）下令空軍啟動「鷹擊行動」（Operation Adler）。他告訴下屬：「你們將在短時間內從空中殲滅英國空軍，希特勒萬歲。[1]」英國的情報部門截獲這項命令並傳給邱吉爾。

開戰前，德國的空軍指揮官估計，他們的空襲行動需要二到四週才會成功[2]。如今看來，這個估計似乎有點狂妄自大，但是在當時，那和德國最近在波蘭、荷蘭、比利時、法國輕易獲勝的模式相當。對許多人來說，德國似乎勢不可擋。甘迺迪大使向美國國務院發電報表示，如果德軍的軍機數量確實和聲稱的一樣多，他們可以打敗英國皇家空軍，此後英國投降「將無可避免」[3]。

一九四〇年的夏季和初秋，英國南部的天空布滿了空戰。德國戰機六分鐘內即可飛越英吉利海峽，接著便大刺刺地在英國南部的空中盤旋及戰鬥[4]。

這幾個月，邱吉爾成了英國號召力的象徵。歐威爾讚嘆這樣的轉變，在八月的日記中

寫道：「七年前，誰會相信邱吉爾還有政治前景呢？[5]」當英國人真正面臨入侵的危機時，連那些多年來詆毀邱吉爾的人也站到了他那邊。一九三〇年代中期，很少人比英國首相鮑德溫的政治顧問瓊斯更積極地阻止邱吉爾入閣，但現在瓊斯以全新的眼光來看待這位長期被他貶損的對象。他寫道：「邱吉爾升任首相……帶來了深遠的改變，這個國家終於醒過來、開始運作了。[6]」那年夏天稍後，他又補充提到：「邱吉爾現在是英國政府中唯一能打動所有人的演講者。[7]」

並非每個人都如此懊悔以前錯看了邱吉爾。一九四〇年稍後，堅決支持綏靖政策的《倫敦時報》編輯道森，寫了一封慰問信給臨終的張伯倫：「我永遠是『慕尼黑政策』的堅定支持者。[8]」在同一季，歐威爾在作家和藝術家常聚集的皇家咖啡館（Cafe Royal），與一位年輕的和平主義者起了爭執[9]。那個年輕人信誓旦旦地向歐威爾說，戰爭將在耶誕節前結束，他解釋：「顯然會出現妥協的和平。」當歐威爾說納粹會處決像他那樣的作家時，那位有志成為藝術家的年輕人回應：「那太慘了吧。」

邱吉爾當年的演講，在發表七十五年後的今天依舊值得一讀。了解那些演講是了解他

及其歷史角色的關鍵。

一九四〇年八月二十日，他在下議院發表演講。後人對那場演講的主要記憶，是他對英國皇家空軍的飛行員做了感人又精準的歌頌。他說：「論將士之寡，功勛之鉅，所濟之眾，求諸戰史，得未曾有。[10]」噴火戰鬥機（Spitfire）的飛行員休．鄧達斯（Hugh Dundas）後來說：「邱吉爾針對『將士之寡』發表演說之前，我們從未意識到自己在創造歷史。他演講之後，我們對自己的行動開始感到自豪，知道自己的重要，但是在那之前，我們從未那樣想過。[11]」

比較少為人知的是，在同一場演講中，邱吉爾對戰爭做了總結。那個結論是描述他剛上任那幾個月所遭遇到的挫折，他的用字遣詞就像歐威爾的文章一樣，以沉穩及些許的精確見長：

> 新政府上任至今已逾一季，上任以來，災難有如瀑布般傾瀉而來。可靠的荷蘭人遭到擊潰，他們敬愛的君主遭到放逐，原本祥和的鹿特丹轉眼變成有如三十年戰爭（Thirty Years' War）那樣可怕、殘酷的大屠殺場景。比利時淪陷，遭到擊垮。比利時國王利奧波德（King Leopold）召喚我們優秀的遠征軍前去營救，但我們的遠征軍慘遭攔截，差點淪為俘虜，奇蹟般地逃脫，只失去所有的裝備。我們的盟友法國已經淪陷，

義大利與我們反目成仇，整個法國已任憑敵軍擺布，其軍火和大量的軍用物資皆已轉為或可轉為敵軍資源。法國在維琪成立傀儡政府，隨時都可能被迫變成我們的敵人。整個歐洲西部的沿海地區，從北角到西班牙邊境都淪入德國手中。在這片遼闊的前線上，所有的港口、所有的機場，都變成侵入我們的潛在跳板。

兩晚後，倫敦市中心首度遭到轟炸[12]。他前面詳細列出的災難，指向一個非常棘手的問題：德國登陸英國的可能性。邱吉爾之所以提及敵軍入侵的可能，不光只是為了刺激人民而已，這時他也認真地思考這個可能性。他必須回答的問題還包括，英國警察在德國占領的地區該發揮什麼作用：他們應該戰鬥嗎？還是應該努力維持公共秩序？如果是後者，我們是否應該先告知，他們應該跟德國合作，以便維持公共秩序呢？想到這裡，邱吉爾猶豫了。他指示：「萬一警察處於敵人占領的地區，他們可以跟當地居民一起投降，但是在那種情況下，他們不能幫敵軍維持秩序或以其他的方式協助敵軍。[13]」

夏末，英國的偵察機發現，荷蘭、比利時、法國的港口內，德國入侵駁船的數量突然大增，這時英國人對德軍入侵的恐懼達到了顛峰。一九四〇年九月七日，晚上八點七分，英國最高指揮部發出「克倫威爾」（CROMWELL）訊號[14]：那是代表德軍即將登陸英國領土的暗號。小說家伊夫林・沃（Evelyn Waugh）當時正在非洲的皇家海軍服役，那個月他寫信告訴妻子，萬一德軍真的登陸英國，就等候局勢平靜下來再轉往加拿大的魁北克，他會努力去那裡找她。喬治・佩雷（George Pellet）是後方破壞組織的成員，他接到通知說，德軍登陸英國後，他的預期壽命只剩七天[15]。

但德國的戰略正在轉變。由於摧毀英國空中防禦的計畫受阻，德國空軍的指揮官轉而直接轟炸英國——主要是轟炸首都，而且轟炸的目標大多集中在首都的東部，那裡是窮人和工人居住的地方，靠近碼頭和工廠。戈林認為，燒毀倫敦可能會摧毀英國人民繼續戰鬥的意志。

克倫威爾訊號發出的當晚，倫敦開始陷入「閃電戰」：三百四十八架德國的轟炸機和六百一十七架德國的戰鬥機襲擊倫敦[16]。那天下午，他們飛向英國時，在空中形成了一道二十哩寬、四十哩深的陣仗。

一些觀察家認為，這種戰略改變會成功。閃電戰的第一晚，甘迺迪大使和一位朋友走在皮卡迪利街（Piccadilly）上，朋友對他說：「我跟你賭任何金額，賠率五倍，希特勒兩週後就會來到白金漢宮。[17]」他告訴國務院，英國接受失敗的時候到了[18]。

英國史學家兼小說家彼得・艾克洛伊德（Peter Ackroyd）總結道，在空襲警報聲中，轟炸機逼近的轟鳴聲中，以及轟炸機留下的煙霧、火焰和死亡中，確實「有一種末日逼近的感覺」[19]。詩人伊迪絲・西特韋爾（Edith Sitwell）以一首詩捕捉了當時的感覺：

雨還在下——
暗如人世，黑如傷亡——
如一千九百四十支釘子
散亂地釘在十字架上

一名消防員通報市區的火勢極其猛烈，「高溫使汽車的烤漆開始冒泡，使人的臉上起了水泡……灼傷眼睛，也灼傷鼻子。我的下巴嚴重燒傷，起了水泡。屋頂塌陷後，火花從窗戶冒出，猶如巨大的風箱吹出來的。[20]」

翌日，九月八日，邱吉爾視察倫敦受災最嚴重的地區：貧窮又擁擠的倫敦東區。遭到轟炸的大樓仍在燃燒。他在一個直接受襲的防空洞裡哭了起來，一位老婦人目睹了那個景象，她說：「你看，他是真的在乎，他哭了。[21]」

一九四〇年九月十五日

倫敦遭到轟炸一週後，邱吉爾前往第十一戰鬥機大隊（11th Fighter Group）的總部，該部隊是負責倫敦和英格蘭東南部上空的空中防禦。這不是隨機視察——邱吉爾從「超級」情報截聽得知，停在法國的德國轟炸機當天幾乎全部都會飛來轟炸倫敦。他從那年夏天的前幾次造訪知道，第十一戰鬥機大隊的指揮所是監控這種戰鬥的最佳地點。兩週前，當地的空中才剛發生一場近距離的空戰。

邱吉爾造訪第十一戰鬥機大隊那天是九月十五日[22]，那天可說是整個不列顛空戰中戰火最激烈的日子。後來他回憶道，那天是不列顛空戰達到「最高潮的日子」[23]，發生在週日上午。在倫敦西部邊緣的第十一大隊指揮所，他往下走約五十呎進入設有作戰室的地堡，看到該戰鬥機大隊的指揮官空軍少將啟斯・帕克（Keith Park）在房間裡踱步，發布命令，派遣中隊出戰。一個與房間同寬的超大螢幕覆蓋了整面牆，上面追蹤著戰鬥機小組的二十五個中隊。一系列的燈光記錄著每個中隊的狀態——例如待命中、在高空、瞄準敵人，以及最頂端的紅燈代表「交戰中」。

這時，紅燈逐一亮起。不久，帕克派出的所有戰機都處於交戰狀態，這表示所有的中隊很快都必須著陸加油。那是需要密切關注的一刻，因為地面上群聚的飛機可能淪為德國軍機轟炸的目標，那將會導致難以彌補的損失。帕克聯繫指揮官，請指揮官讓他使用仍處於備戰狀態的三個中隊。當時有近兩百架德國戰機飛在英格蘭東南部的上空。

邱吉爾再也克制不住自己了，他問帕克：「你還有多少軍力？」帕克回應，沒有了，「我把備戰的中隊也派出去了」。帕克後來寫道，邱吉爾聽他這麼一說，「面色變得很凝重」。邱吉爾確實感到擔憂，後來他表示，因為他意識到「戰機加油時受到攻擊的可能性很大，倖免的機會很小，危險極了。[24]」有長達五十分鐘的時間，英軍沒有多餘的戰機可用[25]。四個月前，邱吉爾聽到法國領導人以類似的話來形容法軍缺乏後備部隊時，才不禁倒抽一口氣，感到訝異而已，當時法軍不久就被擊敗了。隨著不列顛空戰的爆發，邱吉爾曾想過：「即使是纖纖細線也可以撐起龐然大物。[26]」如今，他看到英國那條細線已經拉伸到極限。

但英國不像法國，英國會堅持下去。噴火戰鬥機（Spitfire）和颶風戰鬥機（Hurricane）都必須補充燃料，德國的戰鬥機當然也必須補充燃料，而且他們還必須飛到更遠的地方才能加油。所以，另一波空襲並未馬上逼近，英國戰鬥機在地面加油時並未陷入措手不及的狀態。不過，那天德軍投擲了數千枚炸彈[27]，其中兩枚擊中了白金漢宮，很可能是誤投。那天的空戰中，英國皇家空軍損失了二十八架飛機[28]，但擊落了五十六架德國飛機，所以殺敵比率是可觀的二比一。

邱吉爾離開地堡時，空襲警報解除。他回到首相的鄉間官邸契克斯（Chequers），直接走回房間，躺下來睡了約四小時。對他來說，連續睡那麼久很不尋常，所以侍從知會了他的醫生威爾遜。翌日早上，威爾遜問他，離開地堡時是否已經「筋疲力盡」。威爾遜回憶道：

「他沒回答時，我又追問，帕克如何頂住壓力。他一臉茫然地看著我，因為他完全沒注意到帕克，個人的命運不再重要。我猜想，當你肩負起他那種重責大任時，你也會那樣想。」

九月中旬的德軍轟炸中，納粹認同者倫敦德里勛爵位於公園徑（Park Lane）的倫敦豪宅遭到炸彈擊中。在美國大使館裡任職的雷蒙德．李上校（Raymond Lee）幸災樂禍，從大使館走過幾個街區去看炸毀的情況。他在日記裡寫道：「對街遭到轟炸，牆面炸塌了，地面炸出一個深洞，附近的每塊玻璃都震碎了。我只想知道，那個愚蠢的倫敦德里現在怎麼看待希特勒、里賓特洛甫、戈林等一干朋友。不久前，他還跟他們如此親密友好。[29]」如今那裡矗立著希爾頓飯店的大樓。

戰爭結束後，邱吉爾對朋友說，如果人生的某一年可以重活一次，他會選一九四〇年[30]。如今回顧過往，可以清楚看出當時他的精神和活力確實令人讚嘆。後來成為首相軍師的艾倫．布魯克將軍（Alan Brooke）在日記裡寫道，當英國擔心德軍入侵的恐懼達到顛峰時，「首相依然和顏悅色，精力充沛，幽默風趣，一如既往。[31]」儘管他肩負著國家乃至於西方文明的命運，他仍設法保留了一些奇思妙想。在戰爭初期幾個最黑暗的時期，當美國

尚未參戰，德軍天天轟炸英國，德國把勢力範圍擴張到烏克蘭的麥田和伊拉克北部的油田時，邱吉爾常以播放唱片（他的古板助手科爾維爾指出，他大多是播放「軍樂、華爾滋、最庸俗的軍樂隊歌曲」）、拿獵槍做軍事演習、跟寵物說話等方式來自娛娛人。「他一邊想著中東局勢的逆轉以及英國將領能力堪慮的問題，一邊跟貓聊天，用餐巾擦貓的眼睛，餵貓吃羊肉，也對於戰時無法餵貓吃奶油感到抱歉。」[32]他穿著紫色便袍，戴著灰色氈帽，在花園裡散步，探視他養的金魚。他和女兒的愛犬玩耍，那是「一隻迷人的貴賓犬」。去參加一場高峰會的途中，他讀了一本霍雷肖・霍恩布洛爾（Horatio Hornblower）的小說。前往另一場會議的途中，他讀了安東尼・特洛勒普（Anthony Trollope）所寫的精彩議會小說《菲尼斯・芬恩》（*Phineas Finn*）。後來因肺炎臥床休養時，他終於讀了《傲慢與偏見》（*Pride and Prejudice*）[33]。

事後看來，德軍差點侵略英國的危急程度，並不像一九四〇年當時看來那麼岌岌可危，更遑論征服英國。取得空中優勢是發動入侵部隊的先決條件，但是當時英國生產戰機的速度比德軍摧毀英國戰機的速度還快。此外，英國也建立了精心考量、管理完善的防禦

力。德軍的進攻雖然衝勁十足，但凌亂失序，目標不明。當軍隊缺乏一貫的戰略和戰術時，無論執行得多快，都毫無意義。

軍史家早就發現，少了精心構建的組織支援，有再多的技術創新也是枉然。英國之所以在對抗德軍方面享有優勢，主要是因為人力和技術動員考慮周延。軍史家邦傑對不列顛空戰做了權威性的分析，他總結道，這場戰爭的致勝關鍵在於英國的預警系統效力驚人[34]。結合雷達、無線電、電話，再加上指揮官的審慎管理，英國的系統使皇家空軍得以掌握主動權。他們收集資訊，並迅速把資訊傳給準備好的中隊，接著便派出中隊應戰[35]。這套機靈的三步驟做法，每一步都涉及不同的任務。擔任飛航管制官的空軍上尉查爾斯・麥克林（Charles MacLean）做了以下簡潔的摘要：

> 戰機防禦的整個理論，是為了避免所謂的「常態巡邏」。如果你一直讓飛機在空中捍衛國家，那會耗光燃料，你回地面補充燃料時，也容易遭到襲擊。所以，英國皇家空軍開發出一套通報突襲的系統。首先，當敵機接近英國時，皇家空軍使用雷達定位那些飛機，等飛機飛過海岸時，再用防空偵察隊鎖定目標。所有的資訊都會傳送到一個過濾室，然後再傳送到作戰指揮室，在那裡取得突襲行動的定位圖。那張圖可能有三、四分鐘的時差，但已經夠及時了，可以在必要時派出戰機迎戰[36]。

所以，如今我們看到不列顛空戰的典型畫面，是頭髮蓬亂的年輕飛行員閒蕩在飛機旁邊，不是在開飛機，而是隨時準備起飛。如今回顧過往，英國的防空系統相當於一台人力啟動的電腦，是一套即時的資訊處理系統，特別擅長節約使用英國的航空資源（包括飛機、飛行員、人員的注意力）——這也是英國皇家空軍在一九四〇年日益壯大的一個原因。另一個原因是英國的飛機製造廠終於進入全速運轉的狀態。

英國在不列顛空戰中獲勝的第三個原因，是德國的空襲能力不足。儘管德意志民族以軍事技能著稱，邦傑認為德國空軍的手法「出奇的外行」[37]，幾乎只是「飛到英國的上空，不分青紅皂白地投擲炸彈擾民，看到任何戰機出現就把它擊落」而已[38]。邦傑補充提到：「這場毫無條理的軍事行動，是德國武裝部隊中唯一由納粹政客戈林所領導的，這並非偶然。戈林在從政之前，曾於一戰期間擔任飛行員。據傳，希特勒在二戰期間喜歡說，他有一支守舊的陸軍、保守的海軍，以及納粹空軍[39]。所以，那支政治化的空軍部隊在對於可能狀況毫無準備下，便飛進英國領空。駕駛梅塞施密特 Bf 109（Messerschmitt Bf 109）戰鬥機的漢斯—埃克哈德·鮑勃（Hans-Ekkehard Bob）回憶某個濃霧天所受到的震撼：「噴火戰鬥機隊突然從我的後方冒出來，形成一條清晰的發射線，我不禁納悶這怎麼可能發生。當時無論從上面看或從下面看都毫無能見度，敵軍的機隊怎麼可能在我身後就定發射位置？[40]」答案當然是因為英國有完善的雷達和預警系統。

那段期間，德軍頗為自豪，持續高估了他們造成的破壞。一九四〇年的八月中旬，他們以為英國只有三百架可用的戰機。實際上，當時英國的戰機有一千四百三十八架，是六週前的兩倍多[41]。自始至終，殺敵比率都是英國占優勢，英國總計損失了一千五百四十七架戰機，但摧毀了一千八百八十七架德國戰機。最重要的是，由於空戰大多發生在英格蘭上空，英國飛行員可以在一天內執行多次任務[42]，飛機在四分鐘內就能回補彈藥。而且，他們被擊落時，通常可以跳傘降落在國土內並再次出戰。跳傘倖存下來的德國飛行員則是變成戰俘，那些跳進英吉利海峽冰冷水域裡的飛行員要不是溺死，就是失溫死亡。（基於同樣的原因，英國皇家空軍在這段期間損失的轟炸機員比戰鬥機員多[43]——轟炸機指揮部損失了八百零一人，戰鬥機指揮部損失了五百四十四人。）

英國人民也適應了轟炸。例如，政府民調顯示，一九四〇年九月中旬，百分之三十一的倫敦人表示前一晚「徹夜未眠」，但是到了十月中旬，僅百分之五受訪者表示徹夜未眠。到了十一月中旬，已經沒有人徹夜未眠了[44]。

即使德軍登陸英國，一九四〇年秋季，他們的橋頭堡也需要補給，而且主要是透過海上補給[45]。那時，德國船艦在罕見的好天氣中，必須對抗英國皇家空軍；在其他時候，則必須對抗北海秋季的惡劣天候。邦傑在描寫不列顛空戰的權威著作中總結：「英國勝出的幅度並不小，德國空軍的實力從未接近英國皇家空軍。[46]」

不過，如今回顧過往，遠比一九四〇年當下的觀察容易許多。由於美國的軍隊和軍艦並未參戰，美國人往往不記得，日本偷襲珍珠港、把美國拉進戰爭之前，英國當時的處境有多艱難。邱吉爾在六大卷的二戰回憶錄中，直到第三卷才提及美國參戰並非偶然。艾森豪直到第四卷的中段才出現在邱吉爾的回憶錄中。一九四〇年十月十九日，歐威爾在日記中記下那段嚴峻的時刻：「每天早上用一年前的報紙點燃爐火，看到樂觀的頭條新聞消失在煙霧中，有一種難以言喻的沮喪感。[47]」

同月，邱吉爾在寫給外務大臣的備忘錄中抱怨道，他對「甘迺迪那些令人誤解的說法」感到震驚[48]。不過，幾週後，羅斯福在史無前例下，第三次當選總統。他的當選令邱吉爾大大鬆了一口氣，因為那表示美國可以更公開地援助英國，不必再那麼擔心美國中西部那些孤立主義者的反彈。更具體地說，那也表示羅斯福終於可以擺脫甘迺迪了。

甘迺迪被召回美國後，仍持續高談闊論。他回國後向報界的人士透露：「英國的民主完蛋了。[49]」不僅如此，他還說，那種殘敗風氣也可能傳到大西洋對岸的美國，他因此總結：「我們沒有理由參戰。」

甘迺迪曾考慮競選總統，他後來去紐約海德帕克鎮（Hyde Park）的總統家中拜訪羅斯福。羅斯福原本想請甘迺迪週末留下來作客，但是跟他私下聊十分鐘後，就改變了心意。他走出房間，找到妻子艾莉諾，對她說：「只要我還活著，我再也不想見到那個混蛋，妳不要挽留他，送他走吧。[50]」艾莉諾提議至少留甘迺迪下來吃午餐時，羅斯福叫她開車載他四處逛逛，給他一份三明治，然後把他送去搭下午回紐約市的火車。後來艾莉諾回憶道，那天是「我一生中最難熬的四個小時」。

甘迺迪回到紐約市後，在華爾道夫飯店（Waldorf Astoria Hotel）會見林白。林白在日記裡寫道：「他跟我們一樣，覺得英國大勢已去。對英國來說，最好的辦法是在不久的將來談和。[51]」甘迺迪補充提到，達成和解的主要障礙是邱吉爾，以及他對美國參戰的強烈期望。

霍普金斯的出現

即使在領導英國參戰時，邱吉爾也花了很多時間來討好美國人，尤其是對抗甘迺迪和其他右翼孤立主義者的影響。

一開始他難以拿捏調性。剛開始迎合美國人時，他偶爾會表現得油滑諂媚，例如一九四一年他寫給羅斯福總統的新年賀詞中，有底下這兩句：

> 此刻，我們在動亂中度過新年，我覺得我應當代表英國政府乃至於整個大英帝國告訴您，總統先生，我們對於上週日您向美國人民及全球熱愛自由的人士所發表的不朽

宣言，有多麼感激和欽佩。我們無法預卜前景，但是在這次的激勵聲中，我們必須振作起來，堅定地向前邁進，並且堅信您所說的，所有的英語人士及懷抱共同理想的人終將擁有美好的未來[52]。

羅斯福想更了解邱吉爾的真實為人，所以一九四一年一月，他指派哈里・霍普金斯（Harry Hopkins）擔任總統特使，前往倫敦[53]。霍普金斯曾是社會工作者，也是羅斯福最親近的顧問，他的任務是評估邱吉爾能不能當戰時的盟友[54]。霍普金斯早已是總統生活中的重要成員，而且他重要到搬進白宮，睡在以前林肯的書房裡（林肯在那裡簽署了《解放奴隸宣言》）。霍普金斯也很喜歡下西洋雙陸棋及打牌（撲克牌、金拉米紙牌、橋牌）。他身體虛弱，但休假時，他也喜歡去賽馬場，花兩美元下注那些勝率渺茫的賽馬。

羅斯福之所以挑上罹患癌症、骨瘦如柴、只剩幾年壽命、對貴族派頭和華麗辭藻深感懷疑的霍普金斯來擔任特使，可以說是對邱吉爾的考驗。一九四一年一月，霍普金斯的任務之一，是確定邱吉爾是否真的像華府有些人說的那樣「不穩定」，「大半時間酩酊大醉」[55]。

霍普金斯搭乘全新打造的泛美水上飛機[56]，從紐約飛往百慕達，再轉往亞述群島（Azores），最後降落在里斯本的太加斯河（Tagus River）上。他從那裡，搭乘英國海外航空公司的航班，前往英國的普爾（Poole）。邱吉爾的軍師布倫丹・布拉肯（Brendan Bracken）在那裡迎接他[57]。布拉肯之於邱吉爾的關係，就像霍普金斯之於羅斯福的關係。從邱吉爾指派布拉肯去接機，就可以看出他了解霍普金斯的此行任務。儘管霍普金斯有左翼背景，但他大老遠來到大西洋的彼岸，不是為了研究社會民主或貧民救濟所的改善，而是來參與軍事會議，以討論如何協助英國（和邱吉爾）撐過戰局。

經過連日的舟車勞頓，霍普金斯需要先休息一天。翌日，他與邱吉爾共進午餐。後來，霍普金斯以克拉瑞吉飯店（Claridge Hotel）的信紙，寫了幾封信交給信使，以送回白宮。信中他向總統報告：「一位體型圓鼓的紳士出現了，看來氣色紅潤，面帶微笑。他伸出肥胖、但令人心悅誠服的手，對我說歡迎蒞臨英國。他給人的印象是穿著短版的黑色外套，搭配條紋褲，有一雙清澈的眼睛和一副渾濁的嗓音。[58]」

霍普金斯一邊享用湯品、牛肉冷盤、沙拉，一邊坦白地向首相解釋，美國不是很相信英國，包括邱吉爾。霍普金斯向總統報告：「我告訴他，有些人覺得他（邱吉爾）不喜歡美國、美國人或羅斯福。聽我這樣一說，他不禁開始抨擊甘迺迪大使，但語氣還算節制，他說甘迺迪大使是導致大家產生那種誤解的原因。」

邱吉爾接著對霍普金斯大談英國的庶民生活，他覺得那是美國人想聽的話：

我們不求財富，不求領土擴張，只求人類自由的權利；我們尋求信仰的權利、以自己的方式過生活的權利、免受迫害的權利。當卑微的勞工下班回家，看到住家的煙霧嫋嫋升起，飄向寧靜的夜空時，我們希望他知道，沒有祕密警察會來敲門（他敲了敲桌子），打擾他的休閒或干擾他的歇息[59]。

這種大話是典型的邱吉爾風格。

霍普金斯是精明的政治操盤手，他知道何時別人在糊弄他。當邱吉爾問道，總統對那些評論有什麼看法時，霍普金斯以類似約翰．韋恩（John Wayne）在一九三〇年代牛仔電影中的口吻說：「首相先生，我覺得總統不會在乎那些評論。」他緩緩地說，「其實我們只想看到那個該死的混蛋希特勒吃敗仗。」邱吉爾一聽，大笑了起來。霍普金斯的回應完全講到邱吉爾的心坎裡了，正中下懷。

他們兩人最後談了好幾個小時。霍普金斯後來向總統報告，他離開時確信，邱吉爾不喜歡美國人和羅斯福的說法是錯的。他寫道：「那根本不合理。[60]」我們不知道他怎麼跟羅斯福講邱吉爾愛喝酒的事，但最初握手時那句「清澈的眼睛」可能有助於回答那個問題。

除了邱吉爾以外，英國人對美國人的態度普遍帶有一種高高在上的優越感。英國外交部的資深外交官賈德乾爵士就是典型的例子，他會見霍普金斯後，在日記裡寫道，他「看似頭腦簡單，態度友善」[61]。這番評語與事實相距甚遠，更何況他的專業本身就需要評估外國訪客。

後續兩年，霍普金斯成了邱吉爾和羅斯福之間的關鍵聯繫。實際上，他等於是美國總統的私人外交部長。那次他首度訪英，待了近一個月，是原本預計停留時間的兩倍。那段期間，他和邱吉爾一起度過了十二個晚上。幾週後，在訪問接近尾聲時，霍普金斯與邱吉爾及其隨從在格拉斯哥的車站飯店裡共進晚餐。

用餐時，霍普金斯站起來說：「我想你們大概很想知道，我回來以後會對羅斯福總統說些什麼吧。」[62]他們確實很想知道。霍普金斯說，他會引用《聖經》向總統建議英美關係的未來走向。接著，他以近乎耳語的聲音，背出《路得記》第一章十六節：「不要催我回去不跟隨你！你往哪裡去，我也往哪裡去；你在哪裡住宿，我也在哪裡住宿。你的國就是我的國，你的神就是我的神。」（他沒有引用下一節：「你在哪裡死，我也在哪裡死。」）邱吉爾為之感激流涕。

約莫同一時間，美國確定了「歐洲優先」的策略[63]。也就是說，如果美國參戰，更大的敵人是德國，而不是日本；絕大部分的資源將運到大西洋彼岸。對邱吉爾來說，這可能是美國在二戰中的最重要決定。

霍普金斯搭泛美航空公司的飛機回到紐約，下機後他告訴記者：「我可以說的是：我覺得希特勒無法打敗這些人。[64]」他已經修復了甘迺迪大使對英美關係所造成的許多傷害。

不過，邱吉爾也耍了其他花招。一九四一年二月，邱吉爾向美國人保證，他們只需要資源——槍支、坦克、飛機、船隻、食物、燃料和金錢。他對美國人說了一句令人難忘的話：「給我們工具，我們就會完成任務。」[65]這句話很誘人——聽起來頗有本領，態度謙遜，看似簡單。

但這種華麗的辭藻並不真誠。當時已升任陸軍准將的美國武官雷蒙德．李在日記裡寫道：「邱吉爾演講時喜歡故作勇敢，虛張聲勢。[66]」李是當時美國大使館中最親英的官員之一。史學家理查．托伊（Richard Toye）推論，邱吉爾當時幾乎一定知道，要結束那場戰爭，不僅需要美國的龐大財富，還需要大量的人力[67]。事實上，一九四一年六月，英國聯合計畫參謀部（British Joint Planning Staff）總結道：「美國的積極參戰，已經成為成功執行及結束戰爭的關鍵。[68]」換句話說，邱吉爾不僅需要工具，也需要美國為這個目標投入全部的人力和工業實力——他深諳這點，只是說不出口。

CHAPTER 8 邱吉爾、歐威爾、英國的階級戰爭：一九四一年

Churchill, Orwell, and the Class War in Britain: 1941

歐威爾目睹了不列顛空戰及隨後的閃電戰，他從不相信德國空軍能迫使英國屈服。他寫道：「光靠飛彈轟炸不太可能終結一場大戰。[1]」

在很多方面，歐威爾本身也打了一場辛苦的戰爭。他告訴朋友：「他們不讓我參戰，至少目前是如此，因為我有肺病。[2]」這並不意外：一九三八年的健檢顯示，他身高一九〇公分，但體重僅七十二公斤，X光片顯示他的肺部有陰影[3]。儘管如此，再加上脖子受傷，他依然是重度的手捲菸老菸槍。他去空軍部的公關處求職時，再次失望而歸[4]，此時他的妻子是在政府的審查局工作。

歐威爾若是健康狀況更好，也許會是優秀的戰地記者，類似英國版的恩尼·派爾（Ernie Pyle），但他有更強烈的戰鬥意識，應該會更專注於描寫戰爭的殘酷事實，不像派爾有時會淡化事實。

他覺得他能夠、也應該為戰爭做出更多的貢獻，但找不到方法。他在寫給朋友的信中

哀嘆：「覺得自己一無是處，又看到各方面都是蠢蛋和法西斯分子擔任要職，實在是一件很可怕的事。[5]」某天他在倫敦的街頭四處遊走，撕下街上那些親蘇聯的海報，由此可見他的失望。他在日記裡坦言：「正常的時候，我不會有衝動在牆上寫字，也不會干涉別人寫什麼。[6]」

值得注意的是，戰爭似乎讓歐威爾好幾年寫不出小說。一九三九年出版《上來透口氣》到一九四三年底開始寫《動物農莊》（一九四五年歐洲戰爭結束後才出版），這中間他都沒有出版小說。然而，他和邱吉爾一樣，都受到戰爭的激勵。光是一九四〇年，他就在報刊上發表了上百篇文章，包括短文、隨筆、評論等等[7]。在一篇著名的文章中，他因為奧登（W. H. Auden）在詩作〈西班牙〉（Spain）中寫了一句「有意識地饒恕必要的謀殺之罪」，而對奧登大加撻伐。「必要的謀殺」那幾個字觸怒了歐威爾，他寫道：「別人扣扳機時，你總是在別處，才會有奧登先生那種『非道德論』的看法。很多左派思想都是那些根本不曉得火燙的人在玩火。[8]」歐威爾肯定知道奧登於一九三九年移居美國。

一九四〇年四月十七日，歐威爾花時間為美國出版的《二十世紀作家》（*Twentieth Century Authors*）寫了一篇激勵人心並帶點溫馨筆觸的自傳式書稿：

> 工作之餘，我最關心的是園藝，尤其是種植蔬菜。我喜歡英式烹飪和英國啤酒、法

國紅酒、西班牙白酒、印度茶，濃菸，煤火、燭光和舒適的椅子。我不喜歡大城市、噪音、汽車、收音機、罐頭食物、中央空調和「現代家具」……我的健康狀況很糟，但目前為止，健康不佳除了阻止我參與當下的戰爭以外，從未阻止我做任何想做的事情。目前我並未動筆寫小說，主要是因為戰爭令我心煩意亂[9]。

幾週後，他搬離小屋，回到倫敦與妻子同住。六月，他加入當地的民兵組織「國土警衛隊」（Home Guard），那是為了預防德國入侵而在英國本土成立的在地民兵組織。他很快就成為倫敦第五營C連的中士。一位軍官告訴他們，不需要學太多的戰術，因為萬一德國入侵，「我們的任務是在崗位上犧牲」[10]，歐威爾對這種指導感到錯愕。他在日記裡寫道，國土警衛隊的指揮官令他失望，「這些糟糕自負的軍官，既愚蠢又糊塗，除了蠻勇以外，各方面皆頹廢墮落，實在很可悲。要不是因為他們像磨石那樣折磨我們，我們會替他們感到惋惜。」他對旗下隊友的指導比較務實。他指出，手榴彈「扔下樓比扔上樓容易」[11]。他提醒隊友，子彈有沿著牆壁彈回的慣性。

跟一九四〇年代中期的許多人一樣，歐威爾認為「幾乎可以肯定，英國將在未來幾天或幾週內遭到入侵」[12]。不過，跟許多人不同的是，他很喜歡這段日子，就像邱吉爾一樣。他的朋友西里爾・康諾利（Cyril Connolly）指出：「閃電戰如火如荼地展開時，在炸彈、勇氣、瓦礫、物資短缺、無家可歸、革命氛圍中，他感到非常自在。[13]」他的妻子也有同樣的感覺。空襲警報響起時，她會關掉公寓裡的燈，走到窗前觀看外面的行動[14]。歐威爾向來喜歡觀察，這時正好有很多不同的新東西值得他觀察與思考。他在日記裡寫道，他看到的彈坑都不到十二呎深，所以他覺得德國的炸彈很小，也許是類似他在西班牙見過的十五釐米炮彈[15]。在防空洞裡，他聽到有人抱怨「座位很硬，黑夜漫長，但沒聽到失敗主義的言論」[16]。他看到狗聽見空襲警報聲時，已迅速學會離開公園，覺得很有趣[17]。他唯一的抱怨是：「空襲特別嚴重的夜晚，震耳欲聾的轟炸聲使人難以工作。那時難以靜下來做任何事情，連寫一篇愚蠢的報刊文章，也要比平常多花一倍的時間。[18]」

戰爭初期，他寫的最有力傑作是〈獅子與獨角獸〉（The Lion and the Unicorn）[19]，那篇短文可以當成不列顛空戰的頌歌來閱讀。他從一九四〇年八月到十月（亦即戰爭初期的高潮階段），一直在寫這篇文章。在那篇文章中，他從左翼愛國分子的角度來思考這場戰爭，對英國貴族的行為感到失望，認為這場戰爭可能帶來社會動盪。

他對張伯倫的評論幾乎跟邱吉爾一樣。歐威爾寫道，張伯倫的

> 反對者聲稱，他是個陰險狡詐的權謀之士，密謀把英國出賣給希特勒，但更有可能的是，他只是一個愚蠢的老頭，根據自己的愚蠢見解盡力而為罷了。若不是這樣的話，

那很難解釋其政策的矛盾之處，以及為何他未能掌握一些明顯對他敞開大門的機會。他就像多數人一樣，既不想為和平付出代價，也不想為戰爭付出代價[20]。

對歐威爾來說，戰爭初期是一段出奇樂觀的時期。他希望：「除非我們戰敗，不然這場戰爭將會掃除多數現有的階級特權。[21]」本質上，後來證明他說的沒錯——許多階級特權確實在戰後消失了，只不過那不是源自於革命，而是因為權力井然有序地移交給戰後的工黨政府。

邱吉爾似乎是歐威爾唯一欽佩的保守黨人士。他在一篇談社會主義者兼烏托邦作家H．G．威爾斯的文章中指出，邱吉爾比威爾斯更了解布爾什維克[22]。對此，威爾斯憤怒地回應歐威爾：「你這個混蛋！去讀我早期的作品！[23]」年邁的威爾斯斥責歐威爾是「那個大腳的托洛茨基主義者」[24]。

一九四一年四月二十八日，邱吉爾在BBC上發表演說後，歐威爾在日記裡寫道：「邱吉爾的演講很棒，有一種老派的風格，但我不喜歡他的演講方式。[25]」至於其他人，歐威爾對右派的不信任感始終揮之不去。他贊同一位朋友的說法：「除了邱吉爾那種特例以外，整個英國貴族階層都非常腐敗，連最根本的愛國精神都付之闕如[26]。」

不列顛空戰和隨後的閃電戰都對階級產生了一些影響，那是歐威爾和邱吉爾都很敏感的議題。一九四〇年德國空襲英國時，窮人蒙受不成比例的磨難。對於窮人受到的重創，邱吉爾政府反應遲緩。倫敦地鐵站一開始並未開放做為防空壕，部分原因是擔心那些避難者會阻礙交通，甚至可能拒絕離開[27]。斯特普尼區（Stepney）的共黨市議員菲爾・皮拉廷（Phil Piratin）在空襲中受到重創。他帶領一群倫敦東區的居民，要求政府把頂級飯店薩伏伊（Savoy）的地下室改成防空壕，讓他們進駐。這項陳情活動令官員難堪，邱吉爾從報上注意到這件事情的報導，並詢問內閣為什麼不開放地鐵站做為防空壕。他回憶道：「有人信誓旦旦地告訴我，這樣做萬萬不可。[28]」但他不認同，不久地鐵站就開放做為防空壕了。

德國的轟炸行動從一九四〇年秋季一直持續到一九四一年春季。在英國人的眼中，那些轟炸使窮人變得高貴。「現在勞工階級成了百分之百的英雄。[29]」人類學家湯姆・哈里森（Tom Harrisson）如此評論閃電戰期間的文學作品，「一味地過度讚賞，毫無謙虛、尊嚴或準確性可言」。

相反的，富人則是受到質疑，尤其許多人從倫敦搬到鄉間別墅避難。歐威爾認為：「勞斯萊斯車內的貴婦比戈林的轟炸機隊，更衝擊民心士氣。[30]」英國皇家空軍的頂尖飛行員貝索・斯塔伯頓（Basil Stapleton）回憶，他看到一名消防員的工作因勞斯萊斯從消防水管上碾過而受阻。他和戰友攔住那台車，「在其他人的幫助下，我們把那台勞斯萊斯翻了過來。[31]」

不是只有一些英國人對貴族抱持戒心。一九四一年七月，美國陸軍參謀長喬治・馬歇爾將軍（George C. Marshall）在華府對一位美國記者公開表示，他擔心上流社會那些綏靖主義者可能削弱英國在戰爭中投入的心血，並在過程中害那些被他派駐英國、準備侵入歐洲的美軍無法逃脫。他說：「國務院告訴我，英國可能與納粹達成和解。[32]」他繼續說：

> 那我的先頭部隊該何去何從？國務院給我的一些建議讓我非常擔憂。問題在於，英國有一派意見把和平看得比戰敗還重要。他們是那些可能蒙受最大損失的人，亦即傳統的統治階級。

邱吉爾竭盡心力向來訪的美國人保證，他不會容忍英國和德國朝和解發展。當年稍後，他告訴一位代表賓州煤礦區的眾議員：「這個國家沒有任何軟弱的跡象，勞工階級也不會容忍任何統治階級出現軟弱或優柔寡斷的跡象。[33]」

此外，一九四〇年，發揮最大作用的不是有紳士風度的陸軍，也不是戰力強大的海軍，而是皇家空軍。空軍是一個明顯屬於中產階級的組織，帶有一點汽油和引擎潤滑油的氣息。

歐威爾和邱吉爾都注意到英國皇家空軍的中產特質，並做出了評論。歐威爾指出，皇家空軍「幾乎無法晉升到統治階級」[34]。

的確，一位史學家曾指出，當時有一些嘲諷之詞，說皇家空軍的成員是「穿著制服的汽車機師」[35]，跟那些為富人開車的無名小卒無異。向來對階級差異相當敏感的小說家伊夫林．沃在一本以二戰為背景的小說中，讓一個角色抱怨某個精英俱樂部讓某位皇家空軍的資深軍官加入，成為會員。那個角色解釋，那種錯誤之所以會發生，是因為那發生在不列顛空戰期間，「當時有段期間皇家空軍幾乎是人人敬重的對象……親愛的朋友，這對每個人來說簡直是夢魘。[36]」在皇家空軍中，階級體系的某些方面確實依然存在。例如，飛行員鄧達斯回憶道，一些由富人和貴族組成的「備援」部隊成員，把英國皇家空軍的正規部隊稱為「有色部隊」[37]，藉此自娛娛人。階級差異也出現在駕駛座艙中[38]——英國皇家空軍的飛官通常可以享有每天開同一架飛機的特權，但中士飛行員則只能分配到當下可用的飛機。

不過，歐威爾注意到英國皇家空軍在阻止德國入侵方面所帶來的階級影響，他寫道：「由於英國需要組建一支龐大的空軍，階級體系因此受到很大的破壞。[39]」不列顛空戰剛結束時，他在〈獅子與獨角獸〉的結尾寫道：「納爾遜（Nelson）和克倫威爾（Cromwell）的繼承人不在上議院，而是在戰場和街頭上、在工廠和軍隊中、在酒吧和郊區後花園裡，目前他們仍被一個世代的幽靈箝制著。」[40]

邱吉爾也從不同的角度來看同一個問題，他語帶擔憂地對下屬表示，貴族在不列顛空戰中扮演的角色很小。他指出，伊頓公學、哈洛公學、溫徹斯特公學等精英學校加入皇家空軍的人才「寥寥無幾」[41]。在不列顛空戰中駕駛戰鬥機的三千名飛行員中，僅約兩百人來自伊頓公學、哈洛公學或其他的精英學校[42]。相較於一次大戰的參戰人數，那數字顯得微不足道。在一戰中，光是伊頓公學的畢業生就有五千七百六十八人從軍，其中有一千一百六十人陣亡，一千四百六十七人受傷[43]。邱吉爾寫道：「他們把機會讓給了中下階級。」[44]——亦即勤奮的教師、銀行職員、信仰虔誠的小店老闆、低階公務員的後代。

邱吉爾總結道，這些中低階層的「卓越後代拯救了這個國家，他們有權主宰這個國家」[45]。因此，柴契爾夫人理所當然成了邱吉爾的政治接班人，她的父親是十三歲即停止升學的小鎮雜貨商。她在政壇上嶄露頭角時，特地在套裝的翻領上別了一枚邱吉爾肖像的銀色胸針[46]。一九五九年她首度當選國會議員開始，到一九六四年邱吉爾下台，她在議會裡與年邁的邱吉爾有五年的交情。一九七九年，在不列顛空戰發生約三十九年後，她成為英國首相。

柴契爾夫人牢牢地記住了邱吉爾的流風遺澤。在她的監督下，邱吉爾時期的戰時掩體獲得了修繕，並首次對外開放。她也抱持邱吉爾二十世紀的觀點。當她以首相身分造訪捷克斯洛伐克時，特地為張伯倫的行為道歉。她在布拉格的聯邦會議（Federal Assembly）上表示：「一九三八年，慘烈的綏靖政策導致希特勒奪走你們的獨立，是我們辜負了你們。邱吉爾迅速地否定了慕尼黑協議，但我們仍羞愧地銘記在心。」[47]

邱吉爾指揮戰爭時，對階級議題非常敏感，他指示三軍將領謹慎地管理旗下部隊。他很早就提醒海軍，達特茅斯的皇家海軍學院在甄選培訓學員時要「特別小心，不要讓階級偏見影響甄選的決定」[48]。他誓言，「除非向我提出更充分的理由」，否則他會徹查到底。海軍不理會他的指示，所以他一如承諾，直接干預。他甚至會見了一些入學考試成績優異但落選的考生。「我見了三位申請者，」他告訴海軍的高層官員，「沒錯，這三人中，A的口音確實帶點倫敦土音，另兩人分別是海軍上士及商船隊輪機手的孩子。但選拔考試的目的，就是為了以能力為選才依據，不分階級或富貴貧賤。」他認為入學考有失公允，要求海軍學院讓那三人入學。對一個既要管理戰爭又要防止侵略的人來說，他為此付出了很大的心力。

他與海軍人員互動時，總是言出必行。他登上海軍艦艇布狄卡號（HMS Boadicea）時，在高級軍官和高級文官聚集的艦橋上消失了一段時間。船上一名中尉在寄給父親的家書中寫道：「有一段時間，我們完全看不到他的蹤影，後來在司爐工的住艙甲板上找到他，他坐在共同餐桌上閒話家常。」[49]

在階級戰爭的另一方面，他與軍方高層為了軍服上佩戴的團徽吵了好幾個月。這似乎是一件微不足道的事，但邱吉爾得體地意識到，那其實是源自於階級差別的問題。軍方將領告訴他，只有與貴族有關的傳統部隊才有特殊的肩章。他們說那樣做是為了節約，原因很多，例如製作徽章的羊毛短缺、縫製徽章的裁縫師不足等等。那些說法令邱吉爾感到懷疑，他向來很樂於針對那些細節進行辯論。他從貿易委員會的資料得知，為所有的部隊（包括由中產階級組成的新部隊）製作徽章所需要的羊毛量其實不多。每週英國的羊毛總用量約八百萬碼，為所有的部隊製造徽章只需要八萬五千碼。目光短淺的布魯克將軍（Brooke）在日記裡抱怨道：「他在這方面的行徑，跟孩子沒什麼兩樣，浪費了我們很多時間。」[50]

然而，誠如戰略家艾略特．寇恩（Eliot Cohen）所言，從邱吉爾對軍方治理的瑣事所進行的干預，可以看出他對戰爭領導的熟稔。那樣做主要是為了讓一支屢戰屢敗的軍隊維持士氣，所以「獨特的臂章和徽章並不是微不足道的事情」[51]。拿破崙曾說，在戰爭中，士兵會為了小小的彩色綬帶而戮力以赴，甚至不惜犧牲生命。邱吉爾在寫給陸軍大臣的信中寫道：「如果你能為我說明皇家衛隊（精銳部隊）在這件事情上受到特殊待遇的原因，我會很高興。他們是否獲得特殊禮遇？如果是，是基於什麼理由？我總覺得，正規軍團，尤其是威爾斯或蘇格蘭的地方軍團，更迫切需要配戴特殊徽章的喜悅所帶來的團隊精神支持

這場戰爭的中產階級軍官和勞工階級士兵都需要比過去獲得更多的尊重。

及個體化的展現。[52]」這不單只是因為邱吉爾喜歡華麗裝飾及鮮豔色彩而已，他知道參加

歐威爾在〈獅子與獨角獸〉中寫道：「英國是世界上最受階級宰制的國家，這是個充滿勢利、特權橫行的國度，主事者大多是老人和傻瓜。[53]」然而，他譴責統治階級的同時，在那篇短文中又把新任首相視為特例。「自一九三一年以來，那些統治階級憑著一貫的本能，持續鑄下大錯，直到邱吉爾執政，才終於止住這種一錯再錯的流程。[54]」

由於歐威爾是社會主義者，他自己也很訝異二戰期間他對邱吉爾大多是認同的。他在戰爭後期寫道：「在這個災難時刻，最能團結國家的人竟然是邱吉爾，一個出身貴族的保守黨，這點確實耐人尋味。[55]」

不過，話又說回來，在階級議題上，邱吉爾與歐威爾的看法出奇地相似。歐威爾曾說自己是「保守派的無政府主義者」[56]，而邱吉爾則是無政府主義的保守黨黨員。邱吉爾於一九〇四年退出保守黨，於一九二四年又重新加入，但保守黨始終對他不太信任，覺得他格格不入。

階級問題似乎總是潛藏在戰事背後，並在出其不意的地方突然冒出來。一些英國人依然對那些普遍認同法西斯主義的貴族階級感到懷疑，覺得他們無法信任[57]。為納粹宣傳的威廉・喬伊絲（William Joyce）被英國大眾戲稱為「呵呵勛爵」（Lord Haw-Haw）[58]，其實他並非貴族，而是出生在紐約的布魯克林。

邱吉爾和歐威爾都對自己的階級產生戒心，並把自己的階級視為問題的一部分。對歐威爾來說，這種轉變是發生在他年輕時去緬甸當殖民警察的時候。儘管他有伊頓公學的背景，但成年以後，他的飲食與穿著大多和勞工階級無異。二次大戰期間的某晚，他回到家，心不在焉地吃著妻子為貓準備的水煮鰻魚，反而把妻子為他準備的牧羊人派餵給貓吃[59]。朋友和同事常看到他穿著鬆垮的燈芯絨服，深色的法蘭絨襯衫，外面加了一件破舊的粗花呢外套，腳上穿著沒擦亮的鞋子。一位朋友回憶道：「我從未看過他穿西裝，或在任何天候下戴帽子。[60]」

邱吉爾開始懷疑自身階級的時間點比較晚一些。一開始，他對統治階級因應希特勒崛起的行徑感到失望，後來他對軍中一些貴族的表現感到不滿，例如許多將領的表現，尤其是皇家海軍的領導者。

歐威爾認為，邱吉爾那些疏離保守派貴族的行為，反而提振了邱吉爾在其他階級心中的地位。一九四三年，歐威爾寫道：「對一個備受愛戴的英國領導人來說，出生高貴是一種嚴重的缺陷，但邱吉爾不然。[61]」一般認為邱吉爾野心勃勃，虛張聲勢，是兩個政黨的叛徒，也許最糟的是，他有一半的美國血統。一位邱吉爾的批評者說，他是「半個外國人，完全不得人心」[62]。

一九四〇年，哈利法克斯和其他「老派的綏靖主義者」（史學家麥克斯．哈斯汀斯爵士〔Max Hastings〕對他們的稱法）對邱吉爾施壓，要求他跟德國談判。當時，反而是內閣中的工黨成員艾德禮和亞瑟．格林伍德（Arthur Greenwood）支持他[63]。邱吉爾並未忘記這些工黨成員對他的支持——至少在歐洲戰爭後，他投入對自身不利的黨派政治以前是如此。

邱吉爾之所以堅決反對與希特勒和談，可能也涉及階級因素。大家都知道一些顯赫的貴族對希特勒很包容，所以邱吉爾堅持反對希特勒的言論，可能也隱含著他對中產及勞動階級、甚至是窮人的承諾，他承諾在他任內絕對不會背叛他們。物理學家兼小說家史諾是教堂管風琴師的兒子，他回憶一九四〇年聽到邱吉爾講話的放心感：「他是貴族，但是為了這個國家，他很樂於反抗他的階級、朋友和其他人。一九四〇年的夏夜，當他的聲音傳到貧民窟的街頭時，我們相信他的說法，窮人也相信他。[64]」

歐威爾和邱吉爾在軍事判斷上，都可能出奇地強硬，甚至嚴苛。這種特質出現在邱吉爾身上是意料中的事，但一九四一年三月出現在歐威爾的日記時，則令人有點訝異。他在日記裡寫道，英國基於政治原因，不該援助被德軍占領的法國。「正確的做法應該是等到法國瀕臨饑餓邊緣，貝當政府（Petain）因此變得搖搖欲墜時，再提供他們大量的糧食補給，以換取一些實質的讓步，例如法國艦隊的屈服。當然，目前這種政策是完全難以想像的。」[65]他總結，「大家為自己相信的理念奮鬥時，是毫無顧忌的。」[66]

他眼看富人從倫敦西區逃往鄉間別墅避難，希望政府徵用他們的豪宅做為避難所，以安置那些因德軍轟炸而無家可歸的東區貧民，但他難過地想到，「那些土豪仍有足夠的影響力，可以避免這種情況發生」[67]。這又呼應了他以前的觀點：窮人終究會起義反抗富人的那些行為。「你看到富人在這場顯然演變成革命的戰爭中依然是那副德性時，不禁會想起一九一六年的聖彼德堡。」[68]不過，到了一九四一年的春季，他開始調整他對英國革命前景的看法。四月十三日，他寫道：「回顧這本日記的前半部，我可以看出我的政治預測錯了。然而，某種程度上，我所期待的革命改變正在發生，只是進展緩慢。」[69]

歐威爾在緬甸擔任警察以及在西班牙內戰中擔任小部隊指揮官的經歷，似乎使他變成敏銳的軍事行動分析師，至少在戰術層面是如此，他可以看穿戰爭期間的宣傳報導。一九四一年四月二十二日，他在日記裡，對於媒體樂觀報導英國在希臘的戰果感到懷疑。「最令我不安的是，報導一再指出我們造成巨大的傷亡，德軍以密集的隊形進攻並遭到大舉殲滅等等，那些描述和法國戰役的說法一樣。[70]」果然，兩天後，以英國為首的盟軍開始從希臘撤退，留下一萬兩千名士兵，有些人在當地陣亡了，但多數人淪為戰俘，許多坦克和重型裝備也全部淪陷。

同年八月，他準確地預測：「我們將面臨一場漫長、沉悶、令人精疲力竭的消耗戰，每個人都會變得愈來愈窮。[71]」這時，他突然在毫無預警下，停止寫日記近六個月。

邱吉爾的一些資深軍事顧問把自己左支右絀的窘況歸咎於邱吉爾，但邱吉爾往往比他們更清楚如何部署英國的戰略物資。一九四一年四月，他命令駐紮在地中海的皇家海軍司令安德魯．康寧漢上將（Andrew B. Cunningham，暱稱ABC）採取行動，以阻止德軍透過利比亞的首都的黎波里（Tripoli）取得補給。邱吉爾建議在城市港口的入口處擊沉一兩艘船，康寧漢回絕了那項建議。邱吉爾隨後表示那需要發動軍艦轟炸，他告訴康寧漢的上級長官，除非海軍採取行動，否則「會讓大家失望」[72]。康寧漢反駁，突襲可能會給英國海軍帶來重大的損失，但軍艦還是不顧他的反對駛向利比亞。他驚訝地發現，某日破曉，英軍

竟然可以在四十分鐘內炮轟港口，而且敵方完全沒有擊中任何英國的軍艦或人員。

那次無傷亡的行動結束後，康寧漢寫了一封古怪的信給邱吉爾：「我們上次幸而脫險，達成任務。但那只是因為德國空軍前往其他的地方參戰，所以我們得以出奇制勝。整個地中海艦隊花了五天的時間，才完成這項任務。若是換成一支從埃及起飛的重型飛行中隊來執行任務，可能幾小時內就能完成。在這次行動中，艦隊冒了很大的風險，但我覺得冒那些風險是不值得的。」[73]

那封信讀起來有點放肆無禮，而且一個海軍上將試圖指導首相如何運用陸基空軍力量，或許也過於魯莽。邱吉爾收集了相關的事實後，回信回擊：

> 你應該先取得精確的資訊，因為少了精確的資訊，就難以做判斷。空軍參謀長告訴我，你轟炸的黎波里四十二分鐘的彈藥重量（亦即五百三十噸），若是換成由威靈頓飛行中隊從馬爾他空投，需要花十週半的時間；若是換成由斯特林（Stirling）飛行中隊從埃及空投，則需要約三十週的時間[74]。

邱吉爾並未因為那次信件往來而對康寧漢產生反感。他很欣賞康寧漢的火爆脾氣及積極進取，所以兩年後將他拔擢為英國皇家海軍元帥。

帝國總參謀長艾倫・布魯克將軍（Alan Brooke）是與邱吉爾共事最密切的軍官，所以他首當其衝受到邱吉爾行為的影響。布魯克是精明冷靜的北愛爾蘭人，擁有過人的軍事長才，二戰期間憑著自己及他人的精準判斷力隨機應變。他在日記中不是把邱吉爾描寫成高尚的國家救世主，而是把他描寫成醉醺醺的嘮叨者，二戰期間常三更半夜胡言亂語。那些漫無邊際的講話，對軍隊的傷害比幫助還大。

一九四一年，他在日記裡寫道，在一次深夜會議中，邱吉爾「氣急敗壞，說我們只會阻撓他的意圖，毫無主見。他也說，每次他提出想法，我們除了反對以外，別無貢獻……天曉得，要是沒有他，我們會變成怎樣，但天曉得我們該跟著他去哪裡。[75]」

布魯克是對鳥類非常熱中的鳥類學家，一九四二年二月他寫道，邱吉爾開會時，「簡直就像連珠砲一樣不停地飆罵」[76]，他對旗下的軍事將領非常嚴厲。布魯克抱怨道，邱吉爾會賭氣說一些暴躁無禮的話，例如：「你們難道連一個能打勝仗的將軍都沒有嗎？你們難道都毫無想法嗎？我們難道必須持續以這種方式輸掉每一場戰鬥嗎？[77]」

連海軍上將也無法倖免。戰爭初期，海軍提議從地中海撤軍，這項提議惹惱了邱吉爾，他以令人討厭的口吻提醒他們：「軍艦本來就是用來作戰的，注定會遭到炮火襲擊。[78]」

在布魯克這種軍事專家的眼中，邱吉爾的缺點是「不擅長規畫型的戰略」。布魯克之所以這麼說，不是出於一時的憤怒或疲累，而是多年後經過深思熟慮的戰後判斷。他在戰後多年出版的日記中寫道，邱吉爾「比較喜歡憑直覺和衝動運作……他的軍事計畫和想法在兩種極端之間擺盪，有的計策有如神來之筆，出奇制勝；有些計策不僅瘋狂，也非常危險。要讓他放棄那些瘋狂的想法，需要耗費極大的心神，而且不見得能夠說服他，因為他總是一而再、再而三地提起那些點子。[79]」

這些指控雖然沒錯，但是經過多方權衡後，多多少少是無關緊要的批評。戰爭期間，邱吉爾很愛用「事態的發展程度」一詞[80]，他有時會用那個詞來質問軍官是否了解其任務脈絡。然而，布魯克的批評始終忽略了一點：戰爭如火如荼地展開時，邱吉爾是一流的戰略思想家。他跟旗下的將領不同，他擅長拼湊戰爭的局勢，彷彿戰爭是一副全球性的拼圖，連結不同的戰場和民族。他能夠權衡行動和政治上的障礙，而且不只看某個時點，而是從延續數年的過程來看。邱吉爾知道（但布魯克不知道），「在重大的戰爭中，把軍事和政治分開來看是不可能的。[81]」他寫道，「對國家的領導層來說，軍事和政治是一體的……在這個多災多難的世紀裡，許多文獻帶有偏見，他們認為戰爭中只有軍事考量才是重要的；他們也覺得，政治家的干涉導致戰士無法貫徹執行明確的專業見解。」

邱吉爾對其宏大戰略的最佳解釋，是出現在一篇談及其繪畫熱情的迷人文章中。他寫道：「繪畫就像打仗，原則是一樣的，就像展開一場長久、持續、環環相扣的辯論。那是由一個統一的概念所支配的命題，無論它是由少數或無數部分拼組而成。[82]」

邱吉爾通常比旗下的將領更能洞悉軍事概念的統一，亦即如何結合陸海空三軍的力量，以發揮比個別軍隊更強大、更猛烈的力量。例如，他覺得駐紮在埃及的將領沒有善用海軍來支援陸軍的攻擊，也沒有沿著北非海岸運送物資，所以他在一九四〇年的一份備忘錄中斥責道：「擁有兩棲作戰實力卻不善加利用，是一種罪行。[83]」

德軍進攻蘇聯

一九四一年六月二十二日，德軍進攻蘇聯，違背一九三九年八月簽署的《德蘇互不侵犯條約》。這件事促使歐威爾在日記中寫下了很多想法。英國的普遍看法及軍事預測皆顯示，蘇聯就像德軍之前鎖定的目標一樣，無法長期對抗德軍，不久就會淪陷。歐威爾寫道：「大家想像史達林在普特尼（Putney）的一家小店裡販賣俄式茶湯壺，跳高加索舞。[84]」不過，他對蘇聯抵抗德軍的持久力比較有信心，「更穩健的評估是：『如果到了十月仍有一支蘇聯軍隊與希特勒對抗的話，那他（希特勒）可能這個冬天就完了。』」

當晚，邱吉爾歡迎蘇聯加入反納粹聯盟，他在一次廣播中談到希特勒：

> 我們將在陸上和他作戰，在海上和他作戰，在空中和他作戰，直到我們在上天的幫

助下，從地球上消滅他的蹤影，把人民從他的壓迫下解放出來。任何對納粹帝國作戰的個人或國家，都會得到我們的援助。任何跟著希特勒並肩作戰的個人或國家，都是我們的敵人……所以，我們將竭盡所能為俄國及俄國人民提供援助[85]。

歐威爾在日記裡稱讚邱吉爾的演說「非常好」[86]。

歐威爾也震驚地看到，政黨路線的共產黨人迅速抹除史達林和希特勒簽約的記憶，而且俄羅斯的官方歷史竟然對此隻字未提[87]。蘇聯開始要求美國和英國「現在就開闢第二戰線」，以抒解德國對蘇聯造成的壓力。這種對基本事實的意識形態掌控（歐威爾說這是把事件放進某種「記憶洞」裡），在七年後撰寫《一九八四》時，變成了該書的一大主題。

宣傳者歐威爾

一九四一年八月，歐威爾加入BBC的海外服務處（Overseas Service），終於找到了支援戰爭的方法。在那裡，他有兩年多的時間負責對印度的廣播工作，從事著他在寫作生涯中花許多時間譴責的宣傳活動。在這裡，他就像年輕時決定成為殖民警察一樣，讓自己投入一個跟本性格格不入的職業。

果然，歐威爾覺得那個職業令他百般地不舒服，尤其他的部分任務是為英國美化戰績，呈現出最好的一面。這項任務在一九四一年和一九四二年特別辛苦，不容易辦到。一九四二年一月，他在廣播中宣稱：「像新加坡這樣堅不可摧的堡壘，不太可能遭到迅速攻陷。[88]」當然，他是在為英國位於亞洲的帝國大業爭取支援。當時印度受到日本的威脅，所以許多人同意他的分析。但他的分析其實錯得離譜，幾週後新加坡迅速失守，而且還是二戰中最慘烈的失敗。不過，後來他確實覺得，邱吉爾親自宣布新加坡淪陷的壞消息，而不是交給別人宣布，是值得讚揚的[89]。

一九四二年八月，迪耶普戰役（Dieppe raid）失敗後（這是二戰中另一次慘痛的挫敗），他竭力把那次行動描述成一場雙方平分秋色的和局，「雙方都傷亡慘重」[90]，然而事實不然。迪耶普戰役其實是一場大潰敗，歐威爾幾乎肯定知道這點，或至少猜到了。

他的廣播工作做得不太稱職，部分原因在於他的嗓音受損，另一部分的原因在於他內心深處的一切想法使他不適合為政府喉舌。BBC日語部的主管約翰．莫利斯（John Morris）曾在歐威爾附近工作，他回憶道：「雖然他的文筆了得，卻是糟糕的廣播員，講起話來斷斷續續。即使是私下談話，他的表達力也很糟，常找不到貼切的字眼。他每週的廣播稿是以優美的文字寫成，卻是以單調乏味的聲音讀稿。[91]」

歐威爾的散文風格確實一如既往地強烈。例如，底下這篇大家幾乎快遺忘的短篇書評，是一九四三年有關《馬克白》（*Macbeth*）的評論：

《哈姆雷特》是個悲劇，描述一個不知道如何殺人的人。《馬克白》也是悲劇，卻是描述一個懂得殺人的人……《馬克白》是莎士比亞戲劇中唯一由一人同時扮演反派和英雄的作品。[92]

BBC對歐威爾的喜愛，更勝於歐威爾對那份工作的喜愛。「優秀、敏銳、認真。[93]」他的第一年年終考績如此寫道，「他很有主見，但從來不會因過度自豪而不接受指導。」他獲得升官加薪的推薦。

然而，歐威爾從未融入BBC。約莫同時，他在日記裡寫道：「這裡的氣氛介於女校和瘋人院之間，我們目前做的一切都是徒勞，甚至比徒勞還要糟糕。[94]」

他在日記中並未抱怨嚴厲控管的文稿編輯或思想審查，但他覺得BBC這個組織普遍失能，又發現海外的聽眾遠比他們預期的還少，因此感到失望。他不禁懷疑自己的工作是否一無是處。「BBC給人的感覺……與其說我們做的是道德卑劣、根本徒勞的事情，不如說是一種挫敗感，感覺什麼事情都不可能完成。[95]」三個月後，他又補充：「除了持續的優柔寡斷以外，什麼事也沒發生。」

他唯一喜歡待在BBC辦公室的時間是清晨，那時清潔女工一邊清掃大廳，一邊齊聲歌唱。「她們一大群人同時抵達，坐在接待室裡，等著領掃帚，吱吱喳喳地地對話。接著，她們開始一邊清掃走道，一邊齊聲歌唱。那時的氣氛和當天晚些時候的氣氛截然不同。[96]」

在BBC工作期間，他唯一一次休假是去伍斯特郡（Worcestershire）度假[97]，並在塞文河（Severn）上釣魚。他的早期小說《上來透口氣》可能是採用自傳體的描述：「回首這一生，坦白講，找不到比釣魚更令我開心的事。相較於釣魚，其他的事情都很失敗，連跟女性交往也是如此。[98]」歐威爾確實很喜歡釣魚，但他可能不太擅長——在塞文河上垂釣兩週，有五天幾乎什麼也沒釣到[99]，那段期間他主要是釣到鰷魚那種巴掌大的小魚。

或許最重要的是，BBC的工作讓他更不信任國家對資訊的控管。一九四二年他寫道：「所有的宣傳都是謊言，即使有人說真話亦然。[100]」這種說法塑造出一種矛盾，也成了後來《一九八四》的主題。更諷刺的是，他在那本小說裡把刑求室命名為「一〇一室」，那個名稱是來自BBC位於倫敦波特蘭廣場五十五號大樓裡的會議室。他在那裡開會時，總是覺得無聊得要死。

他一定也懷疑，他針對莎士比亞和傑拉爾德．曼利．霍普金斯（Gerard Manley Hopkins）的作品所寫的評論，無論多有見地，其實對戰爭沒什麼貢獻。

他開始思考戰後世界的本質。當然，這是根據他對希特勒和史達林的觀察以及西班牙的經歷所產生的感想。在戰爭初期，早在美國參戰以前，他就已經很擔心戰後的世界是什麼樣子。一九四一年春季，他認為極權主義可能蔓延到世界各地。

> 你必須意識到它對思想的控制不僅是消極的，而且是積極的。它不僅禁止你表達——甚至禁止你思考——某些想法，還規定你應該怎麼想，它會為你創造出一種意識形態，試圖掌控你的情感生活……[101]

從這種可怕的思考中，他寫出了兩本最具影響力的著作。

歐威爾考慮離開BBC時，遇到了大衛．阿斯特（David Astor），他是南西和華爾道夫．阿斯特（Waldorf Astor）的第三個孩子。大衛與專橫的母親很疏離。南西曾說，她與華爾道夫生了五個孩子，但「懷孕時毫無喜悅，生產時亦毫無痛苦」[102]。一位後代子孫回憶道，她喜歡把孩子逼哭。她有強烈的獨立性格，是英國第一位女議員。大衛在牛津讀書時，不僅排斥母親的基督教科學派（Christian Science）信仰，也排斥她支持的綏靖政策。

整體來說，大衛比多數的家人更偏向自由派，他在父親擁有的《觀察家報》（*Observer*）工作[103]，正在尋找優秀的作家來重振這家老報社。前任總編對於邱吉爾處理戰爭的方式，與阿斯特夫婦看法分歧，因此辭職。大衛確實讓那份報紙重現生機[104]，在他接掌報社的最初十年間，發行量翻了一倍。

「我一見到他，就非常喜歡。」[105]大衛回憶起歐威爾，「我讀了他的相關資訊，覺得很喜歡，但他還沒出名。他比較像隨筆作家，在BBC工作，但沒有名氣。」大衛原本考慮讓歐威爾擔任戰地記者，但體檢顯示歐威爾「罹患肺病，不適合海外工作」[106]。歐威爾離開BBC後，為《觀察家報》定期撰寫書評，寫了好幾年。他與出身貴族的大衛培養了一輩子的情誼，對歐威爾來說這是很不尋常的現象，也促成他這輩子最重要的作品。大衛幫他找了一個地方，讓他撰寫《一九八四》。幾年後，大衛也幫他找了一塊安息之地。

CHAPTER 9 美國參戰：一九四一～一九四二年
Enter The Americans: 1941–1942

一九四一年十二月七日，日本偷襲珍珠港，邱吉爾得知消息後，近乎欣喜若狂地表示：世界大戰贏了。

他的首席軍師布魯克將軍的反應，則是一如既往比較冷淡。他在日記裡抱怨，這表示前四十八小時英軍奮戰的心血都「浪費了!!」。

詹金斯總結：「那正是優秀的參謀與世界級的政治家之間的區別。[1]」

對邱吉爾來說，珍珠港事件為他帶來了難以掩飾的喜悅，即使是八年後寫回憶錄，憶起那段往事時，依然令他振奮不已。在回憶錄中，這段肆無忌憚的文字可以解讀成一種歡呼：

英格蘭將會生存下去；不列顛將會生存下去；大英國協和大英帝國將會生存下去……我們不會被消滅，我們的歷史不會結束，我們甚至不會在孤立無援下死亡。希特勒的命運已經注定了，墨索里尼的命運已經注定了。至於日本人，他們將會粉身碎骨。剩下的，不過是妥善發揮壓倒性的實力罷了[2]。

事實上，在這個時點，邱吉爾已經完成了兩大戰略任務：讓英國持續應戰，並把美國拉進來參戰。十八個月前，他一邊刮鬍子、一邊跟兒子描述的任務已經達成了。

即使如此，在後續的四年中，他在處理美方考量方面，仍面臨許多艱難的任務。他的下一步是確保美國政府堅持「歐洲優先」的戰略，把打敗希特勒視為首要的戰爭目標。他必須巧妙地做到這點，避免美方認為他專橫跋扈。

一九四一年十二月二十六日，邱吉爾去美國國會的聯席會議上演講，那場演講在多方面都很精彩。光是去美國國會山莊演講就是一項精明的舉動。若是換成張伯倫執政，他很可能不會那樣做，即使他那樣做了，美國的國會議員可能也會覺得他就像古板男僕與無趣版卓別林的組合。

邱吉爾在珍珠港事件後對美國國會發表的演說，可說是政治天才的傑作。那份演說的結構充滿了藝術性，分成四個部分，每個部分可以加上以下小標：

我

我們
他們
我們對抗他們

邱吉爾一開始先用幾百字，向美國國會及整個美國自我介紹。演講的前三段是以「我」開頭，他幾乎把自己塑造成美國的一分子，並提及他的美國血統。「我不禁想到，如果家父是美國人，家母是英國人……我可能是憑自己的本領來到這裡。[3]」——亦即透過選舉、而不是邀請。

接著，他間接談到美國人對貴族的厭惡。「家父是下議院議員，從小家父就教我相信民主。」之後他開始加油添醋，引用林肯的話，「我始終滿懷信心，朝著蓋茲堡演說中那個『民有、民治、民享的政府』理想邁進。」

自我介紹結束後，他以近乎詩意的方式，把焦點轉向新的戰時聯盟，主詞從「我」換成「我們」。他歡迎美國參戰，並稱讚華府展現的信心氛圍。「我們在英國面臨最黑暗的日子時，也有同樣的感受。[4]」他藉此悄悄地暗示英國已經打了十六個月的戰爭。「我們也相信，到最後一切都會否極泰來。」

當然，第一個「我們」是指英國人，但兩句之後的「我們」則是指英國人和美國人：

「我們的敵對勢力強大，他們殘酷又無情。[5]」此後，他又說到「我們這邊」時，是指兩國，兩國在他的演講中結合在一起，「我們從這場殘酷的戰爭藝術中，有很多東西需要學習……我們確實很感謝上天賜予我們那麼多時間……我們正在做世上最高尚的工作……我們是自己命運的主宰……只要我們對自己的理想有信心，有不可征服的意志力，我們終將獲得救援。」

接著，他迅速回顧了陸上和海上的戰爭局勢。過程中，邱吉爾巧妙地把大英帝國的未來與自由的未來連結在一起，許多美國人不會做出那樣的連結。「十八個月前，許多人覺得大英帝國已經殘破不堪，嚴重受創。然而，現在的大英帝國無比強大，而且每個月仍持續壯大。最後，請原諒我這麼說，對我而言，最好的消息，是美國以前所未有的團結之勢，為自由開戰了。[6]」

他以一段詠嘆調來結束這一段，那段詠嘆調是談日本同時對英美發動戰爭是多麼的愚蠢。他問道：「他們以為我們是什麼人？[7]」那是很美式的問題——他們知道自己在招惹誰嗎？這裡，他再次把美國人和英國人合而為一。「難道他們不知道，我們在讓他們記取永生難忘的教訓以前，絕對會堅持對抗他們到底嗎？」那句話促使全場起立鼓掌。他在回憶錄中高興地指出，那些反問句獲得了「最熱烈的迴響」[8]。總之，那不單只是一場演講，更是外交版的求婚。

當晚，邱吉爾下床去打開他在白宮客房裡的窗戶。他突然感到上氣不接下氣，他告訴同行的醫生：「我的心臟隱隱作痛，那股痛感沿著左臂往下延伸。」醫生知道那是輕微的心臟病發[9]，但他刻意輕描淡寫那件事，因為他覺得邱吉爾煩惱的心事已經夠多了。

邱吉爾的心事確實很多。一週內，邱吉爾展現出來的樣子，好像他向美國提出的建議已經獲得採納、雙方的合作關係已經圓滿達成似的。他在寫給內閣的備忘錄中說，他一度覺得英國有必要聽從美國的意見，他解釋：「我們不再是孤軍奮鬥，而是並肩作戰。[10]」邱吉爾和羅斯福一起去參加總統舉行的雞尾酒會時，從未服侍過任何人的邱吉爾小心翼翼地推著羅斯福的輪椅。這不僅是普通的高峰會而已，邱吉爾在白宮整整待了兩週。在那十四個夜晚，他有十三個晚上與羅斯福及霍普金斯共進晚餐[11]。

無論是在當時，還是在後來的回憶錄中，邱吉爾討好美國總統的方式總是看起來極其自然。在職業生涯的初期，他有時聽起來很反美，至少私底下是如此。一九二八年，美國總統柯立芝（Calvin Coolidge）談到歐洲應該對美國償還戰爭債務時，邱吉爾當著朋友的面批評美國。當天到他家作客的亨利·詹姆斯·斯克林傑—韋德本（Henry James Scrymgeour-Wedderburn，亦即未來的鄧迪伯爵）在日記裡寫道：「今晚邱吉爾肆無忌憚地談論美國，他覺得他們傲慢自大，基本上對我們有敵意，想主宰世界政治。[12]」

邱吉爾寫信告訴妻子：「聽了柯立芝的聲明，我氣死了，他們難道不能放過我們嗎？

他們逼歐洲還清以前積欠的每分每毫，說他們以後再也不幫忙了，還說可能讓我們管理自己的事務。」同一天，住在鄉間別墅的克萊門汀回信提醒他注意，他即將從財政大臣轉任外務大臣的傳言。她很有先見之明地寫道：「我覺得轉往外交部任職是不錯的主意，但我擔心你對美國的明顯敵意可能會成為障礙。你必須試著理解及熟悉美國，讓他們喜歡你。[13]」

一九四〇年代，他完全照著賢妻的建議去做。回憶錄中最真實的一句話，或許是他對於自己與羅斯福合作的評論：「我個人和他的關係，是我特意謹慎培養出來的。[14]」邱吉爾不善於逢迎拍馬，但他之所以討好美國，是因為非做不可，那是戰時必要的。然而，國內的同儕注意到他討好美國的言行時，只覺得反感、噁心。英王的妹婿批評：「我們太巴結美國人了，最近首相傳給羅斯福的電報中，充滿了做作的情感和諂媚，幾乎令人作嘔。[15]」

珍珠港事件顯然使歐威爾更加懷疑美國人。他指出，雖然倫敦人變得更加親俄，但「親美情緒不增反減」。他解釋，原因在於「我們的新聯盟反而激出了潛藏在一般中低階層的大量反美情緒」[16]。

不管原因是什麼，在英國的對美關係方面，歐威爾與邱吉爾對調了角色。歐威爾變成不在乎事實的浪漫主義者，邱吉爾則變成頑強的現實主義者。

歐威爾曾說：「十九世紀的美國文明，是資本主義文明的最佳實踐。[17]」在他看來，十九世紀初的美國是勞動階級的自由主義天堂。「國家幾乎不存在，教會積弱不振，百家爭鳴，土地讓人盡情使用。你若是不喜歡工作，可以翻臉不認老闆，遠走西部。[18]」當然，歐威爾對那段美國發展期的喜愛，大多是出於白人男性的視角。那個年代黑人、印第安人、婦女所享有的自由和機會，遠比他評估的還少。

在他的職業生涯初期，亦即一九三〇年代中期，歐威爾曾想過為馬克・吐溫撰寫一本傳記[19]，但找不到出版商對那個案子感興趣。邱吉爾年輕時，也曾想過寫一本有關美國主題的書：美國內戰史。年輕時他第一次去美國巡迴演講，是馬克・吐溫介紹他上台的[20]。

歐威爾喜歡的作家中有三個美國人：馬克・吐溫、華特・惠特曼（Walt Whitman）、傑克・倫敦（Jack London）[21]。歐威爾也很喜歡作家狄更斯，不過狄更斯對十九世紀美國的尖刻描寫，似乎對歐威爾沒產生多大的影響。狄更斯以他一八四二年的「美國行」做為依據，寫成小說《馬丁・翟述偉》（*Marin Chuzzlewit*）[22]，他把美國描寫成一個「紙醉金迷，充滿煽風點火的政客和酒吧」的國家，充斥著暴力和極度虛偽，一邊大肆宣揚榮譽和自由，一邊奴役著數百萬人。

歐威爾似乎對他那個時代的美國不太感興趣。作家克里斯多福・希鈞斯（Christopher Hitchens）是歐威爾的崇拜者，他指出歐威爾對美國「抱持一種奇怪的盲點」[23]，「他從未造訪美國，也對美國沒什麼好奇心……換句話說，歐威爾對他所處的二十世紀充滿了先見之明，但美國卻是那番先見中的一大例外。」

隨著大批美國士兵湧入英國，英國的反美情緒持續高漲。一九四三年，六十六個護航隊載運了六十八萬一千名美國士兵來到英國。「愈來愈多的美國人出現在街頭上。[24]」一位倫敦女性回憶道，「他們用奇怪的印第安戰鬥口號呼叫彼此，並在綠園裡打棒球。」一九四四年五月，亦即諾曼地登陸的前夕，美軍進駐英國的人數達到顛峰，多達一百六十萬人。

歐威爾有時比邱吉爾更熟悉英國政治，一九四二年初似乎就是如此。邱吉爾成功訪美歸國後，發現下議院一片混亂，議員大聲地質疑是否需要改變戰時的領導層。對邱吉爾來說，那是棘手的時刻，因為很多戰爭消息都是壞消息，他懷疑更糟的消息即將到來。經過兩年多的戰爭，英國承受了一系列嚴重的挫折。英國遠征軍（British Expeditionary Forces，簡稱BEF）曾被趕出西歐（法國和比利時）、北歐（挪威）、東南歐（希臘），還有非洲的達卡。倫敦流傳著一個可悲的笑話：BEF其實是「Back Every Fortnight」（每兩週回來一次）的縮寫[25]。此外，英軍在東亞也遭到日本的襲擊，節節敗退。

邱吉爾要求下議院針對戰爭進行辯論，然後投票決定是否對他的領導力還有信心。「最近遠東傳來許多壞消息，我想我們可能會聽到更多的壞消息，原因我馬上會解釋。[26]」他開宗明義就這麼說，「這些壞消息中夾帶了許多有關錯誤和缺失的故事，包括遠見和行動上的錯誤和缺失。沒有人會假裝這些災難是在毫無錯誤和缺失下發生的。」他以非常隨性的用語，鼓勵對手在辯論時盡量放馬過來，「辯論時無須用詞委婉，投票時無須膽怯害怕。」

接下來，下議院進行了三天的辯論，有些議員的說詞相當嚴苛。例如，第一天保守黨的赫伯特・威廉姆斯（Herbert Williams）嘲諷道：「首相站起來說他對他的團隊很滿意、任何過失都該由他獨自承擔，講這些都是沒用的。他是這個國家裡，唯一對自己的團隊感到滿意的人。」

工黨的湯瑪斯・塞克斯頓（Thomas Sexton）也附和那說法：「這個國家的人民感到困惑，迴避事實是沒用的。戰爭期間持續讓他們抱持希望——對挪威的希望、對希臘的希望、對克里特島的希望、對馬來亞的希望——的理由，使他們困惑不解。」

另一位議員指責邱吉爾的政府是「一人政府」，「結合了專制主義和家長式作風」。辯論接近尾聲時，隸屬張伯倫派的愛德華・騰努爾（Edward Turnour）聲稱，投票基本上毫無意義。「目前下議院陷入極度不安，投票能做的事情都無法改變這種不安的氛圍。」他說，「只有一件事情能夠改變不安——事實和結果必須比過去幾個月發生的事情更有利於我們的理念。」

辯論結束後，邱吉爾站起來，再次對下議院演講：

我不道歉，不找藉口，不做承諾。

我絲毫未減輕危機感，也沒有減少依然籠罩著我們的大大小小災難。但是，在此同時，我想以前所未有的堅定信念公開聲明，我們應該以有利於我國及未來世界的方式，結束這場衝突。

我講完了。

這時，他垂下雙臂，掌心朝外，尼科爾森評論道：「以接受聖痕」[27]。邱吉爾接著對下議院說：「現在，讓每個人克盡己職，以符合自身良心和良知的方式投票吧。[28]」他以四六四票對一票獲得了肯定。

一九四二年二月中，新加坡確實淪陷了，而且整個潰敗過程發生得又快又急，令人不安。新加坡是一大象徵，是大英帝國在東南亞的堡壘，但英軍的指揮官僅對抗一週就不敵軍力較弱的日軍，約八萬五千名盟軍淪為戰俘。邱吉爾後來哀嘆，這是「英國史上最慘烈的潰敗，也是規模最大的投降」[29]。

歐威爾雖然欽佩邱吉爾，但他也覺得那次失敗令人不安，並懷疑邱吉爾能否繼續擔任首相。他寫道：「在新加坡淪陷之前，民眾可能喜歡邱吉爾、但不喜歡其他的內閣成員。然而，最近幾個月，他的支持度大幅下滑，又遭到右翼保守黨的反對（保守黨雖然隱忍他很久，但本來就討厭他）。[30]」他最後總結：「我猜邱吉爾頂多再執政幾個月。」

歐威爾在BBC熬了一陣子後，終於下定決定離開。他覺得自己在那裡很忙，但沒什麼貢獻：

> 我現在寫日記的次數比以前少很多，因為我真的沒什麼空閒。然而，我所做的一切都是徒勞無益的事，浪費了許多時間，成果卻愈來愈少。每個人似乎都是如此——都有沮喪、瞎忙一些蠢事的可怕感受……那些事情其實對戰爭毫無助益或影響，但箝制著我們的龐大官僚體制卻覺得那些事情是必要的[31]。

不僅工作上毫無成就感，他連種菜也失敗。他原本預期馬鈴薯將會短缺，結果正好相反。他在同一篇陰鬱的日記裡寫道，一九四二年英國的馬鈴薯產量「極大」，他自己種的東西根本毫無價值。

歐威爾知道他該辭掉BBC的工作，做點別的事情，卻又不知道要做什麼。然而，他的生活也不是完全苦悶的。他的外甥亨利・達金（Henry Dakin）來跟他們夫妻倆住了三個月。亨利記得當時歐威爾帶他去看卓別林《淘金記》（*The Gold Rush*）。那部片經過剪輯後，以有聲電影的形式重新上映。達金說：「他笑得前仰後合，比現場的任何人笑得還厲害。」

歐威爾和愛琳的居家慣例是一起吃早餐，之後再去上班。晚上，歐威爾通常會回自己的房裡寫作。「愛琳不修邊幅，但長得漂亮，也討人喜歡。[32]」達金回憶道：「他們一起過著愉快的生活，總是溫和地善待彼此，也對我很好。」

達金注意到愛琳總是穿著黑色外套，連做飯和吃飯時也是如此，那段期間她可能很憂鬱。作家萊蒂絲・庫珀（Lettice Cooper）是職場上認識愛琳的朋友，她說自從愛琳的哥哥在敦克爾克戰役中陣亡後，「她常說她已經不在乎自己是生是死，她常把那句話掛在嘴邊。[33]」

戰爭期間，歐威爾夫婦不是住在鄉間小屋裡，他們兩人都在倫敦工作，因此經歷了數百次德國空軍的突襲。他們經常搬家，更換公寓，部分原因在於一些建築遭到炸彈損毀，另一部分原因在於，隨著愈來愈多的富人搬到鄉間避難，倫敦多了一些更好的住房可供選擇。有一次，他們搬到聖約翰伍德（St. John's Wood）的艾比路邊，一些朋友為他們舉辦喬遷派對，並準備了一隻美味的烤雞，開了一瓶價值不菲的紅酒。他們坐下來正要開動時，附近有一顆炸彈爆炸了。那天的派對主人馬克・班尼（Mark Benney）回憶道：「爆炸把我們震開了座位。[34]」班尼很慶幸那瓶紅酒和在場的朋友都平安無事。歐威爾很快就針對他們的倖存，做出與階級有關的詮釋：「如果我們是在附近那些勞動階級的棚屋裡，現在已經跟羊肉一樣烤熟了！」

隨著戰爭的發展，邱吉爾除了需要捍衛他的國內地位以外，也必須持續培養與美國人的關係。有時卓越的成就之所以受到低估，是因為做那些事情的人讓那些成就看起來比實際還要容易。二戰期間，邱吉爾與美國打交道的方式可能就是如此。回顧過往，我們很容易把英美聯盟視為理所當然的發展，但那其實是在極其龐雜的脈絡中達成的，裡頭布滿了需要拆解的致命地雷。美國人不喜歡邱吉爾在地中海和北非慢慢對抗德軍的方式，但邱吉爾辯解，把德軍引開蘇聯戰線是必要的，至少一九四二年和一九四三年是如此，他這番辯解並沒有錯。至於邱吉爾，他也蔑視美國的反殖民主義。他覺得自己與美國人往來時，部分任務在於「讓美國人接觸他們有強烈主張、但欠缺經驗的政治問題」[35]，例如大英帝國的未來，尤其是印度問題。邱吉爾已經籠絡了戴高樂，但羅斯福依然對他抱持戒心。許多美國人認為中國和英國一樣重要，這讓邱吉爾大吃一驚。他第一次造訪羅斯福後寫道：「如

果要用一個詞來概括我這次訪美的感想，那就是『中國』。[36]」

西方盟軍對蘇聯這個角色的看法特別麻煩。羅斯福認為，他能以英國人做不到的方式來管理史達林，他對邱吉爾說：「當我以毫不客氣的口吻坦率地告訴你，我覺得我可以用比你的外交大臣或我的國務院更好的方式來應付史達林時，我知道你不會介意。史達林對你的內閣高層恨之入骨。[37]」在這方面，羅斯福大大高估了自己的能力。史達林不僅在指揮戰爭方面，連在塑造戰後世界方面，都是鐵腕的主宰者。當史達林的冷漠懷疑態度令美國人和英國人同感驚嚇時，邱吉爾對羅斯福說：「蘇聯的高層深信，他們可以用恐嚇的手段獲得一切。[38]」這句話就像出自歐威爾的口中一樣。

邱吉爾常隱忍一些話不說。一九四二年四月，羅斯福針對如何處理印度問題，對他提出了一些建議。邱吉爾為此草擬了一封措辭激烈的回信，劈頭就寫道：「您的來信令我非常擔憂。[39]」接著又寫到他可能為那個議題辭去首相職位。後來，他擱下那份憤怒的草稿，重寫一封信，開頭寫道：「我認真拜讀了您的美好建言。」那改變幾乎令人心醉神迷。

儘管歐威爾是死忠的反帝國主義者，關於印度問題，他還是站在邱吉爾那邊，他在日記裡寫道：「當前的一個問題，是美國人多年來老是隨便亂談的『印度自由』和大英帝國主義。如今他們突然發現，印度的知識分子根本不希望獨立，也就是說，他們不願承擔獨立的責任。[40]」

戰爭期間，邱吉爾二度訪美時（第一次訪美並對國會演講半年後），終於確立了美國總統和英國首相之間的關係。一九四二年六月二十一日週日上午，夜宿白宮的邱吉爾在臥室裡醒來（那間臥室在霍普金斯的臥室對面），躺在床上看報並吃了早餐，接著下樓去總統辦公室會見羅斯福。

邱吉爾和羅斯福開始交談時，助理把一份粉紅色的電報拿進來，遞給總統。總統瞄了那份電報一眼，不發一語地把電報遞給邱吉爾，上面寫著：「托布魯克（Tobruk）失守，兩萬五千人被俘。[41]」這對邱吉爾來說是一大打擊，起初他並不相信，因為前一晚他才收到開羅發來的電報向他保證，利比亞和埃及邊境附近那些用來抵禦德軍的堡壘狀況良好。堡壘內的庫存充足，有三個月的補給，包括一個巨大的儲油庫，所以看起來指揮官沒有理由那麼快投降。

邱吉爾要求確認那次失敗是否屬實。確認消息抵達時，他不禁倒抽一口氣。就像五個月前的新加坡一樣，被圍困的盟軍向數量較少的敵人投降了。

邱吉爾感到痛苦，甚至可能為此落淚了。但他在回憶錄中並未明確這麼說，只提到：「我沒有想要對美國總統隱藏我的震驚，那是痛苦的時刻。失敗是一回事，恥辱是另一回事。」

美國人注意到他並未為此尋找任何藉口。美國戰爭部長亨利・史汀生（Henry Stimson）

在日記裡寫道：「他說那次失敗純粹是領導不善，隆美爾智勝了他們的將軍，德軍不僅戰力比他們強、也提供部隊更好的武器。[42]」

「我們能幫什麼忙嗎？」羅斯福坐在辦公桌前問道[43]。

邱吉爾把握住這個機會說：「盡可能把你們閒置的雪曼戰車借給我們，並且盡快把它們運到中東。」

羅斯福召見美國陸軍參謀長馬歇爾將軍。馬歇爾指出，若要提供那些戰車，必須從他的第一裝甲師召回，但第一裝甲師才剛收到那批戰車而已。根據邱吉爾的描述，馬歇爾說：「要從士兵的手中拿走武器，是非常為難的事。」但他接著又說：「儘管如此，如果英國有急需，我們自當設法提供。」馬歇爾也主動表示，他可以找到並運送一百門類似輕型坦克的一〇五毫米自走砲。後來，約三百輛戰車，連同大炮，很快就運往中東。更重要的是，一九四二年，在美國軍隊是否領導入侵北非的討論中，邱吉爾獲得了情感上的優勢。馬歇爾和艾森豪都非常反對以這項行動作來避免敵軍發現盟軍在法國登陸。

那天下午，邱吉爾請他的醫生來到他的房間。「托布魯克失守了。」他說：「我感到羞愧，我不明白為什麼托布魯克會淪陷。我們有三萬多名士兵投降，他們不作戰的話……[44]」他停了下來，跌坐在椅子上。

邱吉爾對美國那一刻提供的協助，始終充滿了感激，並在回憶錄中表露無遺。他在同一卷回憶錄中，不止一次提到那件事，而是兩次。不過，一九四二年英軍二度投降所帶給他的痛苦也一樣強烈。

儘管邱吉爾對美國人的感情日益濃厚，但英國的其他貴族並不完全認同他對美國人的情感，而且不分左右派皆然。安東尼．布朗特（Anthony Blunt）、金．費爾比（Kim Philby）、唐納德．麥克林（Donald Maclean）、蓋伊．伯吉斯（Guy Burgess）組成的親蘇間諜網之所以不親美，部分原因在於他們厭惡美國及其文化。菲爾比在回憶錄中寫道，伯吉斯樂於公開地「嘲諷美國人的生活方式」[45]。

而且，英國右翼的反美情緒更強烈。一九三七年十二月，張伯倫曾說：「除了言語支持以外，別指望美國人提供的東西總是最好、最萬無一失的。[46]」邱吉爾派哈利法克斯勛爵出任英國駐美大使時，印度總督林利思戈勛爵（Lord Linlithgow）寫了一封慰問信給他，說「奉承那群暴發戶是件苦差事」[47]。

勢利眼的一個貼切定義是，某人遇到尷尬的社交場合時，很快就認定那是對方的錯，尼科爾森就是典型的例子。戰前訪美時，他覺得美國人本意良善，但可悲：「他們感覺大多很善良，卻又顯得無知愚蠢，無法理解我的觀點。[48]」他也不相信他們的性格開放，「美國人的過分慇勤讓我看了就生氣……美國人始終很膚淺」[49]。這些疑慮一直延續到二戰期間。一九四三年十一月，他寫信告訴妻子：「我們先進多了，美國人有時令我感到刺眼。」[50]

另外，英國人也懷疑，儘管美國人笑容可掬，但他們並不認同英國的一大戰時目標：維護大英帝國。一九五七年成為英國首相的哈洛德．麥米倫（Harold Macmillan）指出：「美國總統不是大英帝國的朋友。反殖民主義是羅斯福的一大理念，但是對於如何在毫無混亂下逐漸把獨立導入龐大的殖民帝國中，他似乎只有非常粗略的想法。[51]」英國人認為羅斯福想法粗略的一個例子，是他認為越南應該獨立。當初羅斯福主張的越南獨立若不是遭到英法兩國的斷然反對，歷史可能會有不同的發展。

這種高高在上的態度，導致許多英國官員低估了美國日益增強的實力，而且後來一九四四年美國開始在英美關係中扮演主導角色時，他們覺得既震驚又憤怒。

這些偏見意謂著，英美最初的會議就像許多初次約會一樣，充滿了熱情、無知、笨拙的摸索。英國外交官奧利弗．哈威（Oliver Harvey）指出：「美國總統的隨行人員都是猶太人。[52]」他也覺得美國社會出奇地落後，認為它「在社會進化方面落後我們一百年」[53]。

哈威是二戰期間英國外務大臣艾登的顧問，他之所以有那番見解，並不是單純是因為勢利眼。他對美國的種族主義感到震驚。美軍堅持派駐英國的軍隊要遵循美國的種族隔離規定，艾登並不認同那種做法。「美國人把家醜搬到海外，實在太難看了。我們不希望在英國看到有人對黑人動用私刑，我無法忍受美國南方對黑人的典型態度。那是美國文明的大毒瘤，使他們的一半主張顯得毫無意義。[54]」當然，這是英國保守黨談了上百年的主題，遠溯及作家塞繆爾．詹森（Samuel Johnson）的年代，詹森曾針對美國革命提出尖銳的質疑：「為什麼那些贊同蓄奴的人，反而要求自由的呼聲最響亮呢？」[55]

一九四一年，哈利法克斯勛爵被派註美國華府時，也有類似的反應。他認為自己不受美國人歡迎，不是因為他與失敗的綏靖政策有關，而是因為「某些受到猶太影響的媒體部門」對大眾的操弄[56]。他很快就把美國人想成「一群小孩子——有點粗魯，非常熱情，主要是受到情緒的掌控」。

英國人的性格中，肯定也有某種心態令美國人覺得難以忍受，尤其是貴族那種漫不經心的態度。艾登指出，不列顛空戰期間，激烈的空戰常發生在其鄉間別墅的上空，「有時是在我們打網球的時候」[57]。有一次，一架德國戰機撞入其屋後的樹林裡，他沒有寫到那件事情是否使他們停止打球。十六年後，艾登對美國人的極度誤解，導致蘇伊士運河危機（〔Suez Crisis〕又稱第二次中東戰爭）。那場危機不僅導致他狼狽下台，也進一步降低了英國在世界上的地位。

CHAPTER 10 戰後世界的嚴峻前景：一九四三年

Grim Visions of the Postwar World: 1943

這個時點，歐威爾在英國仍是次要的小角色，但已經逐漸邁向卓越。在此同時，邱吉爾開始面對戰後世界的嚴峻現實時，逐漸從權力的頂峰走下坡。

兩人同時面對了美國人的崛起。美國一開始參戰時，給人留下不好的印象，導致英國人低估了美國的實力。美軍的紀律不彰，令經驗豐富的英軍感到擔憂。一名英國的軍士回憶道：「我們每晚都有換班儀式的禮儀軍衛，他們則是把身體依靠在步槍上，嚼著口香糖，抽著菸，態度一點都不像軍人。[1]」

美國人的出現也令歐威爾感到刺眼。一九四二年末，他寫到在倫敦的街頭看到美國大兵。「他們一臉極度不滿的表情。[2]」他不喜歡那種面容。

即使是在最高層級，美軍也沒有讓英軍留下良好的印象。一九四三年一月的卡薩布蘭卡會議（Casablanca conference），馬歇爾將軍和幕僚在準備不周下參與會議。那場會議的主要決定會左右明年的戰爭走向，例如入侵西西里，接著或許再攻進義大利內陸。羅斯福曾指示馬歇爾只帶五名顧問前往，後來馬歇爾向傳記作家坦言：「我方人員的準備最不充分。[3]」相較之下，英方則是以六千噸指揮艦布洛洛號（Bulolo）載來一整船受過良好教育、反應靈敏的軍官[4]，他們徜徉在摩洛哥的陽光下，享受著蛋和柳丁，已經準備好多種戰爭計畫的初步戰略，也可以為領導人開會討論時所出現的任何戰爭議題，撰寫大量的行動報告書。美國海軍的最高領導人海軍上將恩斯特．金恩（Ernest King）抱怨，美國人發現，「每次他們提起一個議題，英國人都已經準備好一份報告。[5]」金恩向來脾氣暴躁，曾打過一八九八年的美西戰爭。美國人開會時，往往無法做出睿智的反應，例如，美國沒有跨大西洋航運方面的專家，當他們告訴英國人，他們假設每年他們需要運送三百六十萬噸的物資到英國時，英國人告訴他們，正確的數字其實是七百萬噸[6]。

與美國人不同的是，邱吉爾一如既往專注於細節。當幕僚堅持入侵西西里不可在一九四三年八月三十日以前進行時[7]，他花了一下午的時間來研究他們的假設，最後他的結論是，進攻其實可以提早幾週進行，亦即六月底或七月初。事實證明他是正確的，一九四三年七月十日清晨，英美士兵在西西里的南方海灘登陸。

英國人對美國人的想法很不以為然。邱吉爾的軍事顧問布魯克將軍參與卡薩布蘭卡會議期間，在日記裡寫道：「馬歇爾其實沒有戰略眼光，他的想法是以軍隊的建立為基礎，而不是以軍隊的運用為基礎。他來開會時，毫無真正的戰略概念，對於未來的作戰方式，

皇家海軍是英國身為
世界霸權的象徵時，
小男孩常穿著海軍服拍照。

上｜邱吉爾七歲，
看起來已經頗為強勢。

下｜艾瑞克 · 布雷爾（歐威爾）
三歲。

對頁，上｜一八八五年，邱吉爾是第四女王皇家驃騎兵團的陸軍少尉。

對頁，下｜一八九九年十一月，邱吉爾（右邊）在南非的波耳戰爭中淪為戰俘。

上｜一九一一年邱吉爾擔任海軍大臣。

上｜一九二一年，歐威爾（後排左一）參與伊頓牆球（類似橄欖球）聯合會。

對頁，上｜歐威爾十七歲。

對頁，下｜歐威爾在緬甸時期的護照照片。

E. A. Blair

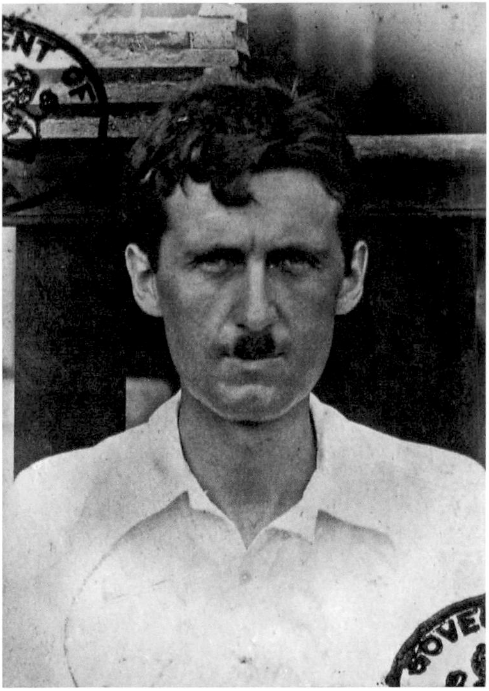

上｜一九二三年，歐威爾（後排，左三）在緬甸的警察食堂前。

下｜一九三八年九月，英國首相張伯倫與希特勒在慕尼黑。
張伯倫回倫敦後宣稱他已經確保了「我們這個時代的和平」。

一九三八年到一九三九年的冬天，歐威爾趁著去摩洛哥療養身體期間寫作。

一九四三年，首相邱吉爾前往馬爾他，視察軍艦修造廠遭到砲轟的毀損情況。

一九四五年五月八日，邱吉爾在倫敦對著群眾揮手，宣布對抗德軍的戰爭獲勝了。

二戰期間，歐威爾（後排，右一）與國土警衛隊。

一九四一到一九四三年間，歐威爾在BBC的東方報導分部擔任廣播製作人，製作用來支持英國作戰的廣播報導。

上｜一九四三年，邱吉爾在卡薩布蘭卡會議中和羅斯福總統協商。

下｜同年稍後，他在德黑蘭與羅斯福和史達林同坐。
他離開德黑蘭會議時心煩意亂，因為他意識到美國和蘇聯正在排擠英國的勢力。
德黑蘭會議也是歐威爾創作《動物農莊》的一大靈感來源。

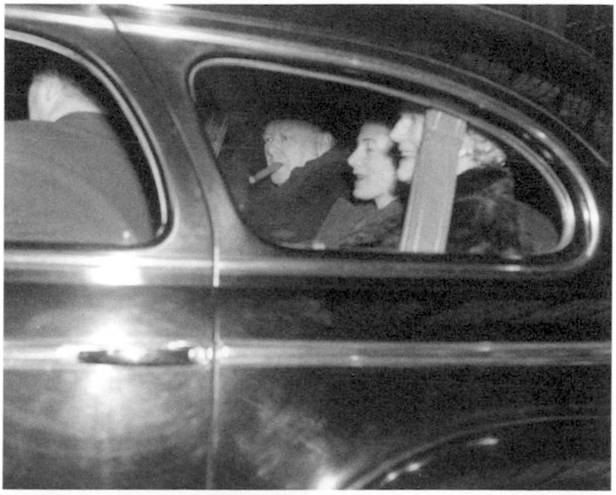

上｜一九四六年邱吉爾攜眷訪美。

下｜一九五二年，邱吉爾與杜魯門總統在白宮見面，樣貌看起來明顯衰老。

兩位作家（兼老菸槍）。

邱吉爾坐在倫敦唐寧街十號首相官邸的內閣會議廳座位上。
Cecil Beaton © Imperial War Museums (MH 26392)

歐威爾在書桌邊。

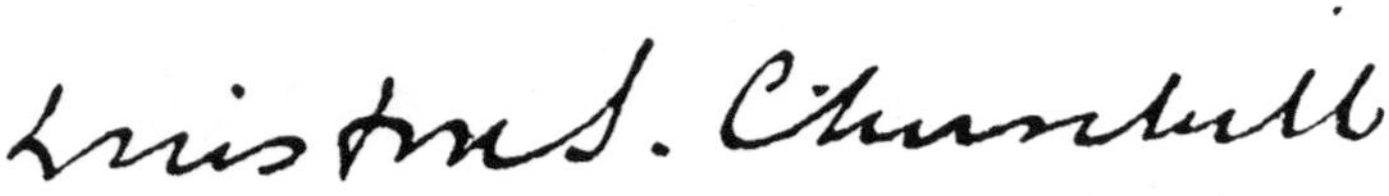

Winston Churchill
溫斯頓・邱吉爾

George Orwell
喬治・歐威爾

也沒有提出任何政策，只會對我們提出的計畫提出有點拙劣的批評。」[8]

美國人來參與卡薩布蘭卡會議，是為了討論跨海峽進攻北歐的時機和準備工作，他們希望在一九四三年進行。然而，卡薩布蘭卡會議並未做出那樣的結論，而是協議出一項地中海導向的戰略，至少那一年是如此。那種比較謹慎的做法，或許正是羅斯福私底下一直想要的戰略[9]，也可能是他限制馬歇爾只帶足夠數量的顧問和規畫人員去開卡薩布蘭卡會議的原因。事實上，邱吉爾曾告訴他的顧問，他覺得羅斯福比較喜歡地中海計畫。對於一九四三年橫跨海峽的戰略[10]，羅斯福的熱中程度不及馬歇爾，因為他擔心那樣做太冒險了，他也覺得美軍需要更多的戰鬥經驗，延後一年進攻也可以減少德國的地面部隊，甚至可以削弱更多德國空軍的實力。馬歇爾雖然主張一九四三年登陸法國，但他告訴羅斯福，熟悉北非行動的馬克．克拉克將軍（Mark Clark）也認同英國的觀點，覺得「登陸對抗頑強抵禦之前，必須先有長期的訓練」[11]。羅斯福可能也覺得，延緩對歐洲的進攻，可以把一些資源轉移到太平洋戰爭上。

美國人迅速從錯誤中記取教訓。馬歇爾從卡薩布蘭卡回到美國後，下令對規畫人員進行改組[12]。准將艾伯特．魏德邁（Albert Wedemeyer）是他旗下的規畫者之一，他不滿地向直屬上級報告：「我們輸得精光。」他繼續說：

我們來了，聽了，被征服了……他們像蝗蟲一樣朝我們蜂擁而來，有充足的規畫人員和各種助手，還有事先準備好的計畫，以確保他們不僅達到目的，而且是從容地達到目的，並保證在這場戰爭的整個過程中繼續發揮指導戰略的作用[13]。

那是英美首度召開大規模的戰時規畫會議，由於會議進行得很尷尬，導致英國多年來一直以高高在上的姿態來看待美國。一九四三年八月，英國外交官哈威寫道：「美國人的做法還是很外行，想要迅速贏得西方戰爭，必須由我們的戰略和人才來主導。」[14]

令人驚訝的是，布魯克將軍在一九四二年和一九四三年竟然不太關注美國人。他在日記裡提到他會見每位英國官員的名字，以及多數法國官員的名字。但是，除了跟他經常相處的艾森豪和沃爾特．比德爾．史密斯（Walter Bedell Smith）以外，他在日記裡提到共進晚餐的美國同伴時，只會以「一些美國軍官」一筆帶過[15]，彷彿他們就像孩子一樣，只要乖乖閉嘴聽話就好。他對美國人的忽視並非偶然，連邱吉爾的醫生也說，布魯克「和美國人處得不好」[16]。

布魯克在日記裡確實提到美軍時，通常語帶輕蔑。一九四三年二月，他在日記中哀嘆：「美軍恐怕需要接受更多的訓練，才能發揮效用。」[17]這時大約是美軍第一次在突尼斯的凱賽林隘口（Kasserine Pass）對德軍作戰，戰績慘烈。尼科爾森在日記裡譏笑道：「我們說美國人一聽到槍砲聲就逃跑了。[18]」連邱吉爾也對美軍在凱賽林隘口戰役的拙劣表現感到詫異，他向英王報告：「美國陸軍第二軍遇到慘烈的潰敗，顯然損失了約半數的重要武器，但沒有重創敵軍。」不過，他最後以樂觀的口吻總結道：「美軍雖不是身經百戰的軍隊，但很英勇，他們很快就會從失敗中記取教訓，並從失敗中改進，直到他們展現出最強大的軍事素質為止。[19]」一九四三年五月以前，布魯克還是向美國人堅稱，像諾曼地那種登陸要等到「一九四五年或一九四六年」才能在法國進行[20]。

此外，布魯克也不是很明白把蘇聯留在戰爭中有多重要。他在日記裡抱怨，英國運了幾百輛坦克和戰機給史達林。他寫到那些裝備的移轉時說：「我個人覺得那樣做根本是瘋了。[21]」他不了解提供軍備以鼓勵蘇聯繼續奮戰很重要。事實上，邱吉爾的重要下屬都有一個共通點：他們往往思慮狹隘，不像邱吉爾那麼了解戰爭。因此，一九四二年十月，史達林格勒戰役（Battle of Stalingrad）激戰正酣，盟軍有必要鼓勵蘇聯奮戰到底時，英國外交部的賈德乾爵士在日記裡還洋洋得意地寫道：「在回信的草稿中，成功地保留了對蘇聯的惡意嘲諷。[22]」

開完卡薩布蘭卡會議後，邱吉爾前往埃及。他在戰爭中持續自得其樂。某天早上七點半，他在開羅的英國大使館吃早餐[23]，為一輪戰爭規畫預作準備。他婉拒了別人端來的茶水，改要了一杯白酒，並一口氣把酒喝光。女服務生表示驚訝時，他叫她別擔心，那已經是他當天的第三杯酒了，因為那天早上他已經喝了兩杯威士忌蘇打。邱吉爾的自我放縱，即使在戰爭的壓力下依然不變，那本身就是一種藝術。他習慣穿淡粉色的絲綢內衣[24]。

他吃東西也很挑嘴，僕人都知道，千萬別把他討厭的食物放在他面前，包括香腸、卷心菜、醃牛肉、米布丁[25]。一位戰時的助理算過，他每天要抽約十六支雪茄[26]。愛蓮娜・羅斯福（Eleanor Roosevelt）回憶道：「看到有人抽那麼多雪茄、喝那麼多酒，但身體還是那麼硬朗，我很訝異。[27]」

德黑蘭出現的新世界

一九四三年十一月，在卡薩布蘭卡會議召開約十個月後，同盟國的三大戰爭領袖——邱吉爾、羅斯福、史達林——首度會面（三巨頭另一次見面是在戰爭接近尾聲時，地點在雅爾達）。儘管如今美國人對德黑蘭會議已經沒有多少記憶，但那場會議對邱吉爾和歐威爾產生了巨大的影響。邱吉爾在那場會議後陷入長期悲觀的情緒，身為小說家兼記者的歐威爾則是在那場會議的刺激下，寫出了第一本卓越的小說。

對邱吉爾來說，德黑蘭會議是一個驚人的時刻。他在回憶錄中記錄德黑蘭會議的篇幅，跟後來記錄雅爾達會議的篇幅幾乎一樣多。德黑蘭會議在二戰回憶錄的第五卷中占了主導地位，涵蓋了準備階段、會談、晚宴和結果。在那一卷中，他聲稱，他認為德黑蘭會議非常成功，至少在軍事上是如此。他寫道：「當我們在充滿友誼、為當前目標而團結的氣氛中離開會議時，縱觀整個軍事形勢，我個人覺得很滿意。[28]」這句話看起來像歐威爾的句子，就當代意義來說，他是運用語言來隱藏而不是透露心聲。

事實上，邱吉爾對德黑蘭會議深感不安。他抵達當地時，嗓子疼痛，而且事情的發展從此以後開始走下坡。第一回合談話結束後，醫生問他有沒有什麼問題，邱吉爾咆哮道：「許多地方都出狀況了。[29]」那是羅斯福第一次表現得他好像是同盟國裡的老大一樣[30]。邱吉爾在德黑蘭意識到，他想主導英美長期聯盟的夢想是不可能實現了。

在回憶錄中，邱吉爾提到兩個令他特別苦惱的時刻。首先，羅斯福才剛和史達林私下介面，卻拒絕與邱吉爾私下會面[31]。史達林的行為舉止正好和邱吉爾相反，在三巨頭的正式會議上，史達林看起來一派放鬆，一邊抽著菸，一邊開心地用一支粗的紅鉛筆塗鴉。

第二，史達林在三巨頭和七位官員參加的小型晚宴上，提到戰後應該處死五萬名德國軍官的想法[32]。邱吉爾對這項建議感到憤怒，他回應道：「英國議會和大眾永遠不會容忍大規模的處決……蘇聯在這方面不該有任何妄想。」

史達林隨後又進一步思考大規模清算德國參謀總部的議題，邱吉爾再次加以譴責，說他寧可被人壓去槍斃，「也不願讓那種惡行玷污我自己和我國家的榮譽」。羅斯福可能是想借用幽默來緩和當下的緊張氣氛，儘管他考慮欠周，他提議一個妥協方案，只處決四萬九千名德國軍官。

羅斯福的兒子艾略特．羅斯福（Elliott Roosevelt）在未獲邀請下，也加入那場飯局。這時艾略特從桌邊的座位站起來說話，他沒有立場發言，卻還是插嘴了，而且說法驚人。他反對邱吉爾的論點，支持史達林的殘酷計畫。根據邱吉爾的描述，那位醜聞纏身的放蕩年輕人（跟邱吉爾的麻煩兒子藍道夫沒什麼兩樣）還補充說，他確信美軍會支持那種看法。艾略特曾兩度到英國造訪邱吉爾，到了一九四三年，他顯然覺得自己已經跟邱吉爾夠熟稔，足以在大人物的宴會上發言了。

邱吉爾再也受不了這種打攪，他描述：「我起身離桌，走到隔壁那間燈光幽暗的房間。」艾略特在他那本平淡無奇的回憶錄中補充說，邱吉爾經過他時，對他說：「你知道你在說什麼嗎？你怎麼敢說這種話？」

過了一會兒，邱吉爾站在隔壁房間的陰影中，感覺到有兩隻手從背後拍著他的肩膀。宴請他的主人史達林前來安撫他，說他「只是開開玩笑」[33]。當然，邱吉爾很清楚，大屠殺對這位蘇聯領導人來說，不單只是玩笑話而已。六個月前，邱吉爾就被告知，史達林在一九四〇年春天下令在斯摩棱斯克（Smolensk）附近的卡廷森林（Katyn Forest）處決了兩萬名波蘭官員[34]。由於邱吉爾和羅斯福都沒有立場譴責史達林的暴行，再加上兩人在戰爭期間都壓制了大屠殺的調查，因此得知那件暴行時，他感到更加痛苦。

當晚令邱吉爾的情緒更加複雜的是，同一天的早些時候，他送給史達林一把儀仗劍，以紀念前一年俄軍在史達林格勒戰役的抵抗，那場戰役可說是整個戰爭的轉捩點。那個禮物給了小說家伊夫林・沃一些靈感。西方國家與史達林那種惡魔結盟，令他感到震驚，所以他把一系列有關二戰的小說命名為《榮譽之劍》三部曲（*The Sword of Honour trilogy*）。他為其中一集《無條件投降》（*Unconditional Surrender*）撰寫內容摘要時（美國版的書名是《戰鬥的結束》〔*The End of the Battle*〕），如此描述筆下的英雄：「他認為，與蘇聯組成聯盟已經失去發動戰爭的正當理由。[35]」

邱吉爾在德黑蘭看到英國的衰微，他認為那是世界史上的重要時刻。一些與他最親近的顧問反而不像他那麼敏銳。賈德乾爵士在德黑蘭期間於日記裡寫道，他「覺得這次會議很無聊，沒什麼可做，根本是在浪費時間」[36]。

邱吉爾帶著陰鬱的心情離開德黑蘭，為英國霸權地位的消逝感到痛苦。經歷了那場會議後，他的性格似乎變了。一九四〇年那個活力充沛的邱吉爾，到了一九四四年變得懶散——愈來愈健忘，不再辯才無礙，常感到疲憊不堪，經常打盹，許多早上常賴床睡過頭。某晚，在他的鄉間別墅裡，他坐在火爐邊，一邊喝著湯，一邊向布魯克將軍坦言，他和羅斯福一樣，跟以前判若兩人。「羅斯福說他還是可以睡得好，吃得好，尤其是喝得好！但不再像以前那樣振奮地起床，覺得整天躺在床上就很滿足了。以前我從未聽他坦言他開始衰老了。[37]」

邱吉爾開始從動物的角度來思考德黑蘭會議。不久之後，他告訴老友維奧莉．伯翰．卡特（婚前名為維奧莉．阿斯奎斯），在德黑蘭會見史達林和羅斯福時，他意識到英國相較於那兩人的國家是多麼的微不足道，「一邊是伸出爪子的俄羅斯大熊，另一邊是龐然的美洲大象，他們之間是可憐的英國小驢，只有小驢知道回家的路。[38]」

當然，許多人也以動物來形容邱吉爾。戰爭初期，他的助手科爾維爾注意到，他把早晨的公文急件拿去給邱吉爾時，看到禿頭、胖嘟嘟的首相穿著粉色的衣服，「躺在床上，看起來像穿著絲綢背心的肥美小豬。[39]」邱吉爾在戰爭期間常穿有拉鍊的吊帶褲，戴安娜．庫伯夫人（Diana Cooper）覺得那裝扮「看起來就像用磚頭蓋房子的善良小豬」[40]。一九四二年一月，他的醫生看到他在佛羅里達游泳，寫道：「邱吉爾半浸在水中曬太陽，狀似沼澤裡的河馬。[41]」

歐威爾的演變也一樣。德黑蘭會議是歐威爾了解其身處年代的關鍵，影響了他創作

的卓越小說《動物農莊》和《一九八四》。前者是對當下的寓言，後者是對反烏托邦未來的描述。那兩本書都有一些淵源和他在德黑蘭會議中看到的情況有關：新興超級強權的領導人正在瓜分世界。因此，在《一九八四》中，世界是由三個極權大國組成的：大洋國（Oceania）、東亞國（Eastasia）、歐亞國（Eurasia）[42]。英國在《一九八四》中則被縮減成「第一起降跑道」（Airstrip One）。

隨著德黑蘭會議的結束，歐威爾終於採取一些行動，逐漸變成卓越的作家。那年十一月，他離開國土警衛隊，表面上是因為醫療因素，但那也是離開國土警衛隊的好時機，因為德軍入侵顯然已經不可能發生了。戰爭局勢正在轉變，同盟國的勢力正在凝聚，並為翌年的法國登陸做準備。在此同時，歐威爾也離開了BBC，他在一封措辭有禮的辭職信中解釋：「我覺得回去做我平常的寫作和新聞工作，可能會比現在更有貢獻。[43]」這樣的自我評估後來證明是完全正確的。在接下來的六年裡，他寫了兩部卓越的小說，以及一些最好的政治和文化評論。

那時，他也開始為《論壇報》（*Tribune*）撰寫名為「隨我意」（As I Please）的專欄。《論壇報》是一家規模較小的週報，其社會主義的政治立場比阿斯特的《觀察家報》更接近歐威爾的政治主張。一九四三年十二月，他在第一篇專欄文章中，選擇以一種嘲弄的眼光來看待美國士兵。「即使你避開皮卡迪利街上那些熙熙攘攘的醉漢和妓女，在倫敦的任何地方，你很難不覺得英國現在是『占領區』（Occupied Territory）。目前大家似乎普遍認為，美國士兵中只有黑人士兵的舉手投足還算得體。[44]」最重要的是，這時他開始撰寫《動物農莊》了。

CHAPTER 11 動物農莊：一九四三～一九四五年 Animal Farm: 1943–1945

《動物農莊》是歐威爾描述農場動物如何反抗人類主人，結果反遭豬奴役的精彩故事。沒有資料顯示邱吉爾曾讀過這本書，他可能讀過，畢竟幾年後他深愛《一九八四》那本書。不過，他自己也可以輕易針對蘇聯的領導人得出同樣的結論。一九五〇年，邱吉爾跟記者蒙格瑞奇談論史達林時，感嘆道：「他竟然變成這樣可憎的豬頭，真是遺憾！[1]」

邱吉爾應該也會覺得，那本書和他的文化背景簡直是絕配。以會說話的動物做為主角的寓言，這種傳統由來已久，至少可以遠溯及《伊索寓言》，但這種故事形式似乎在大英帝國的鼎盛時期特別流行，亦即十九世紀末與二十世紀初，那時正值邱吉爾的青少年期和成年初期。

一八九〇年代，魯德亞德．吉卜林（Rudyard Kipling）率先出版了兩冊《叢林故事》（*The Jungle Books*）。邱吉爾很欣賞吉卜林及其作品並不令人意外。一九四四年，邱吉爾曾說：「他對我的影響很大。[2]」倒是歐威爾也欣賞吉卜林比較出人意表，畢竟他在《緬甸歲月》裡強烈譴責英國帝國主義的影響，而吉卜林是榮獲諾貝爾文學獎的大英帝國詩人。「吉卜林是本世紀唯一普遍受到歡迎、而且文筆又不糟的作家。」一九三六年歐威爾如此寫道，「身為帝國主義者、同時又是紳士是有可能的，而且吉卜林的個人風度毋庸置疑。[3]」

這種獨特的英式體裁，往後又出現了許多作品。例如，一九〇二年出版的《彼得兔的故事》（*The Tale of Peter Rabbit*），那年剛好介於維多利亞女王去世及歐威爾出生之間。該書甫上市即非常暢銷，銷量高達數百萬冊，後來又出了一系列續集。那本書有一個令人毛骨悚然的特點，歐威爾可能會很欣賞那點。某天早晨，兔媽媽說：「親愛的孩子們，你們可以去田野裡，或是去小路上，但千萬別去麥格雷戈先生（Mr. McGregor）的菜園。你們的老爸在那裡發生意外，被麥格雷戈太太做成派餅吃掉了。[4]」歐威爾把《緬甸歲月》裡的英國圈負責人取名為麥格雷戈先生（Macgregor）可能不完全是意外。

米恩（A. A. Milne）創作的「小熊維尼」和動物朋友的感人故事是一九二〇年代出版的，也是非常暢銷。但這些擬人化的小說中，很少書像肯尼斯・葛拉罕（Kenneth Grahame）一九〇八年出版的《柳林中的風聲》（*The Wind in the Willows*）那樣，完全沉浸在愛德華七世時代那個中上階級的世界裡。這部兒童文學經典是從鼴鼠勤奮地為「他的小窩」做春季大掃除開始講起。他的小窩裡擺了義大利民族解放運動領袖加里波底（Garibaldi）和英國女王維多利亞的石膏雕塑，還有約書亞・雷諾茲爵士（Joshua Reynolds）一七七六年繪製的名畫《小薩姆爾》（*The Infant Samuel*）。那幅畫在十九世紀的英國大量地複製流傳。不過，即使是愛德華時代的鼴鼠，還是有牠的極限。厭倦了掃除工作後，在白天溫暖和天氣的吸引下，牠把刷子扔到地上，大喊：「真討厭！」[5]，便轉往戶外探索春天，很快就結識了河鼠。河鼠告訴牠：「老兄，我真喜歡你這套衣服……哪天要是有錢，我要去買一套黑色天鵝絨的正式晚宴服。[6]」故事的結尾，鼴鼠和河鼠，還有他們的朋友獾和蟾蜍，一起攻擊並奪回曾被黃鼠狼、白鼬、雪貂占據的蟾蜍家。

這本書以令人難忘的筆法，描述在泰晤士河谷上方「搭船消磨時間」的樂趣。這本書肯定讓歐威爾回想起自己在同一帶度過的年少歲月。小時候他住在泰晤士河畔亨利（Henley-on-Thames），後來到東方幾哩外的伊頓公學就讀。伊頓公學就在河邊，求學時期他在河邊度過了大半歲月。終其一生，他熱愛大自然，不僅仔細觀察自然美景，在大自然間工作、耕作、狩獵、垂釣時也樂在其中。二戰結束後的第一個春天，他寫道：「蟾蜍的眼睛可說是所有生物中最美的，就像金子一樣，或者更確切地說，就像我們有時在圖章戒指上看到的那種金色半寶石。[7]」他對自然界的觀察力也為其政治書寫增添了幾分活力。工黨政治家艾德禮不單只是一條冷冰冰的魚（意指冷酷無情）而已，對歐威爾來說，他是「剛死不久、尚未僵化的魚」[8]。

當然，寓言故事的翹楚，還有《杜立德醫生》（*The Story of Doctor Dolittle*）的故事。一戰期間，休．洛夫廷（Hugh Lofting）在愛爾蘭衛隊（Irish Guards）裡擔任軍事工程師，他努力在前線尋找人性的跡象，卻始終找不到。《杜立德醫生》的書稿源自於他從軍時寫給孩子的一系列家書。在那個世界裡，人類過著類似動物的生活，躲在戰壕裡，或是在地下挖洞。在戰壕或地洞裡，蝨子橫行，人類被老鼠包圍，成千上萬人遭到屠殺，那不是跟會說話的動物沒什麼兩樣嗎？這套童書是在一戰結束兩年後出版的。

當歐威爾動手寫一本有史以來最令人難忘的書，而且是以會說話的動物為主角時，上述那些作者都是那個年代非常暢銷的知名作家。

歐威爾的警世寓言

歐威爾給《動物農莊》取的副標題是「童話故事」。那確實是一個童話故事，但他的小說是關於幻滅、政治暴力、理想背叛的成人故事。就像彼得兔的父親一樣，只要踏進菜園，烏托邦便一夕變色。那個故事是發生在東薩塞克斯郡（East Sussex）威靈頓（Willingdon）的曼納農莊（Manor Farm），位於英國東南部沿海城市赫斯廷斯（Hastings）和布萊頓（Brighton）之間。農場是瓊斯先生經營的，他是個老酒鬼，對自己養的動物漠不關心，某天他去「紅獅」酒吧（Red Lion）喝酒[9]——在《柳林中的風聲》裡，蟾蜍逃跑時的目的地也叫「紅獅」

旅館，或許不是巧合。

農場裡的動物對於自己遭到虐待，而且勞動成果也被人類奪走，感到憤慨不滿。某個週末在無人餵養下，他們聯合起來把瓊斯和農場工人趕出農場。隨後，牠們的第一個行動是把掛在廚房裡的火腿好好地安葬。領導牠們的是一個類似史達林的角色：公豬「拿破崙」。牠一開始和一個類似托洛斯基的對手「雪球」合作。接著，在一個戰鬥場景中（令人聯想到《柳林中的風聲》的故事高潮），人類試圖奪回農場，但農場動物團結起來擊潰了他們。

多數的動物都很信任擔任領導的豬，牠們很慢才意識到自己也遭到新的豬式政權所剝削。「豬其實不用工作，牠們主要是負責指揮及監督其他動物」[10]，指派其他的動物去收割乾草，並飲用當天早上採集的所有牛奶。雪球教動物們一句格言：「四足善，雙足惡。」[11]羊群實在太愛這句格言了，經常一起咩咩叫著「四足善，雙足惡」、「四足善，雙足惡」，一叫就是好幾個小時，「從不厭倦」。不久，豬領導也把「吃蘋果」這件事變成牠們的特權，牠們告訴其他動物，為了執行監管大家的職責，吃蘋果以獲得不可或缺的養分是必要的。歐威爾在日記裡寫道，他覺得這一幕是「故事的轉捩點」[12]。他跟一位朋友解釋：「豬霸占蘋果時，其他的動物要是勇敢地反抗就沒事了。[13]」

雪球和拿破崙為了是否「建風車」這個問題產生了歧見，這件事促使拿破崙為豬式體制導入一個新元素：九隻只為他效勞的大狗。那些狗把雪球趕出農場後，又回到拿破崙身邊。故事的敘事者以不祥的口吻說：「大家注意到，那些狗對拿破崙搖尾巴的方式，跟其他狗對待瓊斯先生的方式如出一轍。[14]」拿破崙很快就宣布，不再舉行公開辯論。「四頭小肉豬」為此發出刺耳的尖叫聲以表達不滿時[15]，拿破崙身旁的狗立刻發出恐怖的嚎叫聲，逼那些小豬閉嘴。

後來，豬群離開豬圈，搬進瓊斯先生的農舍裡。牠們也開始賣雞蛋給人類，此舉促使三隻小母雞領導雞群做了短暫的抗爭。拿破崙以停止供應食物的方式，逼那些雞群就範。雞群餓到屈服，那段期間有九隻雞因此餓死。後來，之前抗議的那四頭小豬遭到指控，說牠們與逃亡的雪球密謀一起破壞農場。牠們在嚴刑逼問下坦承罪行，但一講完，就被那幾隻狗咬斷了喉嚨。「於是，動物們紛紛坦承罪行並遭到處決，拿破崙跟前的屍體堆積如山，空氣中瀰漫著濃濃的血腥味。[16]」

豬在農舍的地窖裡發現了一箱威士忌，牠們繼續狂歡，唱歌到深夜。接著，豬開始釀造啤酒，並開始削減其他動物的糧食配給，只有豬和護衛犬的糧食不受影響。

幾年後，豬開始用後腿走路。羊群見狀，改變了叫聲，變成：「四足善，雙足更善！[17]」拿破崙的蹄子夾著一根皮鞭。那本書的最後，出現該書最著名的名言，牆上有一條誡律告訴農場的動物：「所有的動物一律平等，但有些動物比其他的動物更為平等。[18]」那句話等於是動物革命的墓誌銘。

後來，豬群開始竄改歷史，這舉動直接反映了歐威爾對現代國家的主要擔憂。牠們指控逃亡的雪球根本不是英雄，而是懦夫及人類的工具。歐威爾思考這個趨勢多年了，一九四一年他寫道：「極權主義國家的特點是，雖然它控制思想，但它不會僵固思想。[19]」亦即不會讓思想僵化不變，「它樹立不容置疑的信條，並日復一日地改變信條。」

在那種政權中，現實就是國家某天認定的看法。公認的事實會改變，而且事實變成一種權力的展現。所以，在《動物農莊》裡，豬不斷地修改農場規則以符合自身的利益，牠們對農場歷史的描述也隨之改變。對歐威爾來說，那種「控制過去、現在和未來」的行為，是全面政府掌控的關鍵。後來他總結道：「事實上，極權主義需要不斷地改變過去。長遠來看，它可能還需要懷疑客觀真相的存在。[20]」這個想法後來成為歐威爾最後一本著作的核心主題。也就是說，不僅未來屬於當權者的，連過去也歸他們所有。

在該書的最後一個場景中，豬在屋內與生意往來的人類夥伴一起打牌喝酒。拿破崙和其中一人在打牌時作弊。農場的其他動物站在屋外，透過窗戶往內看。「外頭的動物看看豬又看看人，看看人又看看豬，接著又看看豬再看看人，眼前已是豬人難辨。[21]」

這是一個警世故事，透過遊樂場的鏡子反映出史達林主義。歐威爾對朋友德懷特・麥唐納（Dwight Macdonald）說：「當然，我的本意主要是諷刺俄國大革命。但我確實希望它有更廣的寓意。我想傳達的是，那種革命（由渴望權力的人所領導的暴力陰謀革命）只會促成統治者的輪替。[22]」

歐威爾撰寫《動物農莊》時，晚上會在床上朗讀文稿給妻子聽[23]，這可能是故事發展如此順利的原因。《動物農莊》即使當純寓言來閱讀也行得通：聰明的豬花很多時間閱讀；狗知道怎麼閱讀、但不想閱讀；在「兩隻腳走路的生物是否都是敵人」的投票表決中，只在乎自己的貓很偽善，正反兩邊都投票（那個投票議題惹惱了農場裡的禽類）。讀者重讀這本書時，肯定會猜想E．B．懷特（E. B. White）受到這本書的影響有多大[24]。一九四九年，亦即《動物農莊》出版四年並成為全球暢銷書後，懷特開始寫《夏綠蒂的網》（*Charlotte's Web*），那本書是描寫一隻比較善良、溫和的豬（名叫韋柏）和一隻聰明蜘蛛（名叫夏綠蒂）的友誼。

這兩本以會說話的豬為主角的故事，以及洛夫廷的《杜立德醫生》一起躋身有史以來最暢銷的書籍之列。

開始撰寫《動物農莊》的前幾年，歐威爾曾多次目睹蘇聯政權的殘暴。一九四〇年八

月，托洛斯基在墨西哥遭到ＮＫＶＤ訓練的西班牙共產黨人的暗殺[25]，凶器是登山用的破冰斧，握柄被鋸小了以減少笨重感。那次暗殺的三個月前，托洛斯基曾遭到一群俄羅斯監督的西班牙內戰老兵以步槍和炸彈襲擊，但沒有成功。

一九四一年二月，蘇聯叛逃者沃特．克里維斯基（Walter Krivitsky）離奇死在華盛頓特區的飯店房間裡[26]。他一直從那裡為美國官員提供情報，例如，他曾告訴美國，一名英國記者在西班牙為ＮＫＶＤ效勞並接獲刺殺佛朗哥的命令。他不知道那位記者的名字，但蘇聯解體後，祕密警察的檔案被打開了，證實那個人是費爾比。費爾比成為英國情報員以前，在西班牙內戰期間曾擔任《倫敦時報》的戰地記者；一九四〇年德國發動攻擊時，他也去了法國擔任戰地記者。

在西班牙，費爾比假借「親法西斯分子」的身分運作了兩年[27]，但他真正見到佛朗哥時，ＮＫＶＤ的興趣已經變了，那時蘇聯把焦點轉向鎮壓西班牙的反共左派，包括ＰＯＵＭ及其成員，歐威爾就是其一。

蘇聯叛逃者克里維斯基是看到好友伊格納斯．賴斯（Ignace Reiss）在瑞士被蘇聯特工殺害後，才叛逃的。ＮＫＶＤ多年來一直在法國綁架及謀殺白俄羅斯的流亡者[28]。史學家克里斯多夫．安德魯（Christopher Andrew）指出，即使是今天，大家往往沒注意到一九三〇年代末期蘇聯外交政策中「把暗殺列為優先要務」這件事。

歐威爾試圖出版《動物農莊》時，沒想到過程竟然出奇地困難，部分原因在於蘇聯間諜的介入。他曾預先警告曾幫他出書的左翼出版商格蘭茨，說他應該不會喜歡《動物農莊》，也不會出版它，但格蘭茨回他：「胡說！」格蘭茨曾在一九三三年到一九三九年出版《巴黎倫敦落拓記》到《上來透口氣》等書，只拒絕過歐威爾一次，沒幫他出版《向加泰隆尼亞致敬》。不過，他讀了《動物農莊》的手稿後，迅速寫信給歐威爾，說他料想的沒錯。他也寫信給歐威爾的文學經紀人：「我不可能出版……這種性質的全面攻擊。[29]」

至少還有四位英國的出版商也謝絕了這本書[30]，其中包括當時在費伯出版社（Faber）擔任編輯的T．S．艾略特（T. S. Eliot），他覺得這個故事的托洛斯基主義太強烈了。他也覺得豬「遠比其他動物聰明，因此最有資格經營農場」。強納森凱普出版社（Jonathan Cape）有意出版《動物農莊》，但後來被英國情報局俄羅斯分部的負責人彼得．史摩萊特（Peter Smollett）勸阻，因此決定不出版了[31]。史摩萊特擔心那本書的出版可能會破壞英蘇關係。多年後，史摩萊特的身分遭到揭露，他也是費爾比招募的蘇聯特工。

這些出版社的拒絕令歐威爾感到震驚。一九四四年五月，他寫信告訴朋友：「我要出版作品通常不是很難，況且現在所有的出版商都很缺稿子，但我卻一直找不到出版商願意出這本書。[32]」美國的編輯也一樣不感興趣，一九四五年十二月哈考特布雷斯（Harcourt Brace）以兩百五十英鎊買下該書的美國版權之前，有五家出版社拒絕出版那本書。

一九四四年二月，歐威爾完成《動物農莊》的手稿，但該書直到一九四五年八月才出版。那段期間，他除了為《論壇報》撰寫專欄以外，一九四四年六月，他和妻子收養了一個孩子，名叫理查。那個嬰兒是五月在新堡（Newcastle）出生的，僅三週大，沒穿衣服。一位朋友回憶道，歐威爾的妻子本來擔心她無法愛那個孩子，但「後來愛琳很高興有那個孩子，非常愛他，並為他感到自豪」[33]。當她必須到法官面前完成收養手續時，她穿戴整齊，甚至還特地為了那個場合買了一頂黃色的帽子。

收養孩子後不久，他們的公寓就因為附近有V-1「飛行炸彈」（納粹早期的巡弋飛彈）爆炸而無法居住。所以，他們再次搬家到伊斯林頓（Islington）。那一區現在很時尚，是卓伊·海勒（Zoë Heller）的《醜聞筆記》（*Notes on a Scandal*）和尼克·宏比（Nick Hornby）的《非關男孩》（*About a Boy*）等小說的場景所在，但一位傳記作家指出，一九四四年那一帶很破舊，「是歐威爾喜歡的那種邊緣地區……亦即中產階級的下層在勞動階級的地盤上所群聚的區域。」[34]

一九四五年二月，歐威爾前往歐陸，為《觀察家報》報導二戰的尾聲。阿斯特回憶道：「他想和第一批進入德國的軍隊一起進到德國，因為他發現，儘管他寫了很多有關獨裁統治的文章，但他從未去過獨裁統治的國家。」[35]

那不是明智的冒險，因為當時歐威爾的健康狀況依然不佳。三月底，他住進科隆的一家醫院，並利用住院時間撰寫〈給遺稿保管人的備忘錄〉（Notes for My Literary Executor）。值得注意的是，他在那篇文章中把自己早期的兩部小說貶抑為「粗製濫造的愚蠢作品」[36]。住院期間，他得知妻子需要動手術以切除子宮腫瘤。一九四五年三月二十九日，愛琳被推進手術室之前，寫了一封信給歐威爾，叫他放心，說她的病房很舒適，可以看到花園。翌日，歐威爾收到一份電報，通知他愛琳麻醉時不幸過世。愛琳的葬禮於四月三日舉行[37]，這也許是歐威爾把《一九八四》的開場設定在一九八四年四月四日的原因——也就是說，此後他開始展開陰鬱的新生活。

葬禮結束後，他把兒子託付給一位朋友，又回到歐洲繼續從事新聞工作。實際上，他在那裡似乎沒什麼產出，那是可以理解的。阿斯特說：「他覺得他看到的東西都不值得動筆。[38]」四月十三日，他從巴黎寫信給小說家鮑威爾：「愛琳過世了，她走得很突然。三月二十九日，她動了一項不算嚴重的手術，卻意外過世。當時我身在歐洲，沒料到會出什麼差錯……我沒看到驗屍的最終結果，事實上我也不想看，因為看了也無法讓她起死為生。[39]」這段期間他的沉默可能顯示他很痛苦。加拿大的無政府主義者兼詩人喬治·伍德考克（George Woodcock）在一九四〇年代與歐威爾變成朋友，他寫道：「他只跟我提過他的第一任妻子愛琳一次。[40]」

《動物農莊》在愛琳去世五個月後，也就是二戰結束三天後，出現在英國的書店裡。該書是由弗雷德里克・沃伯格（Fredric Warburg）出版。市場反映和歐威爾早期的任一本書全然不同。沃伯格表示：「我們把所有的紙張都拿來印這本書了，一次印了五千本，並在一兩個月內售罄。接著，我們四處尋找，找到更多的紙張，一再加印。從那時起，那本書的銷售就從未停過。[41]」

這是歐威爾生平以來第一次在文學和財務上名利雙收。他終於有錢可以透過朋友償還一九三八年匿名捐助他三百英鎊、讓他去摩洛哥休養肺病的捐助者。在首筆還款中，他附上一封信，語帶歉意地表示：「抱歉拖了那麼久的時間才開始還款，但是在今年以前，我實在無力償還，直到最近才開始賺錢。[42]」

但他一點也不開心。《動物農莊》上市不久後，歐威爾從朋友那裡買了一支手槍[43]，說他怕共產黨想殺他。兩位歐威爾專家約翰・羅登（John Rodden）和約翰・羅西（John Rossi）寫道，他的恐懼可能比他知道的程度還要真實。冷戰結束後，以前的蘇聯檔案曝光。檔案顯示，當初歐威爾要是被捕獲的話，他確實是列在西班牙的處決名單上[44]。也就是說，在西班牙之外，遭到蘇聯祕密警察謀殺的人，大多是蘇聯叛逃者或反共的俄羅斯人，所以歐威爾至少有一點被害妄想。

剛喪妻的歐威爾開始抽離世界，盡可能待在偏遠的朱拉島（Jura）北端。那裡位於蘇格蘭西海岸的外海，幾乎沒有道路。但他也知道自己很孤獨，所以造訪倫敦期間，他向各種年輕女性求婚，他幾乎都不太認識她們。他知道自己病了，想要確保自己離世後有人照顧兒子理查。朋友西莉亞・科萬（Celia Kirwan）溫和地婉拒了他的求婚，但還是繼續和他見面[45]。有一次，他邀請幾乎不認識的鄰居安妮・帕本（Anne Popham）來家裡喝茶[46]。她回憶道，他請她坐在床上並擁抱她說：「妳很迷人……妳覺得妳能照顧我嗎？」她覺得這種笨拙的做法「令人尷尬」，一有機會掙脫就迅速離開了。

〈政治和英語〉

這時，歐威爾也在思考語言的毀滅，那將是他的下一本書（也是最後一本）《一九八四》的主題。約莫一九四五年十二月，在《動物農莊》出版後，他還在構思《一九八四》時，他完成了短文〈政治與英語〉（Politics and the English Language），那可能是他最著名的隨筆。

歐威爾通常是以觀察者的身分寫作，但是在這篇短文中，他是開處方的人，不僅制定規則，也提出建議。他指出，細心的作家應該對自己寫下的每句話自問一系列的問題，例如他想表達什麼、什麼詞最貼切。作家應該要特別小心，避免使用無法讓讀者在腦海中產生印象的過時意象。

他簡潔扼要地歸納了自己的觀點，提出六項「基本」規則[47]：

1. 絕不使用報刊上常見的隱喻、明喻或其他的修辭手法。
2. 能用簡潔的詞彙表達時，就不要用艱澀的難字。
3. 能刪除的贅字，務必刪除。
4. 能用主動語態表達時，就不要使用被動語態。
5. 可以想到日常英語中的對等詞時，就不要使用外來語、科學詞彙或術語。
6. 寧可打破以上規則，也不要用字粗鄙。

如今的作家把這幾條規則貼在工作室的牆上，依然獲益匪淺。這篇文章中，比較少人注意到的是，它不僅反對糟糕的寫作而已，也質疑寫那種文章的動機。他認為，晦澀、枯燥的寫作和拉丁用語的使用是有目的的——一般來說，是為了掩蓋真實發生的事情。「政治語言……都是為了以假亂真，讓謀殺顯得合理，使空話聽來煞有介事。[48]」所以，他在這篇精彩短文中寫下了難忘的記憶：

轟炸不設防的村莊，把居民趕到荒郊野外，以機關槍掃射牛隻，用燃燒彈焚毀田舍：這就是所謂的「平定」。無數農民的家園遭到劫掠，他們被迫帶著隨身行李長途跋涉：這就是所謂的「人口遷移」或「邊境整頓」。人民無故入獄多年，或從後腦杓將他們槍決，或是把他們送到北極的勞改營，讓他們染上壞血病而過世，這就是所謂的「消除不可靠的因素」[49]。

這段簡潔的文字一語道盡了歐威爾那個時代的簡史，這也是歐威爾展現過人文筆的巔峰之作。

邱吉爾也有同感。他也曾靠文字為生，對文字的濫用很敏感。他曾評論：「無法用好的英語來表達自我的人，沒有多少值得聆聽的想法。[50]」

邱吉爾跟歐威爾一樣，一輩子都很注意書寫，以避免寫出糟糕的文章。他的戰時助理約翰．馬丁爵士（John Martin）回憶道：「他持續抨擊官方文件中的冗贅用語，尤其是外電的冗長。[51]」他曾把福勒（Fowler）的《現代英語用法詞典》（*Modern English Usage*）當成聖誕禮物送給皇室成員[52]，致贈的對象可能是當時還很年輕、即將成為女王的伊莉莎白公主。他曾向外務大臣抱怨，英國外交官一再拼錯「inadmissible」（無法接納）這個字[53]。戰爭初期，艾登提議把在地的民兵組織稱為「地方防禦志願軍」（Local Defense Volunteers），但邱吉爾把它改為更簡潔扼要的「國土警衛隊」（Home Guard）[54]。同樣的，邱吉爾也反對糧食大臣在戰時提出的「公共補給中心」（Communal Feeding Centers）計畫，覺得那個名稱不僅拗口，也帶有一點社會主義的色彩，所以後來改名為「英國餐館」（British Restaurants）。

即使忙著監督大規模的生死存亡之戰，邱吉爾也會暫停下來指導下屬寫作。一九四〇年八月十九日，不列顛空戰正酣之際，他發布一項有關簡潔的指示，開頭就提到：「報告的目的是以一系列簡潔扼要的段落來闡明要點。」接著，他寫了一段文字，舉例說明文字冗長的狀況[55]，他那段說明簡直就像從歐威爾的文章中摘錄出來的：

> 讓我們不要再寫出類似下面的句子：「記住以下幾點也很重要……」或「應該考慮實施……的可能」，這些模稜兩可的短句只是贅語，可以完全省略或以一個單字取代。即使簡短的表達感覺很口語，我們也不該羞於使用簡潔的表達方式……

他甚至大膽地對羅斯福提出寫作建議，一九四四年二月邱吉爾對羅斯福說：「刪掉副詞幾乎都可以讓文字變得更好，刪掉形容詞也是。[56]」寫回憶錄時，他依然敏銳地看待贅字冗詞。例如，書中引用了一份關於撒哈拉戰爭的戰時備忘錄，他因為備忘錄中用了「depotable」那個字而跟讀者致歉：「當時這個糟糕用字的意思是『不能喝的』。」他為了這個字的使用，接著寫道：「我很抱歉。」[57]

CHAPTER 12

邱吉爾（和英國）的衰落與勝利：一九四四～一九四五年

Churchill (And Britain) in Decline and Triumph: 1944–1945

在戰爭的最後階段，邱吉爾和歐威爾都逐漸失去了活力。

邱吉爾與作曲家兼表演家歐文・柏林（Irving Berlin）共進午餐，但從頭到尾他一直把對方誤認成當時在英國駐美大使館任職的史學家兼哲學家以撒・柏林。歐文・柏林當時造訪倫敦是為了演出節目《這就是軍隊》（*This Is the Army*）[1]。〈White Christmas〉、〈Puttin' on the Ritz〉、〈God Bless America〉等熱門歌曲都是他的創作。邱吉爾跟創作這些流行歌曲的作曲家談戰爭狀態以及羅斯福連任總統的前景。歐文聽到邱吉爾尊稱他為「教授」時，不禁開始懷疑邱吉爾認錯人了，因此轉趨沉默。作曲家離開後，邱吉爾不屑地說：「柏林跟多數的官僚一樣，履歷看起來很完美，但實際面對面接觸後卻令人失望。[2]」

約莫這個時候，歐威爾注意到邱吉爾的活力不如以往。一九四四年四月，諾曼地登陸日臨近時，他寫道：「邱吉爾的聲音聽起來老了很多。[3]」

邱吉爾的演說也暫停了。大衛．康納汀（David Cannadine）把邱吉爾的卓越演講編輯成書，但是從一九四二年二月到一九四五年秋季邱吉爾針對勞埃德．喬治（Lloyd George）和羅斯福過世發表評論之間，該書並未收錄任何演講內容。也就是說，有長達三年的演說停滯期。一九四一年十二月，邱吉爾首度到美國國會演講，那場演講令人振奮。十七個月後，他在美國國會的二度演講則是一板一眼、周全完善，但也顯得平淡無奇。

一九四四年到一九四五年，亦即美國參戰的後半段，英美聯盟的關係開始走下坡。邱吉爾在德黑蘭會議中已經意識到這點，那也為他對戰爭最後兩年的看法定下了基調。

有三次緊張的局勢損及了他與盟友的關係。美國人對於邱吉爾不願在歐洲開闢第二條戰線感到惱火。一九四四年，羅斯福似乎開始迴避邱吉爾，有時拖了好一段時間才回覆邱吉爾的訊息。當然，這有部分原因是他自己生病了。一九四四年四月，前情報局長、後來擔任英國駐法大使的庫伯在寫給妻子的信中抱怨，英國的政策「遭到一個頑固老瘸子的箝制」[4]——他是指羅斯福總統。但也因為邱吉爾和羅斯福的關係愈來愈疏離，美國人不再那麼需要英國人。美國人將自己打贏戰爭，實際上也是主宰世界。

邱吉爾也知道英國正在沒落，當他誓言「我不是為了主持大英帝國的清算而成為吾王的首席大臣」時[5]，那不過是花言巧語的伎倆罷了。他肯定知道，戰後大英帝國的國勢將大不如前。

邱吉爾的滑稽行為也逐漸消失。一九四四年，布魯克將軍已經對邱吉爾深惡痛絕。那年一月他寫道：「天啊，我實在不想再為他效勞了。[6]」一個月後，他寫道：「我經常懷疑我是不是瘋了，或他是不是精神正常。[7]」三月，他寫道：「他已經完全失衡了，陷入一種非常危險的情緒。[8]」同月，他又寫道：「我覺得我好像被拴在瘋子戰車上!![9]」

一九四四年六月，諾曼地登陸後，布魯克寫道：「我們聽邱吉爾胡謅戰略一整晚，痛苦極了。[10]」他在日記中批評邱吉爾「完全是戰略大外行……沉溺在他不該關注的細節中，因此永遠無法從真實的角度看清戰略問題」[11]。他對邱吉爾的評價是：「我從未同時對一個人抱持一樣強烈的欽佩和鄙視。[12]」

一九四四年七月六日，倫敦遭到德國V-1飛行炸彈的轟炸後（前面提過，歐威爾住的公寓受到炸彈重創），布魯克參與了一場會議，那場會議可能最令他惱火。

他針對飛行炸彈的空襲向下議院報告後，感到非常疲倦，試著喝點酒恢復元氣，卻因此變得鬱鬱寡歡、脾氣暴躁、多愁善感，隨時準備發飆，對任何人都感到懷疑，也對美國人懷恨在心。事實上，那種懷恨在心的情緒實在太強烈了，導致他的戰略觀完全扭曲。我一開始就跟他大吵一架，他開始辱罵蒙蒂（Monty），說他的行動不夠快，顯然艾森豪也說他過於謹慎。我勃然大怒，問他能不能信任旗下的將領五分鐘，不要

一再地辱罵及貶低他們，他說他從來沒做過那種事……接著，他提出一系列愚蠢的建議……[13]

布魯克在日記裡寫的內容，以及戰後其他人提出的指控（通常是回應邱吉爾那套以自我為中心的二戰回憶錄）大多是千真萬確的。邱吉爾身為戰爭領袖，展現出許多缺點[14]。他忽視了後勤，不了解海軍航空部隊及戰爭中幾個主要面向的功用。就像許多英國人一樣，他持續把航空母艦視為用來指揮巡洋艦和戰艦的外圍設施，而不是取代戰艦的新攻擊武器[15]。他低估了德國潛艇在戰爭中的作用[16]。他和旗下的將領一樣，低估了日本軍力，又高估了英軍在亞洲的持久力，尤其是新加坡的駐軍。一位研究邱吉爾的人寫道，整體來說，「說邱吉爾對遠東地區有許多誤解，因此影響他身為政治家的決策，也影響他身為史學家的寫作，並不算有欠公允的說法。[17]」

戰爭初期，他堅持主張，戰勝德國主要是靠轟炸德國達成，而不是靠入侵德國。他之所以這樣想，可能是因為在美國參戰前，他無法想出其他可信的致勝理論。一九四〇年七月，他寫道：「我環顧四周，思考我們如何贏得這場戰爭時，我覺得只有一條路是確定的……那就是用我國的重型轟炸機對納粹本土進行毀滅性、滅絕性的攻擊。這種方法必定能夠征服他們，除此之外，我看不到其他出路。[18]」

邱吉爾常因軍事突襲及間接攻擊而轉移注意力，那往往不利於主要目標。情報顧問莫頓爵士評論：「邱吉爾喜歡奇怪的行動。[19]」他高估了入侵義大利的效益，他也是盟軍在羅馬西南部的安濟奧（Anzio）登陸的主要推動者[20]。那場戰役可說是盟軍遭遇最慘的行動之一。邱吉爾過於依賴一次大戰的經驗[21]，沒有意識到二戰期間軍力的機械化削減了多少步兵的作用，並提高了多少火炮和坦克的重要性。這個盲點可能也導致他低估美軍在一九四四年和一九四五年的軍力。這可能促使他延遲了盟軍在法國的登陸，同時又在軸心國的周邊發動更多的攻擊。

然而，在大事上，他的看法往往是對的。他的觀點肯定比多數的下屬更正確，這也是他持續質問他們如此重要的原因。回顧這場戰爭的戰略困境，邱吉爾若有所思地說：「深入探究總是正確的。[22]」他是對的，而且對的很明顯。美國戰略家兼史家寇恩寫道，邱吉爾對下屬的持續審問，相當於「對軍方判斷的持續審核」[23]。其他的戰時領導人若是有他那種追根究柢的心態，可以做得很好。他們不該尋求共識，而是應該檢視顧問之間的差異，詢問他們抱持不同觀點的原因，這是發現下屬可能在無意間做出某些假設的方法。戰略會議若是毫無爭論，可能也毫無成效——尤其是規畫會議。那種爭論往往令人不快，尤其對顧問來說更是如此，但那也是開發戰略及搶在敵人之前發現自己弱點的最好方法。戰略的本質是做出棘手的選擇，艾森豪曾說那是在「必要」和「重要」之間做抉擇，邱吉爾特別擅長做這種選擇。

寇恩歸納邱吉爾的戰略思想，最後總結：「他把戰爭政策視為大型的構成要件，那些要件一起構成一個勝利的結構。很少人以這種方式思考。」寇恩也補充提到，最驚人的是邱吉爾對戰略時機的掌握——先是想辦法爭取時間以壯大英國的軍隊及等待美國參戰，接著是在一九四四年同意入侵歐洲。

值得稱道的是，邱吉爾明白他需要像布魯克將軍那樣的人來跟他爭辯。畢竟，當初是邱吉爾先注意到布魯克的才幹，提拔他領導英軍，並讓他擔任英軍的領導多年。當布魯克那本批評尖銳的日記首度出版時，邱吉爾的醫生問他，是否曾想要拔除那個將軍。邱吉爾回應：「從來沒有。」接著他停頓了一下，滿懷信心地又重複說了一遍：「從來沒有。」[24]戰爭期間，邱吉爾曾告訴軍事助理伊斯梅將軍，他逐漸相信布魯克恨他[25]。他說：「我知道他恨我，從眼神就看得出來。」

伊斯梅回應：「帝國總參謀長（CIGS）不是恨你！他愛你！但他不認同你時，絕對不會違心說他認同。」這當然是他為了履行職責必須做到的。

邱吉爾聞言，不禁熱淚盈框地說：「親愛的布魯克！」

隨著美國戰力逐漸增強，英國對這個新來者的怨恨也與日俱增。如今大家對以諾・鮑威爾（Enoch Powell）的記憶是，他是一九六〇年代反移民的反動政治人物，但是在那之前，他曾有兩個截然不同的職業生涯，而且做得有聲有色。二戰前，他是那個年代最傑出的古典學者之一，尤其以研究古希臘史學家修昔底德（Thucydides）聞名。二戰期間，他變成出色的軍事情報員，從二等兵一路晉升至准將。在此同時，他變得強烈反美。一九四三年二月，他寫信給父母：「眼前我看到比德國或日本還要可怕的危險逐漸變大……我們可怕的敵人是美國。[26]」戰爭期間，他曾接受蒙格瑞奇的野戰安全訓練[27]。當時蒙格瑞奇擔任訓練官，後來成為歐威爾的朋友。歐威爾臨終的那幾個月，他常去探望歐威爾。

歐威爾也在文章中提到英國的反美情緒日益高漲，他寫道：「大家對美國的敵意明顯增加，現在這種敵意已經延伸到以前親美人士的身上，例如文學界人士。[28]」他補充提到，左派人士開始明白「美國可能是帝國主義者，政治上遠遠落後於英國。如今最流行的一句話是，張伯倫綏靖德國，邱吉爾綏靖美國。」

一九四四年底，《經濟學人》（*Economist*）雜誌引用了那句話，指責邱吉爾對美國採行「綏靖政策」[29]。一九四五年三月，隨著歐洲戰爭即將勝利，邱吉爾的助理科爾維爾在日記裡寫道：「美國人在英國變得很不受歡迎。[30]」

同樣的，美國人對於邱吉爾不願直接攻入法國以擊敗德國也感到惱火。誠如當時左傾的記者雷夫・英格索爾（Ralph Ingersoll）所言：「憤世嫉俗者認為，從一九四二年起，英國人就開始消耗俄羅斯人的生命，花美國人的錢，還連本帶利賺得飽飽的，反正又何必急呢？[31]」

美國超越英國

英國人老是想著美國人的缺點以欺騙自己，因為如此一來，他們就看不到美國人正以驚人的速度突飛猛進。一九四三年底，英軍已奮戰四年，疲憊不堪。英國正在耗盡兵力，美國才剛開始步上軌道，覺得得心應手而已。

一九四三年初，邱吉爾曾告訴布魯克將軍，他身為英國將領，將成為盟軍入侵歐洲的最高統帥。但同年八月，邱吉爾意識到，在西線擊敗德軍的軍隊主要是由美軍構成，所以他答應羅斯福，最高統帥由美國人來擔任[32]。幾週後他寫道：「我們能夠以兵力大致相當的英國師來配合美國遠征軍，但是在初期的突擊結束後，軍隊必須完全由美軍組成，因為到時候我們將處於兵力枯竭的狀態。[33]」

一九四四年初，安濟奧戰役失利，那是邱吉爾提議、但以美軍為首的海灘登陸行動，登陸地點在羅馬的西南部。那次行動很快就陷入僵局，導致盟軍更有機會相互指責。美國人指責英國部隊疲乏（確實如此），英國人則是反控美國指揮官約翰·盧卡斯（John Lucas）和馬克·克拉克（Mark Clark）過於謹慎與無能（確實如此），以及美國部隊的懦弱（在那個情況下是完全錯誤的指控）。事實上，真要找罪魁禍首的話，那應該是邱吉爾，是他想出從義大利的海岸登陸、使德軍措手不及的主意。安濟奧戰役失利並未導致同盟國之間的關係惡化，那是對艾森豪的技巧、精力、耐心的一大證明。

美國人帶著大量的人力、裝備、燃料橫渡大西洋。到了一九四四年年中，他們的戰力已經超越英國。美國人的軍力明顯機械化，使他們比步行的英國士兵更有機動性。一九四四年在法國，英國陸軍元帥伯納德·蒙哥馬利（Bernard Montgomery）懷疑美國陸軍將軍拉頓·科林斯（Lawton Collins）的後勤計畫，說一支軍團（通常是由三個師組成，總計約五萬人）不能只靠一條路提供補給，科林斯斗膽地回應：「蒙蒂（蒙哥馬利的暱稱），也許你們英軍不能，但我們可以。[34]」

美國人之所以超越英國人，部分原因在於英國人高估了自己的技術實力，也低估了美國的靈活性。英國的工業步履蹣跚，原因之一是英國的貴族普遍蔑視應用科學。歐威爾指出，有很長一段時間，英國一直被「心胸狹窄、極度缺乏好奇心的人所統治」，他們認為科學「有點不光彩」，甚至「鄙視」科學[35]。

邱吉爾也意識到這個毛病。一九四四年十二月，邱吉爾寫信給生產大臣，信中談到當時剛出現的神奇新藥青黴素（亦即盤尼西林）。「儘管青黴素是英國發現的，但美國人的開發已經遠遠領先我們，不僅在產量上領先，技術上也領先，這實在令人沮喪。[36]」然而，儘管邱吉爾對雷達、核武器、其他的當代發明讚賞有加，他在歷史著作中也忽視了英國科學。史學家隆納・李文（Ronald Lewin）指出，在他的寫作中，「工業革命幾乎沒發生過；相較於士兵和政治人物，他從未讚許過科學家。他對牛頓、法拉第（Faraday）、拉塞福（Rutherford）等知名科學家要不是略而不談，就是以幾個字草草帶過。[37]」

史學家中，不是只有邱吉爾如此輕忽。當學者出身貴族階層時，他們往往會反映那一小群人的偏見。多年來，英國史學家往往對工業革命帶來的社會動盪感到不滿。喬治・崔衛林（George Trevelyan）是那個年代最具影響力的學者之一，他比邱吉爾晚兩年出生，跟邱吉爾一樣是知名英國政治家的兒子，他幾乎把科學和科技浪潮描述成「反英國」的——這對數十年前才引領工業革命的國家來說，是個奇怪的觀點。他在《英國社會史》（*English Social History*）中寫道：「早在十九世紀中葉，工業變化就已經創造出大眾庸俗，那種庸俗不久就注定隨著新型態新聞的出現、農村的衰頹、生活的機械化而消滅文學文化。當科學教育終於到來時，它無可避免會取代人文教育。[38]」

史學家康瑞利・伯內特（Correlli Barnett）發現，由於精英階層普遍抱持那種態度，創新科學的實際應用變得遲緩，那成了二十世紀英國普遍存在的問題。他檢視二戰期間英國坦克的生產，最後總結，英國坦克的機械故障「主要是因為商業公司不善於設計、開發和製造」，導致坦克的「開發過於倉促草率、粗製濫造，缺乏徹底的初步設計和測試，跟戰後英國推出的新型汽車一樣，呈現多災多難的模式」[39]。他指出，這是一九三九年至一九四四年間，美國為英國製造的坦克數量超過英國自製量的原因之一。這種令人沮喪的型態也出現在多種其他產品上，例如卡車、雷達設備、收音機。實際上，除了噴氣推進技術以外（這是英國持續表現出色的領域），幾乎所有的技術領域都有這種情況。不過，即使是英國擅長的噴氣推進領域，英國也不得不請美國幫忙製造在受壓下不會失靈的渦輪葉片和葉輪。

有些學者質疑伯內特的觀點，但他們的質疑不太有說服力。例如，史學家大衛．艾傑頓（David Edgerton）在一九九一年的短文中批評伯內特[40]，但並未指出其基本觀點有何錯誤，亦即一九五〇年代英國在航太、汽車、IT方面的明顯衰落，其實早在十年前的戰爭期間就已經顯現出來了。

美國不僅在技術上超越英國，在人力上也是。在戰爭中，美軍戰鬥力的提升遠比英軍還多。二戰期間曾任英國軍事情報員的柏納．路易斯（Bernard Lewis）後來成為知名的中東史學家，他指出他對美軍有兩種鮮明的印象[41]。第一，他們傲慢地拒絕學習英國的作戰經驗，堅持自己犯錯。第二，也是更重要的，「他們坦承錯誤，而且設計及應用方法來矯正錯誤的速度很快」。美國大使館的武官雷蒙德．李指出，美國人之所以覺得英國人沒什麼可以傳授，原因之一是美國人一直有一種自命不凡的感覺，截至一九四二年初，「英國人目前為止在戰爭中毫無斬獲，他們憑什麼指導我們？」至於英軍的技術能力，李則是覺得不屑一顧：「英國人不是擅長操縱機械的民族，他們會以各種藉口來避免接觸新事物。當然，這個說法不僅適用於坦克和飛機上，也適用於我們讓他們使用的各種其他工具。」[42]

在諾曼地登陸後的那幾個月，英國將領被迫更加關注美國人，因為當時他們沒有備援部隊，而美軍則是不斷地增補部隊，使美軍的作戰部隊規模成長為英軍的三倍[43]。於是，美軍開始要求在戰爭決策中擁有更大的話語權，有時甚至在不徵詢英軍的意見下逕自做決定。

邱吉爾「受迫」

一九四四年，隨著戰爭接近尾聲，歐威爾一如既往在戰爭期間回顧自己的新聞工作。「我必須承認的第一件事是，一九四二年底以前，我大幅錯估了戰爭形勢。[44]」他寫道，「我過度強調戰爭的反法西斯性質，誇大了實際發生的社會變化，低估了反動力量的巨大衝擊。」他寫下那些檢討文字時，萬萬沒想到僅僅七個月後，工黨政府就會掌權，並開始實施他支持的一些全面性社會變革。

邱吉爾的機智靈活度已經大不如前，部分原因是他累了，另一部分原因是他感覺到自己遭到美國人的束縛，處處綁手綁腳。一九四四年夏末，盟軍向德國進攻時，美國人有時會採取新的立場，禮貌地聽取英國的建議，但聽完後便置之不理。「一九四四年七月以前，英國在很多事情上都有很大的發言權，」[45]邱吉爾十年後這麼說，「在那之後，我發現重大的決定都是美國人做的。」

那年夏天，邱吉爾吃盡了苦頭才明白這點，當時美國人一再漠視他對「龍騎兵行動」（Operation Dragoon）的堅決反對。龍騎兵行動是入侵法國南部並朝東北方挺進，以便和諾曼地登陸的軍隊會合的計畫。在戰爭初期，邱吉爾採用間接手段是正確的，因為攻擊納粹周邊國家的最重要目的，是為了讓蘇聯有繼續參戰的理由。但是到了一九四四年的年中，盟軍已經強大到足以直接進攻歐洲的心臟地帶，周邊行動的時機已經過了。

長久以來，邱吉爾比較追根究柢、在乎事情的真相，因為事實往往支持他的戰略觀點。但現在事實對他不利，他似乎不知道該怎麼辦。

他在回憶錄中提到這個問題，說法國南部的行動「導致我們和美國朋友在最高戰略問題上，出現第一次重大的歧見」[46]。他之所以不喜歡那個計畫，部分原因在於那需要把盟軍從義大利的北部撤走。不過，這方面看起來是他自己比較不理性，因為義大利戰線已經陷入僵局。即使盟軍真的攻破德軍的防線，盟軍北上推進的過程中，還是會遇到死守阿爾卑斯山隘口的其他德軍。事實上，八個月前，史達林才在德黑蘭會議上提出那點，當時他幾乎是一開口就堅決反對那種計畫。他說，在蘇聯看來，義大利不是「攻擊德國本土的合適地點，阿爾卑斯山構成一道幾乎無法逾越的屏障」[47]。當然，史達林可能也不希望盟軍進入他覬覦已久（而且很快就會占領並征服）的東歐部分地區。

邱吉爾為了阻止法國南部的軍事行動，努力說服盟友。他特地寫信給羅斯福及其顧問，主張：「八月底往羅納河谷（Rhone Valley）挺進，一定很容易受阻。[48]」幾週後，他又發電報給羅斯福。他寫道，「我求你」下令停止行動。他也去說服艾森豪，並預言龍騎兵行動將會是一場類似安濟奧戰役的慘敗（一九四四年，盟軍從安濟奧登陸後，在義大利海岸受困數月）。艾克（艾森豪的暱稱）的副官在日記裡寫道：「艾克說不，整個下午一再說不，最後以各種形式的英語說不。[49]」於是，邱吉爾乾脆指責美國人的態度「霸道」，並揚言為了龍騎兵行動而辭去首相一職。

後來，邱吉爾從來不承認法國南部的行動是成功的。那是對德軍的重要側翼進攻，使德軍在法國和義大利的軍事局勢變得更加紛亂錯雜。事實上，一九四四年八月中登陸時，美軍幾乎沒遇到什麼阻力，因為德軍在其他地方忙得不可開交。一個月內，美軍就把撤退的德軍從法國的蔚藍海岸，逼退到接近法國、瑞士、德國邊境的交匯處，並與巴頓將軍的軍隊會師。邱吉爾跟蒙哥馬利將軍一樣，也許還沒意識到機械化的美軍進攻時可以快到什麼程度。

邱吉爾不像戰爭早期那樣頭腦靈活，他始終對這件事情耿耿於懷並一再狡辯。盟軍登陸成功後，他仍固執地堅稱：「目前為止，這項行動得到事與願違的結果。[50]」

即使是多年後撰寫回憶錄時，邱吉爾也拒絕面對事實。他主張，即使軍事行動開啟了馬賽等港口，「那些軍隊的支援也太遲了。那正是實際發生的情況，而且早在一九四四年年初就已經看出那可能發生了。[51]」

事實上，誠如史學家威廉森・莫瑞（Williamson Murray）和艾倫・米萊特（Allan Millett）在他們的權威性二戰史著作中所言：「美國人是對的。[52]」他們指出，那主要是因為掌握馬賽和土倫等大型的南部港口，「證明對一九四四年到一九四五年秋季和冬季在德國邊境奮戰的美軍補給來說，簡直是天賜良機，尤其盟軍在十二月前又無法使用安特衛普港（Antwerp）。」馬賽的港口設施相對完好，通往馬賽港的鐵路網也是如此，不像法國北部的鐵路布滿了炸彈。一九四四到一九四五年，盟軍在西歐的補給中，有四分之一是經由法國南部運輸，然後迅速透過鐵路以完整無損的狀態送達前線[53]。一九四四年十二月，盟軍每月透過馬賽和附近的港口運送五十・一萬噸的貨物，那是法國北部港口總噸數的兩倍[54]。當然，邱吉爾在後勤計算方面往往比較弱，這或許也是安特衛普港長期被德軍掌控的原因之一。

邱吉爾對龍騎兵行動的憤怒，可能也為他帶來了機會成本。一九四四年夏天，他大可專心地構思戰後世界的更大議題。例如，什麼做法可以避免俄羅斯接管東歐？尤其，做什麼事情可以幫助波蘭人呢？這些問題攸關他的權勢，值得深思。但也許那些問題太過龐大或難以駕馭了，邱吉爾選擇把心力放在「要不要從法國南部登陸」這種次要的問題上。

戰後世界的輪廓逐漸顯現時，邱吉爾變得愈來愈悲觀，陷入一種陰鬱的情緒，他為那種情緒取了一個有名的代稱：「黑狗[55]。」一九四四年八月，他與老友維奧莉共進午餐時，說他覺得「眼前有個可怕的世界等著我們」[56]。當晚，維奧莉在日記裡寫道：「邱吉爾給我的感覺非常疲累……最重要的是，我感受不到勝利即將到來的喜悅。」

幾週後，邱吉爾對醫生透露了不祥的訊息：「我不相信這個美麗新世界。[57]」這個曾經深入探究戰爭細節的人，現在似乎有時對戰爭感到厭倦了。一九四四年九月他去魁北克開高峰會時，他一邊洗澡，一邊聽助理彙報德國占領區的計畫。助理驚訝地看到首相偶爾會把身體滑入水中，使自己「對某些段落充耳不聞」[58]。

英國人對於英國黯然失色，常以惱怒的方式表示。例如，一九四四年秋季，布魯克將軍的不滿反應是，主張盟軍的努力受到「兩大因素的阻礙……（a）美國戰略，和（b）美國組織」[59]。那種說法不僅是狡辯，更是對戰場現實的不精確評估。為了解決他看到的問題，他的建議是「我們必須從艾森豪的手中奪回掌控權」[60]。光是相信那種舉動可能成真，就可以看出布魯克根本不了解兩國之間的權力平衡。另一個可以看出布魯克對美國人知之甚少的跡象是，約莫這個時間，他寫給自己一份備忘錄，內容是有關艾森豪。他認為，盟軍進攻德國的成敗「完全取決於蒙蒂如何駕馭他（艾森豪）」[61]。布魯克似乎完全沒意識到艾森豪很討厭蒙哥馬利，也不信任他的軍事判斷，厭惡他未能打開比利時的重要港口安特衛普，覺得他根本不懂美國人如何運作，而且不久就開始認真地考慮把他撵走——這是艾森豪能力範圍內可以做到的。最後，其實是艾森豪駕馭了蒙蒂，而不是蒙蒂駕馭了艾森豪。

這種針鋒相對的現象，在諾曼地登陸後的那幾週和那幾個月裡並不罕見。一九四四年十月，英國駐亞洲的亨利．普納爾中將（Henry Pownall）在日記裡寫道，美國是一個「非常原始、不成熟、沒教養、沒規矩的國家」[62]。有趣的是，普納爾後來幫邱吉爾寫了六卷戰爭回憶錄，但他似乎對回憶錄中描述的英美關係沒有多大的影響。

一九四五年初，邱吉爾的高階軍事顧問布魯克覺得，邱吉爾「老態盡顯，思緒曲折不清，淚眼汪汪」[63]。當時邱吉爾確實已經身心俱疲。

舊秩序進入尾聲。二月，雅爾達會議結束後，邱吉爾在埃及亞歷山大港的昆西號巡洋艦（Quincy）上，與羅斯福見了最後一面。邱吉爾寫道：「我覺得他有如風中殘燭。[64]」兩個月後，羅斯福過世了。

令人費解的是，邱吉爾在戰爭期間經常四處視察，卻決定不出席羅斯福的葬禮，理由是「另有要公，不克出席」。有鑑於邱吉爾戰時幾乎是繞著地球跑，這種藉口實在是難以令人信服。他似乎覺得，自己向美國人卑躬屈膝了五年，現在應該換他們來對他磕頭了。他寫信向英王報告他決定不赴美的原因，在那封信中，他寫道：「我覺得杜魯門總統來這裡是好事。[65]」然而，儘管他聲稱政府有緊急事務需要處理，他還是去鄉下度週末，和女兒跳維也納華爾滋[66]，而且還因為跳得太盡興而頭暈目眩，大喊「停」並踉蹌地坐回椅子上。那段期間一位看過邱吉爾的國會議員說，他似乎對羅斯福的死「無動於衷」[67]。

邱吉爾的醫生威爾遜懷疑，邱吉爾其實一直對羅斯福有點厭煩。「羅斯福的思想——我是指他對社會問題和一般人權的關注——和邱吉爾毫無共鳴。戰爭是他們之間唯一的共通點。[68]」威爾遜認為，邱吉爾對史達林比較感興趣，「那是邱吉爾沒見過的類型，儘管史達林刻意粗魯無禮、說話粗野，但他引起了邱吉爾的興趣……激發了他的想像力。」一九四七年，邱吉爾對威爾遜說，羅斯福是個「毫無想法的人」[69]。

詹金斯在他撰寫的邱吉爾傳記中，也得出類似的結論。他寫道：「邱吉爾和羅斯福之間的情感關係，很可能不像一般人所想的那樣緊密。那比較像是一種天時地利的夥伴關係，而不是個人之間的友誼。[70]」

這種評語也許把他們的關係看得太淺薄了。他倆的關係並非普通的友誼，不該以那種方式評斷，那是兩位世界領袖在危機期間培養出來的緊密關係。他們肯定覺得彼此有一些相似之處。兩個擅長霸占話語權的大人物相遇時，會發生什麼事？他們可能會停下來，關注對方。誠如哈里・霍普金斯（Harry Hopkins）的傳記作者羅伯特・謝伍德（Robert Sherwood）所言：「邱吉爾是羅斯福願意傾聽的少數人之一，反之亦然。[71]」

邱吉爾的圈子裡，有些人覺得首相其實低估了總統，所以最終遭到總統的玩弄。長期擔任邱吉爾顧問的莫頓爵士認為，邱吉爾的美國血統可能「蒙蔽了他的雙眼，使他看不見羅斯福志在推翻大英帝國，後來羅斯福確實成功了」[72]。

這種觀點是源自於對歷史的無知。早在羅斯福出現以前，大英帝國已經衰落數十年了。十九世紀末，英國已經失去工業主導地位，一戰耗盡了英國的人力，二戰又耗盡了英國剩餘的資金。

此外，英國的產業正慢慢地自我扼殺，那些產業大多是由家族成員負責管理，他們更在乎獲利，而不是投資於新機器和其他設備。商業史學家艾弗雷德・錢德勒二世（Alfred D. Chandler Jr.）總結：「英國的公司無法採用現代、最佳實務的技術。[73]」因此，英國頂尖大學的研究通常不會轉進工廠生產。英國領導了由煤炭和蒸汽啟動的第一次工業革命，但基本上並未參與十九世紀末和二十世紀初的「第二次工業革命」（靠石油、化工、金屬、電力、電子、輕機械所建造的產業，例如汽車業）。到了一九四〇年代末期，英國既沒有帝國、也沒有足以與其他大國競爭的經濟體。誠如史學家伯內特所言，現實的真相是，二戰結束時，「英國的情境已經預告，英國的戰後地位將會下滑，變成自由世界的第五大工業強國，製造業的產出僅及西德產出的五分之二。[74]」有趣的是，從一九七七年到一九九五年，伯內特一直是劍橋大學邱吉爾檔案館的管理員。

在戰爭的這個時點，唯一能帶給邱吉爾能量的事情是去前線視察。一九四五年三月，他興奮地站在德國萊茵河的一座橋上。威廉．辛普森將軍（William Simpson）是低調的德州人，也是如今不幸遭到大家遺忘的高階美軍指揮官。當時他看到邱吉爾上橋，為之驚恐，說道：「首相，你前方有狙擊手，他們正在炮轟橋的兩邊，現在他們開始炮轟你身後的道路。您站在這裡，這個責任我承擔不起，我必須請您離開。[75]」邱吉爾一聽，賭氣地緊抓著橋的一根斷梁，憤怒地回頭看著辛普森。但是他放任自己噘嘴回應後就妥協了，悄悄地離開那個危險的地方。老友維奧莉指出，從這個小插曲可以看出，邱吉爾「永遠長不大」[76]。一定有人納悶，當時邱吉爾是否意識到，自己在世上已經無可眷戀；隨著戰爭接近尾聲，在前線遭到射殺可能也是退出世界舞台的好方法。

戰爭結束，邱吉爾失足

邱吉爾的地位究竟衰落到什麼程度？當他必須從那座橋上下來時，已經衰落了很多。

這點從一九四五年五月十三日他針對歐洲戰爭所做的最後一次重要演講即可見得。當時他處於最糟的狀態，距離他上次發表精彩絕倫的〈熱血、辛勞、眼淚和汗水〉演講，已經過了整整五年。他再也無法達到以前演講所創造的高度。

在一九四五年五月的演講中，他這樣開頭：「經過許多事件後，上週可以明顯看出，目前為止局勢進展得相當順利。」他講這些話時，近乎心不在焉。

接著，在這個深具歷史意義的時刻，他突然離題，對中立的愛爾蘭總理艾蒙・戴瓦勒拉（Eamon de Valera）的政府進行不必要的抨擊。「雖然有時施暴是如此的容易又自然，但吾王陛下的政府以史上少見的節制和風度，從未對愛爾蘭人施暴。我們先是放任戴瓦勒拉政府盡情地與德國人嬉戲，後來又放任他們與日本代表往來。[77]」

二戰期間，邱吉爾的優勢之一，是在道義和情感上都能隨機應變，應付自如，但是在這個重大的時刻，他卻完全做不到這點。在慶祝歐洲戰爭勝利的演講中，他身為卓越的英國領袖，卻以尖刻的言語挖苦一個曾經受到英國暴力壓迫的中立小鄰國，這種講稿幾乎上不了檯面。從那些漫無目的的講話中，可以看出他是即興發揮。事實上，邱吉爾私底下或許還有理由感謝戴瓦勒拉。在戰爭初期，英國想在愛爾蘭建立搜尋潛艇的飛機和船隻基地。一些史學家認為，如果愛爾蘭政府更積極一些，也許可以說服邱吉爾以「愛爾蘭允許建立基地，並以支持英方的立場參戰」做為讓愛爾蘭掌控北愛爾蘭的交換條件。不過，邱吉爾發表那場演講時，可能對戴瓦勒拉感到不滿，因為兩週前希特勒過世時，戴瓦勒拉基於外交禮儀，向德國政府傳達了愛爾蘭政府的哀悼。

邱吉爾即將結束這段奇怪的演講並展望未來時，終於恢復了一些水準。在一段聽起來有點像歐威爾文筆的講稿中，他警告：「在歐陸，我們尚未確定當初我們參戰的高尚單純目的在戰勝的數個月裡未遭到漠視或輕忽，也尚未確定『自由』、『民主』、『解放』等字眼未遭到扭曲而偏離我們了解的真正含義。[78]」不久之後，他在倫敦和密蘇里的演講中又提到這個主題，並提醒大家「鐵幕」分隔了歐洲；鐵幕後的人民必須隨時擔心「警察來敲門」[79]。

從演講中離題談及愛爾蘭也可以看出，隨著戰爭接近尾聲，邱吉爾的心態也在改變。他似乎覺得他可以再次放任自己發揮那個容易製造分裂的本能。後續那一個月，他警告大家工黨掌權的危險，並任意發表更誇張的言論。「任一個主宰國家命運與產業的社會主義政府，都無法放任大眾自由、尖銳或暴力地表達不滿，他們終究不得不訴諸某種形式的蓋世太保。[80]」邱吉爾以這種方式來討論跟他合組戰時聯合政府的工黨領導人，不僅令人意外，也很愚蠢，況且那些人在一九四〇年拒絕支持張伯倫以協助他擔任首相，他們比保守黨更善待他。蒙格瑞奇寫道，在那次大選中，邱吉爾「放棄了他費心贏得的國家領導者角色，選擇了不適合他的政黨領導者角色」[81]。

即使如此，歐威爾還是認為邱吉爾將在大選中勝出，他在選前幾週寫道：「我一直預測保守黨將以些微的差距獲勝。現在我還是這麼想，雖然信心不如以前堅定，因為目前看來趨勢顯然強勢逆轉，甚至可以想見工黨可能逆勢贏得選戰。[82]」

邱吉爾的眼淚

對邱吉爾來說，戰爭是在淚水中結束，一如當初是在淚水中開戰。一九四五年五月，希特勒過世、德國投降後，邱吉爾與戰時的內閣成員一一握手。布魯克寫道：「他非常感謝我們每個人，眼裡噙著淚水，感謝我們在戰爭中所做的一切，感謝我們『從阿萊曼（El Alamein）到目前所在位置』所付出的無盡努力。」

一九四〇年五月，邱吉爾在演講中提到〈熱血、辛勞、眼淚和汗水〉時，他確實付出了後面三項。現代的世界領袖中，或許找不到像邱吉爾當首相時那樣，經常在公共場合落淚的領袖。史學家夏瑪指出，這點特別值得注意，因為那是發生在「把真情流露視為糟糕表現的文化中」[83]。邱吉爾經常落淚，而且不止在正式儀式或個人悲傷的時刻落淚，也在談話及公開演講中落淚。那可以說是他領導風格的一個重要元素，非常不像英國人，也因此在英國領導人身上顯得更加突出。當然，這也反映出他公私不分的奇怪現象。

邱吉爾因肺炎去摩洛哥休養，返國後，他回到心愛的下議院，才剛坐上他的位置，「兩顆大淚珠就滑落臉頰」[84]。他連對祕書口述講稿時，也可以感動落淚。一位祕書回憶道：「他可能在幾分鐘內走來走去，反覆對自己說出一些句子。有時他的聲音會因為情緒飽滿而變得渾厚，偶爾會有眼淚滑落臉頰。[85]」有一次，邱吉爾向布魯克將軍解釋擔任戰時首相的壓力有多大，不禁哭了起來，布魯克寫道：「他淚流滿面。[86]」

這種容易在公共場合落淚的特質，也許是壓力太大的徵兆。即使如此，這並非政治上的劣勢，反倒成了一種優勢。英國人民在戰爭中受苦受難，戰爭期間約有六萬七千名英國平民在真正的「大後方」命喪炸彈和飛彈之下，或在炸彈引發的大火和倒塌中罹難[87]。邱吉爾在英國人的眼中是真情流露的領袖，這在階級之間充滿距離和不信任的國家裡，幾乎是不可能出現的。

不過，話又說回來，邱吉爾的眼淚可能大多是為了自己或為了他的目的而流。邱吉爾知道，不先感動自己的話，也無法感動周遭的人。一八九七年他寫過一篇未發表的文章〈修辭的支架〉(The Scaffolding of Rhetoric)，他在文中主張：「演說家是群眾熱情的化身。在讓群眾感動落淚之前，必先讓自己感動落淚。這才能讓大家相信，他想必也堅信不移。[88]」

那些眼淚意謂著什麼？戰爭期間，莫頓爵士曾與邱吉爾關係密切，但後來變成嚴厲的批評者。他後來覺得邱吉爾對權力的熱愛遠遠超過對人民的熱愛，事實上他幾乎完全缺乏同理心。「邱吉爾根本不知道別人幫他承擔了多少麻煩。」他寫道，「他向來無法設身處地為他人著想。[89]」曾是邱吉爾的盟友兼助手的羅伯特·布思比（Robert Boothby）也得出類似的結論，他寫道：「『除了我以外，你不可有別的神』，一直是他覺得最首要、也最重要的戒律。[90]」但他也補充說，那對邱吉爾來說不全然是一種糟糕的特質，「性格中沒有一點冷酷無情的人，是無法對抗希特勒的。」

更矛盾的是，邱吉爾先天的自私性格可能是戰時領袖的必要之惡。富有同理心的人可能會被年復一年指揮全球戰爭的情緒和壓力所壓垮。

波茨坦的兩個死亡幻象

一九四五年七月，邱吉爾離開倫敦，前往德國的波茨坦參加最後一次戰爭高峰會。在那裡，美國人通知英國人，他們剛成功地測試了原子彈。邱吉爾聽了以後肅然起敬，開始思考這種新武器可能如何改變戰爭的結局，甚至幫忙牽制蘇聯。布魯克一如既往，覺得那個消息只是「美國人誇大其詞」[91]。他在日記中擔心，邱吉爾會被新核武時代的影響衝昏了頭。「看到他讓尚未成熟的實驗結果扭曲了整個外交觀點，就令我不寒而慄！」這正是一般凡人無法洞悉突然的變革有什麼長遠意涵的例子。邱吉爾的才能在於他能夠洞悉那種長遠的意涵。

七月十六日美國成功試爆第一顆原子彈那天，邱吉爾前往柏林參觀希特勒的地堡，包括希特勒過世的房間[92]。八天後，他夢見自己躺在太平間裡。他對醫生說：「我看到了，那個夢境非常鮮明，我的屍體放在一個空房間的桌上，上面蓋著白床單。我認出被單外露出的那雙腳丫子是我的。[93]」

那個充滿預兆的夢境非常準。翌日，邱吉爾在政治上一敗塗地，他和保守黨以大幅的差距輸掉了全國大選。在太平洋戰區的二戰尚未結束之前就被迫下台，實在是令人震驚的失敗。史學家查姆利總結：「邱吉爾代表大英帝國、英國獨立、英國的『反社會主義』願景。到了一九四五年七月，大英帝國正在衰落，英國獨立完全依賴美國，反社會主義願景則在工黨勝選後幻滅。[94]」

因此，六年來，邱吉爾第一次不得不在倫敦尋找住處。這對一個才剛領導國家打了一場大勝戰的人來說，是個驚心動魄的轉變：英國屹立不倒，仍是民主國家。即使是現在，那聽起來也是值得紀念的雙重勝利。誠如史學家莫瑞總結：「英國在邱吉爾的領導下，價值觀大多完好無損地保存下來了。以英國一九四〇年六月所面臨的處境來看，那確實是意義深遠的成就。[95]」

CHAPTER 13

邱吉爾雪恨：二戰回憶錄
Churchill's Revenge: The War Memoirs

一九四五年的大選讓邱吉爾又傷又怒，他像歐威爾一樣，到鄉間隱居沉潛。但他不是去內赫布里底群島（Inner Hebrides），而是躲到倫敦南部翠綠山丘上的鄉間別墅，撰寫戰爭回憶錄[1]。在接下來的八年間，他和研究及撰寫團隊產出了一百九十萬字，分成六卷，總計四千八百二十三頁。在回憶錄裡，他在有史以來最嚴重的全球衝突中掌握了舞台焦點。與許多政治傳記作家不同的是，他充分發揮了強烈的情感，這也是那套書通俗易懂、如今依然值得一讀的原因。

這並不是說那套書的內容完全正確。事實上，整本書詳細記載了他的錯誤、誇大和疏漏。然而，基於幾個原因，那套回憶錄依然引人注目。最重要的是，那是二戰的主要領袖中唯一發表的二戰紀實[2]。在書中，邱吉爾的立場讓人不禁聯想到古希臘國王述說自己在荷馬戰爭中所扮演的核心角色。他一度回憶道：「我現在對海軍部採取的主要決策很滿意。[3]」這裡他只使用第一人稱單數，以避免使用冒犯君主的字眼。戰爭期間，有時他會使用威嚴的口吻。例如，有一次他寫信給皇家海軍，說他為了英國在德國潛艇攻擊下所蒙受的損失，「感到心緒不寧」[4]。他的文章有時甚至帶有荷馬史詩的色彩，例如他描述艾森豪的幕僚長比德爾．史密斯將軍（Bedell Smith）「搭機火速從艾森豪的總部趕來」[5]。

不過，戰爭事件和他對那些事件的描述之間存在著很大的矛盾。邱吉爾在戰爭中的表現是得意洋洋的，當然，最後他確實獲勝了。然而，他坐下來寫回憶錄時，他日益意識到英國不再是一個帝國，甚至可能不再是一個強國。英國變得疲乏，比較貧窮，在經濟競爭中受到重創，頂多只能在討厭的暴發戶、愚笨的政客、傲慢的美國將領後面扮演不討喜的角色，並試圖引導他們走向智慧之路。

卷一：風雲緊急

史學家可能會質疑這套回憶錄的準確性，他們理當如此。例如，邱吉爾其實不記得他在一九一八年的倫敦晚宴上見過羅斯福，卻在卷一〈風雲緊急〉中聲稱他見過，「他年富力強，儀表堂堂，讓我的印象頗深。[6]」（羅斯福的記憶則是截然不同，他曾經為了奉承甘迺迪而說：「自從一九一八年去了英國，我就一直不喜歡邱吉爾。在我參加的一場晚宴上，邱吉爾的表現實在令人討厭，一副高高在上的樣子」[7]。）

邱吉爾的回憶錄也許不是傳統的歷史，但讀來令人難忘，尤其在前幾卷中，邱吉爾的獨特聲音彷彿穿透了戰爭的迷霧。他可以把一幅圖像濃縮成一小段片語，例如，他說在兩次世界大戰之間的空檔，失敗的戰神在德國的天空上張著「羽毛脫落的翅膀」[8]。他的寫作充滿了節奏感，有時甚至會讓他的散文產生一種成年人對著愛子大聲朗讀的安心語氣：「水流湍急的萊茵河既寬又深，那裡一旦被法國軍隊據守及設防，即可成為防衛法國的天塹，在河岸那邊的法國人可以世世代代過著和平的日子，但英語世界的感受和見解卻與法國大不相同。[9]」他的寫作缺點在於過度花俏。例如，他以華麗的詞藻寫道，一九三〇年代，英國人「在敵人磨刀霍霍的時候，卻依然迂腐地空談一些陳詞濫調」[10]。當連用兩個字可以形成悅耳的頭韻時，他從來不會只用一個字帶過。例如，他寫道，戰前時代「勾勒出一幅英國愚昧無能（fruity and fecklessness）的形象」[11]。

不過，多數情況下，邱吉爾的筆觸是沉穩扎實的，尤其六卷中最具個人色彩的第一卷更是如此。他寫道，希特勒的崛起是得益於「商業巨頭阿爾弗雷德・胡根貝格（Alfred Hugenberg）這個好鬥又多變的人物」[12]，一九三〇年代的德國將「由一小撮得意洋洋的亡命之徒所領導」[13]。

他好整以暇地展開自己的傳奇故事。一般史學家可能會簡單地描寫，一九三六年德國工業進入備戰狀態，邱吉爾則是勾勒出一幅景象，他寫道：「德國的兵工廠在高壓下全速生產。全國的機輪日夜運轉，鐵鎚日夜敲打，把整個工業轉變成為一座兵工廠，把全部的人口熔合成一部有紀律的戰爭機器。[14]」

他把主要的人物刻畫得很好。例如，張伯倫身為首相，是「極其精明能幹、就事論事、堅持己見又自信的人……他一心企盼自己能以『卓越的和平締造者』的身分名垂青史。為了達到這個目的，他準備不顧事實，持續奮鬥到底，不惜讓他和他的國家冒極大的危險。[15]」希特勒粉碎了張伯倫的雄心壯志，邱吉爾把希特勒描寫成「出身於窮苦深淵的惡魔鬼才，受到國家戰敗的刺激，滿心的仇恨與報復，瘋狂地想把日耳曼種族變成歐洲、甚至是全世界的主宰」[16]。

他擅長描述，並為文章浥注了鮮明的實體感。他不是簡單地寫英國自從威廉一世（William the Conqueror，又稱征服者威廉）的時代以來，首度面臨入侵，而是寫：「不列顛人在英格蘭土地上看到敵人的營火，已經是近千年以前的事了。[17]」

他為英國的「未爆彈清除隊」（擅長爬進洞裡拆除未爆的德國炸彈）刻畫出異於其他人的樣貌：「他們的面孔瘦削，顯得憔悴，略為鐵青，但兩眼炯炯有神，雙脣閉得特別緊……在描寫我們所經歷的艱苦日子時，我們很容易過度使用『嚴肅』這個字眼。這個字眼應該用來形容未爆彈清除隊。[18]」

身為作家，邱吉爾也有一個史學家少有的優勢。也就是說，他親身經歷了那些事件，打從心底明白事件發生時是什麼感覺，因此可以給讀者身歷其境的感受。例如，第四章提過一九三七年他和時任德國駐英大使的里賓特洛甫共進午餐。他憶起後來他又與里賓特洛甫共進午餐，但那次他冷冷地寫道：「這是里賓特洛甫被絞死前，我和他最後一次見面。[19]」

另一點跟史學家不同的是，他的書寫常充滿感情，尤其是前兩卷，那也是六卷中寫得最好的部分。一九三九年波蘭參與納粹對捷克斯洛伐克的瓜分時（如今多數人已經遺忘了那個可恥的角色），邱吉爾稱之為「餓狼」行為[20]。

卷二：最光輝的時刻

一九四〇年五月起，邱吉爾擔任首相的七個月，可說是他一生中最輝煌的時期。第一卷可能寫得比較好，但第二卷的故事一樣引人入勝，甚至更為緊湊刺激。可以說，一九四〇年，邱吉爾拯救了英國。他無疑是領導大家阻止納粹統治歐洲的力量。當時德國跟義大利及日本結盟，與俄羅斯和平相處。他在第二卷中寫道：「任何事情與一九四〇年相比，皆相形見絀。[21]」他把卷二命名為〈（他們的）最光輝的時刻〉（Their Finest Hour），當然，那也是「他的」最光輝的時刻。

對於法國的淪陷，他從未以許多言語表態，但法國的淪陷幾乎使他說不出話來，尤其法國領導人的行為更是令他震驚。不過，更糟的還在後頭。他在這卷的最後寫道：「法蘭西之戰失敗了，不列顛之戰勝利了，大西洋之戰現在即將開始。[22]」在回憶錄中，有幾個真情流露的片段令人難忘，其中一處寫道：「戰爭中，唯一真正令我害怕的是德國潛艇的危害。[23]」——跨大西洋運輸可能被德國潛艇徹底摧毀，使英國因缺乏食物、能源、彈藥而被迫投降。一九四〇年底，一支由三十四艘船所組成的加拿大護航隊遭到德國潛艇的攻擊後，多達二十艘船沉入海底，那件事使他的恐懼達到了最高點[24]。

卷三：偉大的同盟；卷四：命運的關鍵

前兩卷結束後，回憶錄的筆觸少了一些個人化，多了一些官樣化。戰爭回憶錄的產出是由一個團隊執行，邱吉爾是負責監督大家合作的過程。那些團隊成員負責收集檔案，記錄他的口述，並為他起草章節。如此衍生出來的結果，是一套他身兼作家、主題、教練、編輯所產出的作品。劍橋大學史學家大衛．雷諾茲（David Reynolds）寫了一本好書，描述那部回憶錄是如何產出的，他總結道：「邱吉爾管理一個規模龐大、資金充裕的研究團隊，媲美現代科學的巨頭。他沒有親力親為所有的工作，但他為整個團隊設定指標、指引方向並維持動能。[25]」

由於採用這個流程，回憶錄逐漸產生一種「半官方」的感覺，裡面收錄了必要的詳述和特遣隊行動，例如「在英軍作戰地區的南面，法國第十九軍占領了弗基林山（Djebel Fkirine）；在北面，美國第二軍又在二十三日進攻，朝馬特爾（Mateur）穩步前進。[26]」當然，這在總計逾四千頁的巨作中是意料中的事。

有時寫作團隊的書寫也流於馬虎。例如，有一章談美國早期在太平洋戰爭中的勝利，章末是以對美國海軍和空軍致敬作結，但是那章中並未提到美國空軍的貢獻[27]；在某一頁中，他寫他第二次到美國國會演講的日期是一九四三年五月十九日，可是六個段落之後，他又寫成五月二十日[28]。

文章緊湊刺激的程度逐漸走下坡也是在所難免的。他描述戰爭最初幾年的狀況時，內心激昂不已，但那股力量在後續幾卷中無法延續下去。一九四〇年，邱吉爾陷入捉襟見肘的困境。一直以來，他為英國的生存及個人的存續而奮戰，擊退了反對者，使英國以最大的動力全面參戰。然而，在戰爭的後期，從一九四二年起，他只能持續維持一切的運轉，並想辦法把美國人導向他認為最好的方向。

不過，話又說回來，書寫團隊也犯了一些可怕的錯誤。最離譜的錯誤，莫過於卷四第十四章對關鍵的「美國海戰勝利」所做的生動描述。那是美好的歷史，但其實不是邱吉爾的文字，所以那一章的標題多了一個特殊的標點符號：〈第十四章 美國海戰勝利*〉。那個星號與一九四三年太平洋上的勝戰性質無關，而是與那些描述的出處有關。雷諾茲指出：「〈美國海戰勝利〉那章幾乎都不是邱吉爾寫的。他重寫了開頭，並修潤了一些措辭。除此之外，他主要是引用戈登・艾倫（Gordon Allen）的草稿。艾倫的草稿基本上是改寫塞繆爾・艾略特・莫里森（Samuel Eliot Morison）的二戰美國海軍行動史第四卷而來。[29]」這番改寫及引用後來變得很麻煩，因為莫里森撰寫的海軍史雖然是在官方合作下寫成的，但不是政府出版品，事實上是受到版權保護的，不像美國陸軍的戰爭史是官方出版，因此沒有版權。

莫里森是在無意間發現了上述的引用[30]。邱吉爾那個章節以書籍的形式上市以前，《紐約時報》摘錄了那一章。一九五〇年十月，莫里森讀報時驚訝地發現，自己的想法和結論竟然以邱吉爾的名義發表了。例如，莫里森曾寫道：「珊瑚海海戰（The Battle of Coral Sea）將以『第一場純粹的航母對戰』永誌人心，戰役中的所有損失都是由空中行動造成的，任一方的船隻都沒有見到水面上的敵人。[31]」邱吉爾對珊瑚海海戰的描述是：「像這樣的海戰是前所未有的，這是第一次水面船艦沒有直接交火的海戰。[32]」

莫里森致電律師，律師隨即聯繫了邱吉爾的美國出版商。雙方交換意見的結果是，在那一章的開頭加上那個奇怪的星號，並匆忙加入含蓄的引用致謝語：在該頁下方，指示讀者「＊參見S・E・莫里森所著的《珊瑚海、中途島和潛艇行動》（*Coral Sea, Midway, and*

Submarine Actions）」。在該書的謝辭部分，邱吉爾也加入一句：「我想在此感謝美國海軍上校塞繆爾・艾略特・莫里森，其有關海軍行動的著作清楚陳述了美國艦隊的行動。」雷諾茲補充提道，這種提及另一位史學家著作的做法，「在邱吉爾的著作中是獨一無二的，但那樣做是避免遭到剽竊指控的必要做法」。後來莫里森大方地讓這件事情就此謝幕，從未公開提起。

在第四卷結尾的最後一次歡呼中，邱吉爾回憶起自己在突尼斯附近迦太基市（Carthage）的巨大羅馬圓形劇場中，向總數三千人的英美部隊發表勝戰演說：「全體聽眾熱烈地鼓掌與喝采，無疑就像兩千年前的祖先觀看競技者搏鬥那樣。」[33]

卷五：緊縮包圍圈；卷六：勝利與悲劇

不是每位戰爭領袖都是精明的戰爭分析家，他們知道自己做了什麼，但不見得知道事情發生的原因，也不一定知道戰爭的各部分是如何拼組而成的。相較之下，邱吉爾則是非常擅長這件事，而且是以最宏大的視角分析。他對於戰爭的運作方式十分熱中，或許也比二十世紀的任一位領導者更了解他在第五卷中所謂的「讓一切緊密配合，使各種戰爭努力都能協調一致」的神祕藝術[34]。

這項特質讓邱吉爾以生動的筆觸，描述諾曼地登陸前所做的大規模複雜準備。諾曼地登陸不僅為西方的戰爭帶來高潮，也為他的回憶錄帶來了高潮。這是他最後一次在這套書中真情流露地敘述戰爭的過程。即使如此，這裡展現的情感強度也只有一九三九到一九四一年的一部分，由此可見在諾曼地登陸的前夕，美國人已經掌握了主導地位。

一九四四年初邱吉爾面臨許多問題，從戰略面（如何處理戴高樂？）到行動面（如何避免德國潛艇擊沉橫越海峽的運兵護航隊？），再到個人面（邱吉爾和英王喬治六世要一起去目睹盟軍進攻嗎？），不一而足。他在諾曼地登陸當天對下議院報告：「這次龐大的行動，無疑是有史以來最複雜、最困難的一次，不僅涉及潮汐、風浪和能見度，涵蓋空中與海上的角度，並以最密切整合的方式聯合動員陸面、高空、海上的軍力，觸及各種無法充分預知的情境。[35]」

然而，這套回憶錄的書寫力道從諾曼地登陸後就大幅減弱。一九五〇年代中期，蒙格瑞奇在《每日電訊報》負責回憶錄第五卷的連載工作。他去邱吉爾的查特韋爾莊園，以討論一些次要的寫作問題，他發現邱吉爾看起來有些不安。他在日記裡寫道，他很快就明白那背後潛藏了更多棘手的困難：

那部回憶錄之所以會出一些狀況，以及邱吉爾之所以如此苦惱，是因為他對那套回憶錄已經失去了興趣，後來他只是把他在戰爭中寫的大量檔案拼湊在一起罷了。美國人已經為那套書的連載及版權支付了一大筆錢，他們已經提出抗議。在討論回憶錄的過程中，我無意間發現有些章節根本不是他寫的，我懷疑他做得極少[36]。

第六卷涵蓋了歐洲戰爭的結束，但沒有涵蓋太平洋戰爭的結束，這裡有一個不尋常的轉變：邱吉爾身為作者的成分降低，身為主題的成分提高。最後一卷大多是多年來支援他撰寫回憶錄的團隊起草的。那一卷完成時，他再次因公務而分神，二度擔任英國首相（一九五一年十月開始），只是這次表現平庸。此外，一九五二年二月，他在首相任內一度輕微中風。一九五三年六月又經歷一次嚴重的中風。

史學家雷諾茲總結道：「也許第六卷的文字大多不是他寫的，但那卷之所以仍是邱吉爾的著作，是因為他果斷地為那本書定下基調，並決定何時出版、甚至是否出版。[37]」尤其，邱吉爾針對艾森豪將軍處理歐洲戰爭結束的方式提出尖銳的批評時，需要更加謹慎，因為那本書出版時，艾森豪已經當上總統。邱吉爾告訴助手，他不得不刪除部分內容：「他不能再和盤托出美國的故事，不能完全披露美國為了取悅俄羅斯，如何放棄他們已經占領的大片領土，也不能說美國人對他的慎重請求有多麼懷疑。[38]」如此衍生出來的第六卷還不算差，只是和前五卷相比截然不同。第六卷比較依賴當代文獻，並使用簡短的實況評論來串接那些內容。官方信函之間通常只以一句話隔開[39]，例如：「同一天我發電報給史達林」或「同一天又收到史達林的電報如下」。

除了諾曼地登陸前的興奮以外，這本書的基調顯得日益陰沉暗淡。最後一卷中最令人驚訝的地方，其實是無處不在的悲傷感。矛盾的是，對邱吉爾來說，勝利的到來反而是在「極不愉快的時候」[40]。邱吉爾早已經預見了未來，並為之恐懼。

事實上，邱吉爾在戰爭尾聲及戰爭結束後，都處於狀況不佳的狀態。英國衰落的事實愈來愈難以忽視。史學家夏瑪寫道，邱吉爾這個時期的演講「似乎有淪為誇誇其談的危險」[41]。

然而，總的來說，這六卷回憶錄還是相當出色，它們在一九四八年到一九五三至五四年間，大約是一年出版一卷，最後一卷在美國出版的時間比英國早了五個月（英國版於一九五四年四月出版）。最後一卷出版時，邱吉爾已經成功地把自己的戰爭觀點變成各界關注的焦點，也把自己放在那個觀點的中心。以後任何人思考二戰歷史時，都不會忘了參照邱吉爾的敘述。

CHAPTER
14
歐威爾的盛衰：一九四五～一九五〇年
Orwell in Triumph and Decline: 1945–1950

跟邱吉爾一樣，戰後歐威爾的活力也大不如前，而且他的衰落比邱吉爾還要明顯，也更加嚴重。他努力撰寫最後一本著作時，病得愈來愈厲害。然而，那本書後來證明是他最歷久彌新的著作。

更重要的是，這位罹患結核病的社會主義者變得比年邁的前首相還要悲觀。戰後的歲月裡，邱吉爾是以勝利的心情來回顧過往，歐威爾則是以恐懼的心情來展望未來。

「春天來了，即使是倫敦北區亦然，沒有人能阻止你盡情享受春日。[1]」一九四六年四月他如此寫道，「原子彈在工廠內堆積，警察在城市裡潛行，謊言從擴音器播放，但地球依然繞著太陽運轉，即使獨裁者和官僚深深地反對這個流程，他們也無法避免。」他喜歡大自然這種「非正式」的一面。

隨著二戰接近尾聲，歐威爾開始構思最後一本著作。一九四六年他開始動筆時，朋友托斯科・費佛（Tosco Fyvel）來信寫道，倫敦是個「破舊、灰暗、看起來疲乏的地方」[2]。整個戰爭期間，英國一直避免採用麵包配給制[3]，但一九四六年卻不得不開始實施配給，以避免歐洲陷入飢荒，尤其是德國。同年五月，他寫道：

對不在武裝部隊裡的人來說，停戰後的日子跟戰時一樣難過，也許更加難過也說不定，因為某些物資短缺的影響是累積的。例如，衣物的短缺愈來愈難以忍受，因為衣服已經穿到破舊不堪。去年冬天，燃料短缺的情況甚至比戰時的任一時間還要嚴重[4]。

《動物農莊》是一部政治版的寓言故事，歐威爾的下一部小說則是另一種類型（恐怖故事）的政治轉折版。他筆下的怪物，不是像科學怪人（Frankenstein）那樣是由十九世紀的科學家打造出來的，也不是像哥吉拉（Godzilla）那種二十世紀創造出來的武器，而是二十世紀的政治產物。二十世紀的政治創造出一個完全侵入型的國家，有時是邪惡的，但笨拙的情況幾乎總是比聰明的情況還多。

歐威爾就像邱吉爾一樣，戰後那段日子，即使納粹已經被擊垮了，他還是持續提醒大家，巨大的危險依然存在。一九四六年三月，邱吉爾在「鐵幕」演說中提到一個世界，在那個世界裡，「獨裁者或組織嚴密的寡頭集團，通過享有特權的單一政黨和政治警察，毫無節制地行使國家大權。[5]」他認為「不久前剛被盟軍勝利所照亮的大地，已經罩上了陰影……從波羅的海的斯德丁（Stettin）到亞得里亞海的第里雅斯特（Trieste），已經拉下一道橫貫歐陸的鐵幕。」

歐威爾也看到鐵幕的陰影向西延伸。他看到了未來，他想警告大家，那是行不通的，至少對像他那樣注重個人隱私和言論自由的人來說是行不通的。多年來，他一直在思考戰後歐洲的壓迫問題。一九四一年，他提出警告：「這是一個極權主義國家的時代，它不允許、也可能無法給予個人享有任何自由。一提到極權主義，大家會立刻想到德國、俄羅斯和義大利，但我認為大家必須面對這種現象將在全球蔓延的風險。[6]」他擔心，這種擁有無上權力的國家不僅會禁止人們表達某些想法，還會採取進一步的措施，要求大家該怎麼思考。

由於害怕分心，或許也是因為性格變得更加內向，歐威爾盡可能待在朱拉島上，以完成那本書。當初幫他找到那間房子的朋友大衛·阿斯特說：「那幾乎是不列顛群島中你能找到最偏遠的地方了。我從來沒想過他會待在那裡。我本來只是建議他去那裡度個假，因為他顯然需要休假。[7]」他補充說：「對身體虛弱的人來說，住在那裡實在太瘋狂了。[8]」

在那個風暴肆虐的寒冷小島上[9]，離他最近的電話是在南方二十七哩的地方，而且沿途的路況很糟，比荒野小徑好不到哪去。一九四六年七月二十一日，理論上應該是盛夏的日子，但那天的天氣「冷到足以讓人想在每個房間裡生火取暖」[10]。翌年一月，冬風「吹得太猛，連站著都很困難」[11]。

一位當地的訪客得知，他搬去那裡不是為了取悅任何人。「當時他有點自殘的情緒，常發牢騷。再加上喉嚨有傷口（西班牙中槍的傷口），以前他常吹口哨，現在他四處走動時，會發出沉悶的口哨聲。他留了下垂的鬍子，心思不再充滿活力和幽默，而是變成不友善又苦悶的老傢伙，我們不得不忍受他。[12]」他的生活只能勉強糊口，不是因為缺錢，而是因為當時實施糧食配給。他請一位從倫敦來訪的朋友帶麵粉來，他解釋：「實施糧食配給以來，我們這裡的麵包和麵粉幾乎一直處於短缺狀態。[13]」

歐威爾不顧死活的性格有時仍會浮現。一九四七年八月，儘管健康狀況依然不佳，他還是決定在朱拉島再過一個冬天。他叫一位朋友不要擔心：「冬天有些日子可能很淒冷，有時這裡會與內陸完全隔絕一兩週，但只要手邊還有麵粉做司康餅就行了。[14]」

同月，他帶著兒子和一些訪客，包括外甥亨利，一起搭乘汽艇遊覽該島北端著名的克里夫雷肯漩渦（Corryvreckan whirlpools）。歐威爾一派輕鬆地向大家保證，他詳讀了這個歐洲海域中最大漩渦的危險，但他嚴重低估了海洋的力量。亨利回憶道：「我們被漩渦甩來甩去，汽艇出現劈啪的響聲，引擎從支架上直接掉下來，沉入海中，不見蹤影。[15]」他們只好以划船的方式划到懸崖邊，但亨利把汽艇拉上岸時，汽艇翻覆了。他們一小群人坐在一個多岩的島上，渾身濕透，悶悶不樂，只有歐威爾除外，他逕自去探索和研究海鸚種群。

兩個小時後，他們被一艘經過的捕蝦船接走了。翌日，歐威爾去附近的兩座湖釣魚[16]，釣到十二條鱒魚。

旅居朱拉島期間，歐威爾大多是重病在身的病患。他告訴房東（他的朋友），他希望在死前寫完那本書[17]。一九四七年五月，他寫信告訴出版社：「這本書有不錯的開始，我已經寫了近三分之一的草稿。不過，進度還是不如預期，因為今年從一月起，我的健康狀況一直很糟，好不起來。[18]」之後他也毫無起色，從後續兩年的幾篇日記即可見得：

一九四七年九月五日：「身體不適（胸腔），幾乎沒有外出。」[19]

一九四七年十月十三日：「身體不適，沒有外出。」[20]

一九四八年九月十六日：「身體很不舒服，每晚的體溫約華氏一〇一度（攝氏三八・三度）。」[21]

一九四八年十月十三日：「腰疼得厲害，海面平靜。」[22]

一九四八年十二月十九日，他修改完那本書不久，終於在停筆十二天後又寫了日記：「身體狀況欠佳，無法寫日記。」[23]

兩週後，他被送往結核病患者的療養院[24]，最後被轉到一家倫敦的醫院，醫生是安德魯・莫蘭（Andrew Morland），他也曾醫治作家D・H・勞倫斯（D. H. Lawrence）。《一九八四》付梓時，他躺在病床上慢慢地死去。那是他的最後一本著作，於一九四九年六月出版。同月，邱吉爾的回憶錄第二卷〈最光輝的時刻〉在英國出版。歐威爾的來日不多了，這時他的生命只剩不到七個月。

《一九八四》

《一九八四》的主角是一個悲慘的中年英國人，名叫溫斯頓・史密斯（Winston Smith）。他住在名為「勝利大樓」的公寓裡，那棟公寓類似歐威爾於二戰期間住過的公寓大樓。歐威爾以前的公寓就在艾比路（Abbey Road）邊，那棟大樓西南方約三個街區的地方，有個兩層樓的小錄音室[25]。披頭四從一九六三年開始在那裡錄製唱片，使那裡在一九六〇年代開始出名，披頭四後來也以那條路做為某張專輯的名稱。

那本小說一開始是以平實的敘事開頭，卻令人不安：「四月的某天，天氣清朗冷冽，時鐘敲了十三下。[26]」也就是說，這句話結束時，讀者已經進入一個全然不同的世界，而且很可能很不對勁。歐威爾畢竟是歐威爾，第二段一開頭就寫道：「走廊瀰漫著一股氣味，像是煮過的甘藍菜和老舊腳踏墊的味道。」這一段的最後，確認了這些文字給人的不祥感受：主角溫斯頓經過的海報底下，以大寫字母寫著「老大哥正看著你」的鮮明字樣。在該書第一頁的最後，顯然作者知道他想說什麼及如何表達。他為讀者介紹了一個世界，在那個世界裡，客觀的現實並不存在，或至少在那個一覽無遺的國家中，客觀的現實是違法的。那個世界裡有「思想警察」利用「電屏」進行普遍的監視[27]，那些電屏可以同時發送及接收資訊，而且非常靈敏，能夠感應到心跳加速。歐威爾寫道：「說不定他們一直監視著每個人。」當時他已經預見如今電子螢幕無所不知的狀態。溫斯頓凝視著公寓的窗外，看到一公里外，真理部的大樓上寫著黨的三個口號[28]：

戰爭即和平
自由即奴役
無知即力量

接著，作者描述其他的政府部門：和平部（「掌管戰爭事宜」）、豐隆部、仁愛部（負責維護法律與秩序）。作者說，仁愛部是「真正可怕的地方，那裡根本沒有窗戶」[29]。這些都是歐威爾這本現代恐怖小說中的怪物分部。

儘管主角也叫溫斯頓，但溫斯頓這個角色和歐威爾的共通點，遠比他和邱吉爾的共通點還多[30]。溫斯頓和歐威爾一樣，抽廉價難聞的菸草所製成的香菸；約四十歲時，彎腰撿東西會氣喘吁吁。他跟歐威爾一樣，對父親只有「模糊」的記憶。既然作者是歐威爾，書中描寫世上諸多令人不快的現象時，通常是以氣味來表達。例如，溫斯頓上班地點的自助餐廳散發著「一股酸味，聞起來像混合了劣質的杜松子酒、難喝的咖啡、金屬味的燉菜和髒衣服的味道」[31]。

對溫斯頓來說，就像對作者一樣，生命中最重要的行為不是說出來或發表什麼，而是準確地觀察周遭的世界。收集事實是一種革命性的行為。堅持這樣做的權利，可能是最具顛覆性的行動。為了強調這種關聯，溫斯頓不僅這麼做，還在日記裡以大寫字體強調：「老大哥下台。」[32]他對於黨堅持只有黨能決定什麼是真實的、什麼不是，感到特別憤怒。他一度想到：「黨告訴你不能相信自己的眼睛和耳朵，這是他們最終、也是最重要的命令。」但溫斯頓冒著危險，開始自己思考，他在日記裡寫道：「自由就是有說出二加二等於四的自由，如果能得到這樣的自由，一切就沒問題了。」[33]

溫斯頓不知道，歐威爾也沒有這麼說，但他的邏輯推理顯然是依循最典型的英國哲學傳統，亦即約翰．洛克（John Locke）和大衛．休謨（David Hume）的經驗主義。更具體地說，極權主義國家迫使他開始像洛克和休謨的知識傳承者約翰．史都華．彌爾（John Stuart Mill）那樣思考。

彌爾的知名作品《論自由》（*On Liberty*）發表於一八五九年。該文是思考，隨著國家權力的壯大，如何維護個人自由。彌爾在那篇充滿先見之明的論述中，一開始就說該文主題是探索「社會可以合法對個人行使的權力，具有哪些性質和限度」[34]。他接著說，這個問題「很少被提及，也很少以一般的用語討論，但……大家可能很快就認為那是未來的關鍵問題。」自由的核心是個人的領域，「意識的內在領域……良知的自由……思想和情感的自由。[35]」

在《一九八四》中，彌爾提出的問題確實變得很重要，因為內在領域受到國家的攻擊。歐威爾在小說的後面，明確地呈現出這種哲學關聯。他寫道，老大哥的社會之所以無法獲得生產力的進步，是因為「科學與科技的進展需要靠經驗思考，但是經驗思考在嚴格控管思想的社會裡是無法存續的」[36]。一個科技進步可以和監控型國家共存的社會，已經超出了歐威爾的故事設定範圍。

溫斯頓意識到自己逐漸變成異議分子，可能會被國家發現及追捕。歐威爾寫道：「他是一縷孤獨的鬼魂，說出永遠沒人會聽到的真相，但只要他說出口了，就某種隱約的意義來說，這件事就能夠一直持續下去。重點不在於讓人聽見你的話，而是維持理智，以便傳承人類特質。[37]」在這段文字中，歐威爾預言了索忍尼辛（Solzhenitsyn）、沙卡洛夫（Sakharov）、阿馬爾里克（Amalrik）等異議分子的出現，他們在證明自己領悟的事實時，在一九八四年後的幾年幫忙推翻了蘇聯。在這兩個世界中——《一九八四》中的假想世界和真實的蘇聯——光是質疑官方對真相的表述，並記錄可觀察的現實以提出另類觀點，就算是一種道德上的勝利。在這兩個世界中，國家都知道這點，並認為那種行為是在煽動叛亂。

溫斯頓在小說裡的職業是改寫歷史，他討厭那個工作。他對整個體系的厭惡激發了他的反叛，在書的開頭，他想到：「如果黨可以插手干預過去，說這件事或那件事從未發生過，那肯定比單純的酷刑或死亡還要可怕吧。[38]」他在小隔間裡工作，隔壁工作間的同事是一名女性，她的工作是負責從所有的紀錄中刪除「已經人間蒸發的人名，如此一來，那些人就彷彿從不存在似的。這件工作還挺適合她的，因為她的丈夫兩三年前就是這樣人間蒸發了。[39]」溫斯頓是使用名叫「說寫器」（speakwrite）的機器工作，這個名稱可能會讓人聯想到一九八〇年代的文書處理軟體 WordPerfect。在他的桌子邊緣有一個「記憶洞」，他們把含有廢棄事實的檔案丟進那個洞裡。

歐威爾在無產階級的身上看到了一線希望。溫斯頓在日記裡寫道：「如果我們還有希望，那應該是在無產階級的身上。[40]」這是這本書的主題，尤其是前半部。溫斯頓反復思索著那句話，不太明白它的意思，覺得那句話比較像是一種信仰。歐威爾在書中從未真正解釋過那種想法，但他在一九四二年撰寫的一篇短文中解釋了，他在那篇文章中思考「極權主義未來的一些願景」[41]。在該文中，他解釋為什麼他覺得勞動階級會比較反抗一個侵擾性的右翼國家：

為了永久地獲得勞動階級的青睞，法西斯分子必須提高生活水準，那是他們辦不到、可能也不願意做的。勞動階級的抗爭就像植物的成長，植物是盲目又愚蠢的，但它至少知道要繼續朝著光的方向，向上推進，而且即使面臨無盡的阻礙，它還是會那樣做。

歐威爾把無產階級描寫成本質上無法控制的。其實國家也沒有試圖去掌控他們，而是直接分散他們的注意力。溫斯頓認為：「沉重的勞力工作、照顧家庭和小孩、和鄰居為了瑣事爭吵、看電影、足球比賽、啤酒，還有最重要的，賭博，這一切雜事塞滿了無產階級的腦袋。……他們不會被懷疑。[42]」但他們保留了人性的情感，既不忠於黨，也不忠於國家，而是「忠於彼此」[43]。這似乎是溫斯頓和歐威爾寄予他們的希望。但他們兩人似乎都不知道，這如何帶領他們從《一九八四》的可怕世界中掙脫出來。現代小說家湯瑪斯．品瓊（Thomas Pynchon）贊同歐威爾的看法，他寫道：「溫斯頓．史密斯自己似乎不認識任何無產階級者。[44]」

書的後半部主要是溫斯頓和一個女人的愛情故事，那女人名叫茱莉亞（Julia），他們的愛情故事讀來尷尬笨拙。歐威爾向來不擅長描寫女性，尤其是性愛。有時他似乎認為性交只是由男人主導、女人順從的行為。溫斯頓和茱莉亞第一次做愛，是在鄉間散步時，進入一個僻靜的小樹林之後。歐威爾寫道：「他把女孩拉倒在地上，她完全沒有抗拒，他可以對她為所欲為。[45]」溫斯頓猶豫了一下，但茱莉亞告訴他她多麼喜歡性愛以後，他又恢復了熱情。

對這對戀人來說，性愛是反抗國家的終極形式。「他們擁抱在一起就是一種戰鬥，達到高潮就是一種勝利，那是對黨揮出重重的一擊，是一種政治行動。[46]」乍看之下，這似乎是嬉皮主義的早期形式，但可能不止於此。歐威爾說得沒錯，極權主義國家追求貞潔，要求大家做到心靈純潔。你可以想想毛澤東的妻子對外展現的嚴酷形象，或最近俄羅斯龐克搖滾樂團「暴動小貓」（Pussy Riot）對普丁寡頭政府所做的性別化反叛。即使如此，歐威爾還是把整個愛情的描寫弄得很尷尬，溫斯頓後來對茱莉亞說：「妳真正叛逆的地方，只有下半身而已。[47]」那顯然是在恭維茱莉亞。

當然，警方一直在監視他們。他們兩人在未經正式起訴或受到同儕組成的陪審團審判下，就遭到逮捕和監禁。

很巧，歐威爾和邱吉爾都覺得國家不該在不起訴下，就任意監禁任何人。事實上，一九四二年十一月，邱吉爾在一份官方的備忘錄中寫道：

> 政府行政部門不依法提出任何罪名就擅自拘禁任何人，尤其是無限期地拒絕讓同儕來審判他，那是最令人氣憤不過的做法，也是所有極權政府的基礎，無論是納粹政府、還是共產黨政府都是如此……對民主制度來說，一個人因不受歡迎就遭到拘禁或監禁是最可怕的事，那其實是一種對文明的考驗[48]。

邱吉爾在要求下屬釋放一九四〇年起遭到羈押的英國法西斯領導人奧斯維德·莫斯利（Oswald Mosley）時，發表了這項簡短的聲明。當時莫斯利遭到羈押是因為政府擔心，萬一德國入侵英國，莫斯利可能會領導通敵者。在上述兩種情況中，歐威爾都支持邱吉爾的主張。「一九四〇年，拘禁莫斯利是非常恰當的行動。在我看來，萬一德國真的侵入英國，射殺他也非常恰當。涉及國家存續的問題時，任何政府都無法嚴格遵守法律的字面意義。[49]」但是，他也補充提到，到了一九四三年，莫斯利已經不再是威脅，他只是「有靜脈曲張的可笑失敗政治人物。不經審判就繼續監禁他，違反了我們該努力捍衛的每項原則」。

在監獄裡，溫斯頓和茱莉亞都因為遭到嚴刑拷打而屈服，被迫互相告發。溫斯頓的主要虐待者名叫歐布萊恩（O'Brian）。那個名字即使有特殊的意義，歐威爾也沒有明確指出。歐威爾應該也不知道，英國共產黨駐西班牙的代表修・奧唐奈（Hugh O 'Donnell）——歐威爾在西班牙認識他——被西班牙的蘇聯地下活動組織取的代號就是「歐布萊恩[50]」。歐布萊恩以有點輕蔑的口吻對溫斯頓說：「你相信現實是客觀的、永恆的、不靠外力也會存在。你也相信現實的本質能夠不言自明……但是溫斯頓，我告訴你，現實不是客觀的……黨認為這是真相，那才是真相，除非從黨的眼睛來看待現實，否則不可能看清楚。[51]」

故事的結尾是兩個被屈打成招的戀人後來相遇，兩人的狀況一樣淒涼。他們互相坦言背叛，接著分道揚鑣，毫無希望。

《一九八四》於一九四九年六月出版，在英國非常暢銷，但是在其他地方的影響力最大。出版商沃伯格回憶道，那本書在歐洲掀起「轟動」，在當時的歐洲，「那是極其重要的政治行動[52]，因為你必須記住，二戰後，為了贏得戰爭而付出很多的蘇聯變得非常強大，而且某種程度上也令人欽佩。《一九八四》——就像《動物農莊》，只是以一種截然不同的

方式——可說是當時最強大的反蘇聯共產主義宣傳手冊。歐洲人都是如此看待那本書。」那部小說後來賣出了數百萬冊，被譽為「可能是二十世紀最權威的小說」[53]。

隨著那本書的暢銷，歐威爾的身體逐漸衰敗。他行將就木，來日不多了，他自己也知道。一九四九年初，他告訴朋友理查・瑞斯（Richard Rees）：「我一直很虛弱，吐了很多血。」[54]幾週後，他在寫給瑞斯的另一封信中補充提到：「我依然無法做任何工作，有時我拿出紙筆，想要寫幾行字，卻怎麼也做不到。[55]」

他逐漸凋零，就像邱吉爾回憶錄的最後兩卷一樣，歐威爾撰寫《一九八四》期間和之後，他的寫作也開始顯得疲軟，文筆日益缺乏活力，論點也不再犀利。一九四八年的年中，他以底下的方式思索社會主義的未來：

> 即使我們消滅了富人，大眾還是得減少消費或增加生產。難道是我誇大了現今困境的惡劣程度嗎？也許吧。如果能證明是我自己誤解了問題，我倒是很高興。但我想闡明的重點是，信奉左派意識形態的人無法真正討論這個問題[56]。

歐威爾若是身體健康，不可能寫出這種字句，畢竟兩年前他才剛寫出〈政治與英語〉（Politics and the English Language）。

歐威爾在生命的最後兩年，大多是在住院狀態，逐步邁向死亡。他躺在床上時，偶爾會出現幻聽，聽到看不見的貴族訪客發出的聲音（他稱他們是「上層階級」）。他以驚人的精準度描寫他們：

> 那些聲音真特別！有一種吃飽太閒、愚昧的自信，對沒什麼大不了的事情不停地狂笑，最明顯的是帶有一種濃厚的腔調，並結合一種根本的惡意——人們即使看不見他們，也可以本能地感覺到他們的存在。他們是任何聰明、敏感或美麗事物的敵人[57]。

但別忘了，伊頓公學畢業的歐威爾自己就有這種腔調。他是個誠實的作家，誠實到不敢忽視這點，所以在這篇日記的結尾，他也譴責了自己：「難怪每個人那麼痛恨我們。」一九四九年四月十七日，寫完這篇日記後，他就停筆了。

歐威爾的記者朋友蒙格瑞奇也曾與英國的左派發生衝突，一九三三年他誠實地報導了烏克蘭饑荒，《紐約時報》反而對那件事隻字未提。一九四九年九月，蒙格瑞奇去倫敦的醫院探望歐威爾，當晚他在日記裡寫道，歐威爾「消瘦到不可思議的狀態，狀似風燭殘年，不久於世——他的表情和五官的延伸帶有一種奇怪的明確感」[58]。

歐威爾最後一篇完成及發表的文章，是對邱吉爾的回憶錄第二卷〈最光輝的時刻〉所寫的書評。他很欣賞這位政治家，儘管他們的政治觀點大相徑庭：

他每隔一段時間發表的政治回憶錄，無論從坦率的程度、還是從文學的角度來看，都遠遠超越一般的平庸之作。邱吉爾基本上是一個記者，即使他沒有過人的文學長才，也有扎實的文筆。他還有一顆永不停歇的好奇心，對具體的事實和動機的分析都很感興趣，有時甚至也會分析自己的動機。總的來說，邱吉爾的寫作更像一般人的作品，而不是公眾人物的作品[59]。

歐威爾寫出這樣的書評，可說是對那本書的高度讚揚。

歐威爾接著又評論邱吉爾在一九四〇年的表現。他說，邱吉爾的成就在於，在敦克爾克戰役的前後意識到，即使法國淪陷了，那並不表示英國也會一樣淪陷。不過，歐威爾指責邱吉爾沒有意識到，蘇聯「痛恨社會主義者的程度，更甚於痛恨保守主義者的程度」；邱吉爾也沒有意識到，墨索里尼的法西斯主義「本質上肯定是敵視英國的」。

底下幾乎可以算是歐威爾最後出版的文字：

很多人可能不認同他（邱吉爾），也慶幸他和他的政黨沒有贏得一九四五年的大選，但我們不得不佩服的是，他不僅勇氣過人，即使在這種正式的回憶錄中，他也呈現出一種偉大和親和力……

寫完這篇書評和幾封信後，歐威爾就陷入沉默了。

一九四九年十月十三日，歐威爾與索尼雅．布朗奈（Sonia Brownell）結婚。索尼雅是倫敦文壇上的活躍分子，和歐威爾一樣出生於英屬印度。歐威爾第一次向她求婚時，她拒絕了，但後來歐威爾再度求婚時，她接受了。一位傳記作家評論道：「沒有人相信她愛歐威爾。[60]」歐威爾有一位朋友認識他的兩任妻子，那位朋友回憶道：「索尼雅聰明、嗜酒、有趣、危險、暴躁易怒——這些都是愛琳沒有的特質。[61]」另一個朋友記得，索尼雅「基本上出奇的不快樂」[62]。

歐威爾的日記中從未提過索尼雅，因為他在他們結婚前約六個月就停止寫日記了。為了婚禮，歐威爾在床上坐了起來，但無法站立[63]。在這場臨終的婚禮上，伴郎是大衛．阿斯特。歐威爾為了婚禮，在睡衣的外面套上一件淡紫色的天鵝絨禮服[64]。

整個秋天，歐威爾幾乎都躺在床上讀但丁的《神曲》（*Divine Comedy*）[65]。十一月十四日，蒙格瑞奇發現歐威爾「又更消瘦了，整個人看起來更加枯槁」[66]。他的魚竿放在房間的角落，但他再也用不到了[67]。

歐威爾和美國

某次蒙格瑞奇去醫院探訪歐威爾時，歐威爾告訴他，他想寫五本書[68]，其中一本可能是研究美國的反英情緒。歐威爾若有機會訪美的話，他的觀點幾乎一定會改變，只是我們不知道會怎麼改變罷了。他已經開始重新思考自己對二十世紀美國的厭惡。二戰結束兩年後，他在一篇當時未發表的文章中寫道：「如今反美簡直就像跟烏合之眾一起吶喊一樣。[69]」但他接著又說，如果那些烏合之眾必須在蘇聯和美國之間做出選擇，「儘管當下有各種時髦的議論，但每個人都心知肚明，我們應該選美國。」

如果歐威爾有機會踏上美國的土地，美國的許多事物可能會令他產生反感，例如任何東西都很龐大，很多事情看在他眼裡是炫耀性的消費、狂妄自大、沾沾自喜。最重要的是，美國以自我為中心的強烈個人主義，可能會令他覺得格格不入。他最喜歡英國的一點，是強烈的私人團體意識。在〈獅子與獨角獸〉中，他這樣描述英國人：「所有最本土的文化，幾乎都是大家齊聚一堂、但非正式的活動，諸如酒吧、足球賽、後花園、壁爐和『喝杯好茶』。[70]」

美國人的自我形象不是那麼集體行動，而是獨來獨往。這是從小說《獵鹿人》（*The Deerslayer*）和《維吉尼亞人》（*The Virginian*）首開先河，後來出現神槍手的變形，例如《獨行俠》

（*The Lone Ranger*）。一九四〇年代和一九五〇年代的每部B級西部片，似乎都是以一個獨行俠騎馬進入或離開城鎮做為開場或結尾。後來這種形象又延續到機車騎士獨自馳騁在空曠的公路上，或登山者獨自攀登洛磯山脈，這些都是如今的電視廣告上經常呈現的畫面。美國人比英國人更認同叛逆者和獨行俠，例如克林・伊斯威特（Clint Eastwood）的《荒野浪子》（*High Plains Drifter*）。一九六一年，流行歌手狄翁（Dion）錄製了一首熱門歌曲，那首歌把這一切濃縮成簡化的青春本質：「沒錯，我是漫遊者。沒錯，我是漫遊者。我四處漫遊，漫遊，漫遊。」在美國，這是值得效仿的角色，而不是一種令人哀嘆的命運。

如果歐威爾造訪美國，他也會有機會看到資本主義以一種不同的形式呈現。那種資本主義更為穩健，也更適應現實。

但那顯然是不可能的，歐威爾的生命力正逐漸消失。十二月二十一日，蒙格瑞奇在日記裡寫道：「他現在看起來枯槁憔悴，不知怎的還有點發黃。他沮喪地說，他正在注射盤尼西林，醫護人員說他的身上很難找到肉以插入針頭。[71]」

耶誕節那天，蒙格瑞奇去探望他，並寫下「他的臉看起來幾乎死了……空氣中瀰漫著死亡的氣味，像花園裡的秋天。」[72]」一九五〇年一月十九日，蒙格瑞奇又一次探訪後，在日記裡寫道，他猜想自己再也見不到歐威爾活著了。他猜的沒錯，歐威爾於一九五〇年一月二十一日凌晨約兩點半過世，得年四十六歲。

隨著冷戰時代的到來，歐威爾的生命走到了盡頭[73]。冷戰一詞是歐威爾幫忙命名的。一九四三年十二月，他在一篇書評中首次使用「冷戰」一詞；一九四五年二戰結束兩個月後，他再次使用那個詞；一九四六年，他又用了第三次。蒙格瑞奇為他安排了喪禮，一月二十六日在一個沒有暖氣的教堂中舉行，蒙格瑞奇寫到那場喪禮「相當哀淒，且寒氣逼人」[74]。歐威爾的另一位小說家朋友鮑威爾選擇以《傳道書》做為喪禮講章的文本[75]。在這個由其他作家規畫、而且有許多作家出席的喪禮上，那一章很適合用來紀念一位作家的逝世，裡面有這麼一句話：「著書多，沒有窮盡。」

歐威爾的最後心願，再次顯示他奉守已久的牧歌主義。他希望自己在英國的教堂墓地裡安息。朋友大衛・阿斯特得知這個心願後，買了兩塊墓地，一塊用來埋葬歐威爾[76]。二〇〇一年阿斯特過世時，他在第二塊墓地裡安息。他們的安息地就在赫伯特・阿斯奎斯（Herbert Asquith）的附近，赫伯特是邱吉爾的摯友維奧莉・（阿斯奎斯）・伯翰・卡特的父親。

一九五三年二月，邱吉爾第二次閱讀《一九八四》後，對醫生說：「這是一本非比尋常的精彩著作。[77]」

CHAPTER 15 ——邱吉爾為時過早的晚年：一九五〇～一九六五年
Churchill's Premature Afterlife: 1950–1965

CHAPTER 15 邱吉爾為時過早的晚年：一九五〇～一九六五年

Churchill's Premature Afterlife: 1950–1965

歐威爾過世那年，邱吉爾犯下一生中最糟、也最慘的錯誤：再次出任首相。我們只能推斷，他覺得有必要為一九四五年七月的敗選雪恥。那是他首度參加首相競選（一九四〇年是由英王任命為首相），但遭到公然否決。

歷史學家往往刻意不看他從一九五一年十月開始二度擔任首相的情況。他年紀太大了，中風及輕微的心臟病使他更加虛弱。他對自己面臨的兩大任務既不感興趣，也不擅長：重建英國本土經濟，以及縮減外交政策以更貼近英國戰後地位的下滑。如果說一九三〇年代是他的「政治荒野期」，那麼一九五〇年代可說是他的迷糊期。

身為和平時期的首相，他也懷念二戰期間的使命反而簡單，只要存活下來、戰勝德國就好了。現在再也沒有希特勒需要面對，邱吉爾就像他父親一樣，是天生的反對派[1]。向來很理解邱吉爾政治舉動的詹金斯評論道：「重新檢閱邱吉爾二度擔任首相的生活細節，總讓人覺得他實在很不適合執政。[2]」一九五五年四月，邱吉爾因連續幾次中風而變得更虛弱，連他也不得不承認自己該下台了。

於是，邱吉爾卸任後，開始放縱自己。他卸任兩年後，小說家伊夫林．沃某天在蒙地卡羅（Monte Carlo）的一家餐館看到他「狼吞虎嚥大量的油膩食物」[3]。小說家在寫給伊恩．佛萊明（Ian Fleming）妻子的一封信中，無情地描述那個老人的臉，「像大象一樣灰，毫無表情」。在那次蒙地卡羅之旅中，邱吉爾在賭場外等車時，突然被美國歌手法蘭克．辛納屈（Frank Sinatra）攔住[4]。辛納屈衝到他面前和他握手，並說：「我想這樣做已經二十年了。」歌手離開後，邱吉爾不解地詢問助理：「那到底是誰？」

邱吉爾繼續享受舒服的生活：一九六一年，在保守黨的要求下，他搭機橫越大西洋。那次飛行中，他除了享受頭等艙的福利以外，還開了七瓶葡萄酒、兩瓶干邑白蘭地，吃了兩磅的史帝爾頓乳酪（Stilton cheese）[5]。

然而，儘管他的思想和心智都在衰退，但他的聲譽卻日益卓著，部分原因在於他的戰爭回憶錄享譽國際，暢銷全球。最後一卷是一九五三年十一月在美國上市，同年他榮獲諾貝爾文學獎。

寫完戰爭回憶錄後，他接著又出版《英語民族史》（*A History of the English-Speaking Peoples*），那是他一九三〇年代開始撰寫的書，後來擔任首相後便擱置一旁。那套歷史時而浪漫、時而坎坷，猶如他二度擔任首相的文學版。認同邱吉爾的英國歷史家隆納．李文（Ronald

Lewin）稱那套書是「童話」，並補充說：「專業的歷史學家不會把那套書拿來當教科書。」[6]另一位同情他的書評家認為，那套書有些內容「非常業餘」[7]。那四卷《英語民族史》比二戰回憶錄更依賴團隊撰寫，但那是由一個失去權力的人所監督的團隊。

一九五〇年代末期，隨著邱吉爾的身心逐漸衰老，他的幾個孩子也開始走下坡路，其中兩個孩子比他早一步離世：一九二一年，第四個孩子瑪麗葛（Marigold）死於敗血性感染。一九六三年，長女戴安娜服用過量的安眠藥自殺。第二個孩子藍道夫承襲了父親的所有惡習，但幾乎沒遺傳到優點，曾六次競選國會議員，每次有對手競選就敗選（一九四〇年到一九四五年間，因無人跟他競選，所以在多黨的戰時協議下，他當了一屆議員）；在二度婚姻失敗後，他一如既往把第二任妻子貶抑為「微不足道的中產階級小賤人，向來亟欲逢迎奉承，卻因方法拙劣而失敗」[8]；他因良性腫瘤而歷經罹癌的恐慌並移除腫瘤後，曾與他為友的小說家伊夫林．沃語帶諷刺地評論：現代科學的典型做法是，找到他身上唯一無害的部分並加以移除。藍道夫成年後，大部分的時間幾乎都在酗酒，邱吉爾離世三年後，他也過世了（當時伊夫林．沃吸毒成癮，一九六六年四月過世，只比邱吉爾晚了十五個月）。

第三個孩子莎拉是失意的女演員，歷經三次考慮欠周的婚姻，後來跟哥哥一樣酗酒。第五個孩子瑪麗，也是最小的，是邱吉爾的子女中唯一看似幸福的人。由此可見，邱吉爾在父職方面有嚴重的缺點，不過，他自己的人生也缺乏仿效的榜樣。

一九五〇年代後期，隨著許多反對他的書籍開始出現（部分是由他的回憶錄激發出來的），邱吉爾的聲譽也嚴重受創。其中最引人注目的，是陸軍元帥布魯克於一九五七年出版的回憶錄。緊接著出版的，是一些頑固的帝國主義者，他們聲稱邱吉爾出賣了英國。記者兼史學家湯普森（R. W. Thompson）聯合軍事理論家巴佐．李德．哈特（Basil Liddell Hart）指控：「邱吉爾的悲劇在於他是混血，他的英國父親和美國母親應該為他的不忠負責。[9]」

最近有一小群學者以修正主義的觀點來看邱吉爾，並搭配聳人聽聞的書名，例如《揭露邱吉爾》（*Churchill unmasked*）。但他們的觀點似乎對大眾沒什麼影響，甚至對艾略特．寇恩（Eliot Cohen）等比較戰略導向的學者也沒有影響。那些書基本上是叫讀者見樹不見林，忘了邱吉爾的人生所構成的一大片森林，只專注於作家認為值得關注的那幾棵樹。

如今，邱吉爾已成為一種傳奇人物、智慧泉源，宛如國際版的尤吉．貝拉（Yogi Berra）。貝拉是洋基隊的傳奇球員，如今以一些名言著稱，但很多名言其實不是他講的，例如「再也沒有人去那裡，那裡太擠了。」如今流傳的許多邱吉爾名言也是如此，由於錯誤的引述太多，邱吉爾中心（Churchill Centre）還在網站上另闢一區，專門收錄邱吉爾從未

講過、但大眾常誤以為是他說的名言[10]。例如，有一個流傳已久的故事是這樣的：阿斯特夫人對邱吉爾說，當初她要是嫁給他，她會在他的咖啡裡下毒。邱吉爾回應，當初他要是娶了她，他會喝下那杯咖啡。這段對話其實是源自一九〇〇年美國報紙刊登的一則笑話。

有一句話一直誤傳是邱吉爾或歐威爾說的：「我們在床上睡得香甜，是因為大兵們在夜裡隨時準備對那些打算傷害我們的人施暴。[11]」事實上，他們兩人都沒說過那句話。那句話最早是出現在保守派媒體《華盛頓時報》（*Washington Times*）上，語出電影評論家理查·格雷尼爾（Richard Grenier）。格雷尼爾在文中明確地指出，他是轉述歐威爾的話。具體來說，他似乎是指歐威爾評論吉卜林的散文時，所提出的見解：「他清楚明白，唯有靠那些注定比較不文明的人來守護及供養，其他的人才能享有高度的文明。[12]」格雷尼爾提及那句話時，沒有使用引號。但幾年後，兩位保守派的美國作家《國家評論》（*National Review*）雜誌的凱特·奧貝恩內（Kate O'Beirne）和專欄作家喬治·威爾（George Will）提到那句話時，卻使用了引號。後來，保守派的英國史學家安德魯·羅伯茲（Andrew Roberts）也引用了那句話。最後，二〇〇六年，《國家評論》又把那句話誤植成邱吉爾說的[13]。

不過，其他地方引述的邱吉爾名言是正確的，有些引用甚至出乎意料。一九六四年，卡斯楚透露他正在讀邱吉爾的二戰回憶錄。「如果邱吉爾沒有做擊敗納粹的那些事情，今天你們不會在這裡，我們都不會在這裡。[14]」他造訪哈瓦那的一家書店時，對前來看這位古巴新領導人的人群這麼說，「更重要的是，我們必須對他特別感興趣，因為他也曾經領導一個小島對抗龐然勁敵。」

另一個出人意表的引述，是來自滾石樂團的吉他手基斯・理查茲（Keith Richards）。他引用邱吉爾的話，為自己放蕩不羈的生活方式辯解：「我從酒精裡得到的，比酒精吞噬我的還多。[15]」理查茲生於一九四三年，是在邱吉爾首度擔任首相的任期內出生的，後來他又補充說：「我對毒品之類的東西也有同樣的感覺，我從中得到了一些東西。」有時候，邱吉爾講的話帶有一種自相矛盾的成分，聽起來彷彿真的像貝拉說的。例如，「世上有很多可怕的謊言，最糟的是，其中有一半是真的。[16]」

不過，把邱吉爾加以神化也是有代價的，尤其他把英美的「特殊關係」塑造成一種標誌，有些人在不明所以下就沿用那種說法。他們似乎沒意識到，當初邱吉爾那樣做是為了在冷酷無情、有時痛苦不堪的戰時聯盟上蒙上一層溫情。誠如史學家哈斯汀斯所言：「英國政府非常在乎美國政府及其主政者對我們的看法，在乎到痴迷的程度。[17]」

二〇〇三年，英國助長美國輕率地領軍入侵伊拉克時，英國對這種英美特殊關係的重視達到了低點。一九九七到二〇〇七年擔任英國首相的東尼・布萊爾（Tony Blair）在回憶錄中寫道：「美國需要支援時，我支援了。[18]」其實更精確的說法是，美國需要真正的朋友給予明智的建議時，布萊爾反而當了啦啦隊從旁助興。九一一恐怖攻擊發生後，布萊爾模仿邱吉爾的口吻說：「在這個悲劇時刻，英國人與我們的美國朋友並肩同在。我們跟他們一樣，把這股邪惡勢力逐出世界以前，永不停歇。」當月稍後他造訪紐約市時，又使用更強烈的懷舊措辭，錯誤地表示，二戰初期，「當時，有一個國家和一個民族支持我們。」這個說法讓熟悉歷史的加拿大、澳洲、紐西蘭、南非人民不禁納悶（那些都是在閃電戰中幫過英國的國家），一九三九和一九四〇年究竟是哪個國家幫了英國，畢竟當時美國駐英大使還大剌剌地預測德國會贏。誠如澳洲史學家羅賓・普里爾（Robin Prior）所言：「一九四〇至四一年，自由民主的捍衛者不是英國連同美國，而是英國和大英帝國的自治領。他們一起為自由而戰，當時世上最大的民主國家只偶爾對他們灑點麵包屑而已。[19]」

二〇〇二年七月，布萊爾發了一份備忘錄給布希，聲稱美國一旦與伊拉克發生衝突，「無論如何，我都會支援你[20]」。那份備忘錄是英國官方調查布萊爾政府在伊拉克戰爭前所做的決定，並於調查後披露的。那個調查發現，布萊爾這種類似空白支票的聲明，導致「英國後來很難撤回當初對於二〇〇三年三月入侵伊拉克的支持」。

如果布萊爾在戰略上像邱吉爾一樣靈活，他應該會反對美國入侵伊拉克，那將使美國政府很難發動戰爭。當然，短期內，英國在伊拉克問題上公然與美國產生歧見，可能會導致英美關係緊張。但長期來看，拒絕支持美國在伊拉克的行動，才是真正的友好行為，也是一種戰略遠見。

然而，隨著大家日益質疑美國在伊拉克的所作所為，二〇〇三年夏季，布萊爾還前往美國國會，敦促美國人堅持下去，繼續努力。他輕率地建議他們，別擔心歷史的教訓，「研究歷史，除了最一般的意義以外，幾乎無法給現在的我們任何啟示，這是前所未有的情況。」[21]布萊爾強調英美特殊關係的概念、卻似乎不了解英美關係的複雜性，在明明應該注意歷史教訓的時候，卻刻意把歷史拋諸腦後，他這樣做反而對英美關係帶來極大的傷害。

至於邱吉爾本人，直到一九六五年一月過世之前，甚至在那之後，他始終對美國公開展現忠誠。在他自己設計的葬禮上，美國國旗和英國國旗一起飄揚。在告別式中，〈共和國戰歌〉（The Battle Hymn of the Republic）迴盪在聖保羅大教堂內醒目的金色和白色拱門及圓頂之間[22]。然而，美國總統詹森或許還記得二十年前邱吉爾冷落了羅斯福的葬禮，所以他也沒出席邱吉爾的喪禮，甚至沒派副總統出席。

CHAPTER 16

歐威爾的非凡崛起：一九五〇～二〇一六年
Orwell's Extraordinary Ascension: 1950–2016

「四月的某天，天氣清朗冷冽，時鐘敲了十三下。」[1]二〇一五年四月，扎拉．薩拉登（Zahra Salahuddin）為巴基斯坦《黎明報》（*Dawn*）撰寫的專欄文章以這樣的句子開場。她撰文抱怨巴基斯坦政府賦予自身監控網路的新權力。她認為這就是老大哥在監控，所以引用了《一九八四》的開場白。

諸如此類的參考、引喻、歌頌，每天都出現在世界各地的媒體上，歐威爾如今已變成當代文化的焦點人物。近年來，他甚至超越了邱吉爾，而且不只在歷史意義上超越，在當前的影響力上也超越了邱吉爾，可說是英國文學史上最出色的遺世影響力之一。

歐威爾如今的地位，可能會讓他那個年代的人震驚不已。畢竟，終其一生，他大多時候默默無聞，連在倫敦文壇上也是如此。《動物農莊》出版不久，名氣不大的英美作家洛根．皮索爾．史密斯（Logan Pearsall Smith）讀了那本書，便打電話給當時頗具影響力的編輯老友西里爾．康諾利（Cyril Connolly），想更了解那本書的作者。當時皮索爾．史密斯說，歐威爾不知是何方神聖，一出手就「打遍天下無敵手」[2]。

也許皮索爾．史密斯正好預言了未來，因為他打了那通電話以後，翌日就過世了，他的評語精準地預測了歐威爾的聲譽軌跡。一九三〇年代，歐威爾幾乎是默默無聞，到了一九四〇年代中期，他頂多只算是有點名氣的小作家。然而，一九五〇年初過世以來，他的地位持續地穩定成長，甚至銳不可擋。二〇一四年，一位《金融時報》的撰稿人寫道：「他的影響力和遺世典範一年比一年旺暢。[3]」

他在世時，每本著作的銷量僅幾百或幾千本。然而，他過世以來，據估計他的著作銷量已逾五千萬本[4]。

如今甚至有一整個學術研究，專門探索歐威爾死後地位提升的現象，例如約翰．羅登（John Rodden）的《喬治．歐威爾：文學聲譽的政治》（*George Orwell: The Politics of Literary Reputation*）。我們無從得知歐威爾是否認同那些作品，尤其那些作品中還有一些模糊難懂的句子，例如：「主口號通常是變體演變的起點，但變體也可能是建立主口號的基礎。一個口號是不是『主口號』，不是看時間的先後順序，而是看它在接收的歷史上出現的集中度和頻率。[5]」讀完這段話後，不禁令人納悶，讀過〈政治與英語〉的人怎麼會寫出這種句子呢？不過，這種風格也反映出一個更大的事實：學術界並未好好研究歐威爾，他的作品常吸引一些三流的書評者做出拙劣的評論。社會學家尼爾．麥勞克林（Neil McLaughlin）認為，正因為歐威爾「在流行文化中」備受推崇，所以大學教授「比較忽視」他，或許他長期以來深受保守派的喜愛也是原因[6]。相反的，過去七十年來，許多不在學術界活躍的一流公共知識分子宣揚並謹慎地分析他的作品，例如歐文・豪（Irving Howe）、諾曼・波德里茨（Norman Podhoretz）、克里斯多福・希鈞斯（Christopher Hitchens）等人。

歐威爾在世時，只有少數幾位作家關注他，尤其是蒙格瑞奇和亞瑟・庫斯勒（Arthur Koestler）。庫斯勒曾以共黨間諜兼記者的身分前往西班牙，並遭到國民軍的囚禁。他跟歐威爾一樣，西班牙內戰的經歷使他對左右派同感失望。他回到英國並發表西班牙的相關演講後，正式與共產黨分道揚鑣，但他拒絕在演講中譴責POUM，他回憶道：「當時POUM被共產黨視為頭號敵人」[7]。他只說出他相信的事情：POUM的領導人始終很老實，那些宣稱POUM是叛徒的人既愚蠢又惡劣。

不過，蒙格瑞奇和庫斯勒是例外，他們之所以會注意到歐威爾，是因為他們和歐威爾都走上同一條艱難的道路。他們三人都反對史達林主導的共產主義。

歐威爾在世時，他的名字並未出現在英國版的《名人錄》（*Who's Who*）上[8]。一九五五年出版的《巴特利特語錄》（*Bartlett's Quotations*）中（歐威爾過世後發行的第一版），只收錄他的一句話[9]。格蘭茨曾經出版歐威爾的早期作品，但後來因為歐威爾批評史達林主義而未再出版他的著作。一九五六年，格蘭茨在寫給女兒的信中提到：「我覺得歐威爾被嚴重高估了。[10]」

一九六三年，詩人兼公共知識分子史蒂芬．斯賓德（Stephen Spender）認為歐威爾的散文寫得雖好，但他仍是沒多大影響力的小人物[11]。有趣的是，斯賓德是在一本獻給歐威爾遺孀索尼雅的書中寫出這些評語。有一次斯賓德受訪時，被問到他對歐威爾的看法，他對歐威爾做出了最迂迴的恭維：「仔細閱讀他的作品時，你會發現他的結論通常很正確，但理由不太充分。[12]」斯賓德在他的糟糕自傳中並未提到歐威爾，但他像海明威那樣，狂熱地暢談戰爭期間他在西班牙的生活：「當下總是有強烈的生活感，使人忘了其他的一切，因此沉浸在一種西班牙特有的風情中。[13]」他也矛盾地指出：「我在西班牙寫的詩，是一個和平主義者寫的，雖然他支持軍事行動。[14]」庫斯勒曾在倫敦的皇家咖啡館，與斯賓德爭論政治問題。這也難怪，庫斯勒曾不屑地表示：「別再說了，別再說了，因為我可以猜出接下來二十分鐘你要說的一切。[15]」

後來很少評論家像斯賓德那樣看扁歐威爾。一九六〇年代，就在斯賓德貶抑歐威爾的時候，歐威爾的聲譽開始穩步上揚，而且持續上揚了數十年[16]。歐威爾的散文集也在此時首度出版。

從那時起，歐威爾的聲譽開始飆漲。如今歐威爾已成為他那個時代的重要人物，有時甚至被譽為二十世紀最重要的作家之一。一些二十世紀的思想史回顧都把焦點放在他身上。

彼得・沃森（Peter Watson）在二〇〇〇年首度出版的《現代心靈》（*The Modern Mind*）一書中，把歐威爾提升為焦點人物，成為一個參照點[17]。該書分成四部分，第一部分名為「從佛洛伊德到維根斯坦」（Freud to Wittgenstein），第二部分名為「從史賓格勒到《動物農莊》」（From Spengler to Animal Farm）。在史學家東尼・賈德（Tony Judt）的最後一部著作《思考二十世紀》（*Thinking the Twentieth Century*）中，賈德也特別挑出歐威爾來講，只是評價沒那麼高。二〇一五年出版的一本戰後英國史，書名是《歐威爾的褪色獅子》（*Orwell's Faded Lion*）。前面提過，保守派的美國雜誌《國家評論》彙編一份二十世紀最重要的非小說類書單時，歐威爾是唯一有兩本書登上前十名的作家：《向加泰隆尼亞致敬》和《歐威爾文集》[18]。邱吉爾的二戰回憶錄高居那份書單的榜首。《觀察家報》的倫敦文學編輯羅伯・麥克龍（Robert McCrum）稱歐威爾是「二十世紀最具影響力的英國作家之一」。《衛報》的評論家菲利普・法蘭奇（Philip French）更進一步指出，歐威爾「可能是二十世紀最偉大的作家」[19]，連國籍都未提。最近，《衛報》指出，《一九八四》「可說是二十世紀最著名的英文小說」[20]。在美國最高法院現任法官發表的意見書中，歐威爾是最常被引用的作家第三名，僅次於莎士比亞和路易斯・卡洛爾（Lewis Carroll）[21]。

在歐威爾聲譽崛起的過程中，某些特別糟糕的分析和評論一直以他為評論主題。即使如此，那感覺也很貼切，畢竟很少偉大的作家像他那樣寫過那麼多糟糕的作品。

蘇聯集團中的歐威爾

歐威爾的聲譽之所以崛起，背後的一大動力是他對東歐和俄羅斯知識分子的影響，那些知識分子試圖理解及描述他們的新共產主義統治者。波蘭詩人兼外交官切斯瓦夫·米沃什（Czesław Miłosz）在一九五三年出版的《禁錮的心靈》（*The Captive Mind*）中寫道：「連那些只從傳聞得知歐威爾的人，也很驚訝一個未曾在俄羅斯生活的作家，竟然對俄羅斯的生活有如此敏銳的洞察力。」當時，那本書讀起來像是在闡釋《一九八四》。米沃什指出：「黨反對任何深入探究人心的趨勢，尤其是文學和藝術方面。沒有表達出來的東西，就不存在。所以，只要禁止人們探索人性深處，就可以摧毀探索的衝動，內心深處會慢慢變得不真實。[22]」他警告，結果是，「在東方，人與社會之間沒有界限。」

一九七〇年，蘇聯的異議分子安德列·阿莫爾里克（Andrei Amalrik）發表他批評蘇聯權力的作品時，為了向歐威爾致敬，把書名取為《蘇聯會存續到一九八四年嗎？》（*Will the Soviet Union Survive Until 1984?*）。在那本書中，他準確地預言：「任何國家被迫把那麼多精力用來掌控數百萬國民的身心狀態時，是不可能無限期存續下去的。[23]」

一九八〇年代，歐威爾聲名鵲起，甚至在學術界引爆了一場爭論。那場爭論的焦點是，如果歐威爾活到晚年的話，他是屬於哪種意識形態。新保守主義運動的教父諾曼・波德霍雷茨（Norman Podhoretz）在一九八三年斷言：「歐威爾若是現在還活著，我覺得他會是新保守主義者。[24]」

波德霍雷茨之所以如此斷言，是因為他堅信歐威爾主張的核心主題是左翼知識分子的失敗。不過，文學批評有一個陷阱是，把自己的觀點歸因於某人的主題。從新的右翼觀點批評左翼，可能為波德霍雷茨指引出一個方向，但是那並非歐威爾的主張。貫穿歐威爾所有作品的主題——從早期的《緬甸歲月》到一九三〇年代末期的作品，再到多篇擲地有聲的散文，最後到《動物農莊》和《一九八四》——其實是在探討現代世界中左右派都有的濫權問題。有時那是以緬甸殖民時期主人與僕人之間的應對關係呈現，有時是以經濟大蕭條時期巴黎侍者和洗碗工之間的應對關係呈現。不過，最常見的形式是出現在一九三七年起的隨筆和作品中，那是以國家和個人之間的關係呈現。正因為這個原因，一九八〇年代波蘭的工會運動積極地採納歐威爾的看法，以他的人像為非政府的郵政服務發行郵票[25]。（此外，大家應該也會納悶，波德霍雷茨怎麼會忽視歐威爾對以色列建國的反對呢。歐威爾的朋友費佛是猶太復國主義者，他回憶道，對歐威爾來說，「猶太復國主義者是白人殖民者，就像那些住在印度或緬甸的英國人一樣；阿拉伯人則像土生土長的緬甸人……所以他反對猶太民族主義——反對所有的民族主義。[26]」然而，費佛並未解釋一個明顯的矛盾：歐威爾在作品中是英國鄉村生活的強烈擁護者，那即使不算是民族主義，也算是一種地域主義。）

保守派對歐威爾的推崇之所以那麼持久，是因為現代的左派其實從未完全接受戰後的歐威爾，這實在是令人遺憾。那些相信言論自由、但又懷疑無節制資本主義的人，應該在心裡和腦中為歐威爾保留一席之地，而不是讓他被保守派所獨尊。只有一個派系或派別的政治作家引用某個作者的說法時，不見得就表示作者認同他們的觀點。任何想知道歐威爾政治觀點的人都應該謹記，一九四五年十一月他曾寫道：「我屬於左派，必須在其中工作，儘管我痛恨俄羅斯的極權主義。[27]」他不會像他批評的某位作家那樣，讓「當時改革派的愚行把自己變成某種反常的保守主義者」[28]。

不過，話又說回來，如果歐威爾的作品可以做為參考標準的話，一九六〇年代末期，歐威爾可能會對嬉皮的自戀以及新左派的許多方面感到震驚。他曾寫過：「享樂主義的社會是無法長久的。[29]」但他可能不是以保守派的觀點來批評一九六〇年代，而是從農村社會主義的觀點出發。因此，他可能會接納一九六〇年代和七〇年代的一些其他面向，例如回歸鄉土運動，以及反對企業化農業、支持小農種植有機作物之類的反應。事實上，他在世時，也是從城市返土歸田的人，儘管健康欠佳，他還是到蘇格蘭捕魚及種植食物。有鑑於他對自然的熱愛以及對大企業的懷疑，他要是活在一九六〇年代，可能也會參與全球暖化運動。

歐威爾的聲譽二度高漲，是發生在他死後的三十四年，亦即一九八四年實際到來的時候。那一年，《一九八四》再次成為暢銷書[30]，年初的每一天都可以賣出五萬冊。賈伯斯和蘋果公司在當年的超級盃上播放了一支高調的廣告，把歐威爾的聲譽又推高了一層。那是麥金塔電腦上市的廣告[31]，裡面引用了《一九八四》的畫面，廣告中有個類似老大哥的人物出現在巨大的灰色螢幕上，一個青春洋溢的女子穿著運動服跑進來，把鐵鎚扔向那個超大螢幕，把螢幕砸得粉碎。那支廣告雖然只播過一遍，但一播出就成為有史以來最著名的廣告之一。

要是歐威爾能活到一九八四年，那時他是八十一歲，可能會延續不守傳統成規的作風，在內赫布里底群島上一邊衰老，一邊過著隱居的務農生活。斯賓德終於有一次正確地了解了歐威爾的看法，他說：「他重視的是英國鄉間的舊英格蘭概念。在那種環境中，保守就是反對正在發生的變化，尤其是造成不平等的變化。他反對十九世紀出現的那群麻木不仁的工業中產階級。[32]」

如果歐威爾能以某種方式看到當今的世界，當他看到大家批評美國、英國、俄羅斯、中國日益加劇的貧富不均現象時，幾乎一定會支持那些批評。從《動物農莊》的情節發展可以推知，他若是看到中國從文化大革命演變成今天共黨和新億萬富豪所組成的邪惡聯盟，可能也不會感到意外。如果歐威爾能在今天的中國住上一兩年，不知道他會寫出什麼樣的作品。

歐威爾迅速崛起的新聲譽只受過兩次嚴重的打擊[33]，分別發生在一九九八年和二〇〇三年。有人爆料指出，歐威爾晚年曾為英國政府準備了一份疑似共產黨人的名單。這種告發行為是發生在一九四九年五月，當時他躺在醫院的病床上。然而，從他所處的時代背景來看，那種舉動是可以理解的[34]。歐威爾曾目睹朋友在西班牙被蘇聯監禁起來，並在毫無司法審判下遭到處決。《動物農莊》出版後，他有理由擔心自己的安危——前面提過，他想出版該書時，就遭到史摩萊特（偷偷為蘇聯效勞的英國官員）的阻撓。史摩萊特是費爾比招募的間諜，當時他和伯吉斯、布朗特等蘇聯間諜都尚未被識破身分，在英國的社交圈

裡相當活躍，也備受敬重。一九四九年九月，歐威爾彌留之際，費爾比被任命為英國駐美大使館的英國情報總監。

儘管如此，現代左右兩派的思想家都認同，歐威爾的作品已經變成我們了解二十世紀及二十一世紀的關鍵。新保守主義右派說，他「被一些人譽為二十世紀最重要的作家」[35]。左派的希鈞斯更進一步主張：「他身為談論法西斯主義、共產主義、帝國主義的作家，以其他的英語作家所無法企及的方式，擁有二十世紀。」二〇一三年，《新共和》（*New Republic*）的一位撰稿者把歐威爾比喻成蒙田和莎士比亞，稱他為「世紀聖賢」[36]。

歐威爾在九一一之後再度流行

這點促成歐威爾死後第三次的聲譽崛起，可能也是最令人意外的一次。一些評論家曾預測，一九八四年過後，或至少蘇聯解體後，歐威爾的熱潮將會轉淡。一九八七年，文學評論家哈洛德．布魯姆（Harold Bloom）預測，《一九八四》將被視為一部「時代作品，就像《湯姆叔叔的小屋》（*Uncle Tom's Cabin*）那樣」[37]。就連長期支持歐威爾的文學評論家歐文．豪（Irving Howe）也認為，冷戰結束後，「《一九八四》可能只剩『歷史意義』。[38]」

然而，冷戰後的新世代覺得歐威爾的文字很有共鳴，所以歐威爾的作品不僅沒有沒落，還再度流行起來。《一九八四》的歷史脈絡雖然消逝了，但脈絡的消逝似乎也解放了這部小說，讓大家覺得它是在探討現代人類普遍面臨的問題。

關於這點的證明，從近年來世界各地的讀者和作家紛紛對歐威爾描述的那個近乎無所不知的狀態做出回應，即可見得。二〇一五年七月，一名部落客一本正經地寫道：「我們活在新的監控時代，每個公民都受到持續的監視，歐威爾勾勒出來的社會生活概念變得出奇的普遍。[39]」二〇一五年，伊拉克作家哈山·阿卜杜拉扎克（Hassan Abdulrazzak）表示：「我確定歐威爾撰寫《一九八四》時沒有想過：我必須為伊拉克的男孩寫一個有教育意義的故事。但那本書為我解釋了海珊統治下的伊拉克，那本書比我之前或之後讀過的任何書籍解釋得更清楚。[40]」二〇一五年，《一九八四》變成俄羅斯的年度十大暢銷書之一[41]。

二〇一四年，《一九八四》在泰國變成反政府示威者的熱門象徵，連菲律賓航空公司都在一份實用的提示清單中提醒乘客，帶那本書入境可能會被海關及有關當局找麻煩[42]。以「艾瑪·拉金」（Emma Larkin）這個筆名在東南亞工作的美國記者寫道：「緬甸流傳著一個笑話，歐威爾不只寫了一本有關緬甸的小說而已，而是寫了《緬甸歲月》、《動物農莊》、《一九八四》這三部曲。[43]」

現代的中國似乎對歐威爾特別有共鳴。一九八四年以來，中國已出了十三種版本的《一九八四》中譯本。《一九八四》和《動物農莊》也有藏文譯本。譯者董樂山解釋歐威爾與中國的相關性時寫道：「二十世紀即將結束，但政治恐怖依然存在，這就是為什麼《一九八四》至今仍成立的原因。[44]」

歐威爾早期對政治濫權的思考也吸引了新的讀者。一名伊斯蘭激進分子在埃及被囚禁期間讀了《動物農莊》，他意識到歐威爾道出了他個人的疑惑。馬吉德．那瓦茲（Maajid Nawaz）說：「我開始頓悟：『天啊，要是跟我在這裡的人哪天掌權了，他們就像是伊斯蘭版的動物農莊。』[45]」在辛巴威，一家反對派的報紙刊登了《動物農莊》的連載，並以插圖強調一場背叛的革命[46]。插圖中，豬（拿破崙）戴著辛巴威終身總統羅伯．穆加比（Robert Mugabe）所鍾愛的大框眼鏡。有人看了連載後，以防坦克地雷摧毀了報社。二〇一四年，一位古巴的藝術家因打算呈現《動物農莊》的畫作，在未經審判下遭到監禁[47]。為了讓有關當局明白他的用意，他在兩頭豬的身上寫了「菲德爾（亦即菲德爾．卡斯楚）」（Fidel）和「勞爾（亦即勞爾（亦即勞爾．卡斯楚）」（Raoul）的名字。

在「後九一一」時代，《一九八四》又找到一個新的關聯以及新一代的西方讀者，因為有三個方面環環相扣。

對當今的美國人來說，《一九八四》那個永久戰爭的背景帶有一種令人心寒的警告。那本書的背景就像今天的美國生活，衝突是發生在舞台外，只能偶爾聽到遠方傳來的火箭爆炸聲。歐威爾在《一九八四》裡寫道：「溫斯頓已經記不得他的國家到底什麼時候沒在打仗。[48]」（現在所有二十出頭或更年輕的美國人也是如此。在小說中，有些人甚至懷疑政府是假裝在打戰。政府宣稱戰爭正在進行，是為了持續掌握權力。）

這個時代，美國靠著無人機發射精準的導彈，少量的海軍海豹突擊隊隊員，以及駐守在中東偏遠地區的特種作戰部隊來發動戰爭。敵人可能偶爾轟炸倫敦、馬德里、巴黎、紐約等城市。相較之下，底下這個擷取自《一九八四》的片段彷彿有先見之明：

> 現在參與戰爭的士兵並不想達成什麼偉大的目標，他們沒辦法摧毀敵人，開戰也沒有物質上的因素……真正參戰的人很少，大部分都是經過高度訓練的專業人士，所以相對來說傷亡也很少，如果真的發生打鬥，也是在前線的某處，一般人只能大概猜測在什麼位置……在國民的心中，戰爭不過是代表消費物資持續短缺，偶爾會掉下一顆火箭炮炸死幾十個人罷了[49]。

第二個促成現今歐威爾熱潮的動力是，後九一一時代情報國家的崛起。無論是西方或東方，這個時代，我們都活在一個專橫跋扈的侵入性國家。二〇〇〇年代初期，美國政府常用遙控飛機在巴基斯坦、葉門等未正式交戰的國家殺人。除了美國政府認為有威脅性的行為模式以外，許多遇難者甚至身分不明。殺害那些人後來變成所謂的「特徵攻擊」

（signature strikes）[50]——亦即，有恐怖分子行為模式的服役年齡男性，例如與已知的恐怖分子通電話或會面的人。在巴基斯坦、葉門、索馬里等地，這類攻擊已發生數百次。（美國還引用法律指出，那些鎖定的攻擊對象都有武裝，但那只是一種狡辯，因為那些人位於阿富汗—巴基斯坦邊境之類的地區，那些地方有如現代版的道奇城（Dodge City），成年男性本來就會隨身攜帶武器。「後設資料」（Metadata）——操縱數十億筆資料以辨識以前看不見的模式——讓政府可以悄悄地針對數百萬人的行為收集檔案。

當然，美國政府採取那些致命的侵入性方式，是為了因應九一一攻擊。歐威爾很可能會嚴厲譴責那些攻擊，也譴責美國政府的恐慌反應。歐威爾謹守的指導原則是良知的自由——既不受政府控制，在宗教或意識形態上也不受極端分子的控制。回想一下本書前言末了他說的那句話：「自由若有意義的話，那是指你有權利告訴對方他不想聽的話。[51]」從這個脈絡來看，在《一九八四》中，溫斯頓看到自由的最大威脅不是來自海外，而是來自自己的政府。

第三，或許也是最令人震驚的，是《一九八四》中使用酷刑的方式，預示了今天的國家如何使用酷刑來進行無休止的「反恐戰爭」。九一一恐怖攻擊後，酷刑在美國史上首次變成官方政策。（在此之前只是偶爾使用，但使用時總是不顧法律，有時會遭到起訴。）CIA官員坦承他們使用酷刑，彷彿是在挑戰檢察官敢不敢起訴他們似的（目前為止還沒有人遭到起訴）。

一些專家偶爾會爭論，二十世紀中葉的作家中，哪個人預測的未來最準？究竟是赫胥黎（他在《美麗新世界》〔*Brave New World*〕中預言國家利用快樂來掌控人民），還是歐威爾（他的觀點比較黑暗，他認為國家是以痛苦建立起來的）。（事實上，赫胥黎曾是歐威爾在伊頓公學的法語老師。）其實這種比較是錯的，他們兩人預測的未來都是對的。多數人覺得生活愉快就很滿足了，他們不會去質疑國家。但每個國家都會出現少數的異議分子，鎮壓他們往往需要採用比較嚴厲的方式。誠如歐威爾在《一九八四》的尾聲所言：「人類有兩種選擇，一是自由，二是幸福……對多數人來說，幸福比較重要。[52]」此外，多數美國人似乎或多或少都覺得，自己的私人通訊受到國家安全機構的監控也無妨。在這方面及酷刑的使用上，美國人民默默地同意那些徹底背離其民族傳統的做法。

其他的國家也效仿美國，探索高科技電子竊聽的可能性。二〇一四年烏克蘭動亂期間，親俄政府被抗議者的圍攻下，傳給抗議者最歐威爾式的訊息：政府監測了抗議地點附近的手機位置，然後發送一則集體簡訊給他們：「親愛的用戶，你已登記成為大規模騷亂的參與者。[53]」簡訊開頭的「親愛的」那幾字，特別容易讓人想起老大哥的心態。

歐威爾雖然有先見，但不算是全知全見。他擔心極權主義的野蠻力量，但我們知道他從未造訪美國，可能因此未能領會資本主義的韌性。就像二戰期間他誤判了美軍的應變調適力一樣，他也低估了美國社會的穩健及調適力。一九四三年，他在另一種背景下寫道：「由利潤動機主導的經濟，根本不等於現代規模的重新武裝。[54]」那說法或許適用於一九三〇年代的英國，當時英國的經濟正在衰退，無法為創新提供足夠的資金。但過去八十年間，美國已經三度證明那種說法是錯的——第一次是在二戰期間；第二次是在艾森豪時代的建設期間；第三次是在越戰後的美軍重建期間，當時雷根政府的支出結合矽谷的力量，創造出以電腦為基礎的強大美軍體系。

因此，歐威爾也低估了西方國家和西方企業的侵入程度。他在《通往威根碼頭之路》中錯誤地預測，「一旦社會主義建立起來，機械進步的速度將會快速許多」[55]，他的遠見可能受到位置的限制。他之所以覺得資本主義有局限性，是英國的實地觀察給他的想法——亦即工業時代晚期，資本主義的停滯不前。資本主義的最高目標是效率，也就是說，這個系統依賴管理者從現有的系統和勞工中擠出更多的錢。一九四五年，歐威爾寫道：「製造一架飛機的過程如此複雜，只有在中央集權的計畫經濟下，有各種高壓手段可用，才有可能製造出來。除非人性出現某種不可預測的變化，否則自由和效率必定是背道而馳的。[56]」

然而，歐威爾無法預料的是，數十年後，隨著資訊時代的來臨，效率在經濟上的重要性將遠不如創新和調適力。蘋果、微軟、Google和無數二十世紀末的公司，並未生產出更好的打字機，而是創造出全新的產品，例如掌上型電腦及相關的應用程式。他們這樣做並沒有效率，因為創新必然是一種浪費的過程，失敗總是比成功多出許多。事實上，這些新公司若要在競爭中脫穎而出，只能投入大量資金及福利在那些有能力開發出創新產品的員工上。歐威爾也不可能預見這些公司受到加州「個人解放」的意識形態所啟發，很快就生產出比工業時代的產品更深入侵犯隱私的東西，而且公司無時無刻都在追蹤個人，以便向他們推銷更多的商品。如今資料不僅功能強大，而且利潤豐厚。矽谷有句話是這麼說的：這世上沒有免費的應用程式——如果應用程式是免費的，使用它的人就是產品。換句話說，如今的矽谷企業把人視為可開採及利用的資源，就像十九世紀的煤炭一樣。

近年來，歐威爾新衍生的影響力似乎使他首度變成某種名人，時常出現在流行文化中。撰寫本書的過程中，我利用「Google快訊」（Google Alert）追蹤「歐威爾」這個關鍵字，結果每天都會收到二三十則世界各地的報章雜誌、網站、其他媒體引用其作品的通知。這些引述毫無例外，至少會有一則開宗明義就寫道：「如果歐威爾今天還在世，他會……」那些文章通常是在譴責作者當時反對的事情。在政治評論中，歐威爾被簡化成一個方便攻擊對手的棍棒。底下這篇節錄自《華爾街日報》右翼社論版的文章就是典型的用法：「套用歐威爾為大洋國寫的格言：在歐巴馬的領導下，朋友即敵人，否認即智慧，投降即勝利。[57]」幾週後，一位自由派大學生所寫的文章也是一例：「美國還不算是歐威爾式的反烏托邦……不過，儘管他們的政策已經夠接近反烏托邦、只是差一點罷了，現在投票支持共和黨候選人，就是把美國推向《一九八四》。[58]」要嘲諷這些歐威爾的引用很容易，但是嘲諷他們就搞錯重點了，因為那些引用還是有其重要及有益的一面：歐威爾的作品顯然教會了很多人，如何提防政府那些令人麻木的話術、無處不在的官方監視，以及最重要的，提防國家侵入私人領域。

藝術和娛樂界也出現一股引用歐威爾的有趣風潮。這些風潮累積起來，使他成為當代文化的熱門人物。二〇一三年，歌手大衛．鮑伊（David Bowie）列出他最喜歡的一百本書，其中有三本是歐威爾的著作[59]。伯明罕市足球隊的教練把《一九八四》列為他最喜歡的書籍[60]。芝加哥有一支年輕的搖滾樂團「歐威爾」（The Orwells），他們以〈誰需要你？〉（Who Needs You?）及〈髒床單〉（Dirty Sheets）等歌曲在國際樂壇上揚名。如果歐威爾有音樂天賦的話，他可能會創作出那樣的歌曲。加拿大一個獨立音樂二人組Town Heroes發行了一張專輯，靈感來自歐威爾的建議：試著看清眼前的世界[61]。

或許現代對歐威爾最成功的致敬之作，是戴夫．艾格斯（Dave Eggers）的生動小說《揭密風暴》（*The Circle*），該書在今天的矽谷重新上演《一九八四》。故事是發生在一家名為環網(Circle)的公司裡，環網似乎已經吞併了蘋果、Google、Facebook，或許還有幾家IT公司。劇情發展是跟著一位名叫梅兒的年輕女子，進入一個自願完全受到監視的世界。多年來，蘋果規畫及興建的新總部呈正圓形狀，外面覆蓋著曲面玻璃，這樣的設計可能不是巧合[62]。它在無意間呼應了傑瑞米・邊沁(Jeremy Bentham)所主張的理想監獄：圓形監獄[63]。不過，誠如艾格斯所想，蘋果總部的設計不是為了監視內部的囚犯，而是為了窺視外面所有人的生活。

艾格斯對矽谷世界觀的寫實描述，再加上他認為矽谷企業的做法最終將會破壞個人自由，使這部小說顯得更加精彩刺激。環網公司的三大負責人之一表示：「每個人都應該有權知道一切事情。」他還說，如果每個人都受到監視，「那可促成一種更有道德的生活方式……梅兒，我們最終都會因此成為最好的自己。」艾格斯悄悄地運用加州人最愛的說法，一語道盡了這個可怕的想法：「我們終將發揮潛力。」

梅兒的監視者發現，她沒有分享一切經歷的相關資料。他們當著一群人的面，以一種類似成長互助會的形式來公開審問她。她告訴認同她的同儕，她被迫學習以下的觀念：

祕密即謊言
分享即關懷

隱私即盜竊

或許不令人意外的是，科技網站《數位趨勢》（*Digital Trends*）覺得該書的部分內容「令人反感」[64]。

在此同時，學術界的學者也開始抨擊歐威爾職涯中的一些瑣事。例如，一九三一年歐威爾努力撰寫《巴黎倫敦落拓記》時，曾入獄一晚[65]，他對警方聲稱他叫「愛德華．伯頓」（Edward Burton）。一位記者調查歐威爾在赫特福德郡開店的經歷時，發現不止一位鄰居覺得他那家店「幾乎沒什麼用處」[66]。

如今，歐威爾只要坐在那家店裡為著作簽名，就可以輕鬆賺進可觀的收入。二〇一四年，他的文學遺囑執行人接受英國刊物的訪問時表示，過去三年，歐威爾遺產的收入以每年百分之十的速度成長，遠遠超越了停滯不前的經濟[67]。BBC替前雇員歐威爾委外製作了一座雕像，並打算於二〇一六年完成後擺在公司裡。總之，就當代影響力來說，歐威爾已經超越了邱吉爾。

如今這些頌讚是否高估了歐威爾？也許是吧，尤其一些不經意的引用把他描述成一個無與倫比的極權主義預言家。即使如此，證據大多還是對歐威爾有利。他在世時，同時代的人並未在著作中提到他，原因之一在於他比同時代的人更了解他們那個時代。當時無法證明這點，但他停筆六十年來所發生的事件已經證明了一切。

然而，歐威爾對西方文化最持久的貢獻，可能也是大家最少注意到的。大家常說他是少數幾位為我們的語言貢獻了新詞彙的作家，例如「雙重思想」、「老大哥」、「記憶洞」、「所有的動物一律平等，但有些動物比其他的動物更為平等」。

比較少人注意到的是，他行文的獨特風格，尤其是檢視政治和文化時的風格，已經變成現代討論這類問題的公認方式。在《泰晤士報文學增刊》（*Times Literary Supplement*）、《紐約時報書評》（*New York Review of Books*），以及數百家報紙的社論中，目前盛行的做法跟他的風格很像，或至少這些報章雜誌都試圖採用他的做法——簡明扼要、陳述性，以觀察到、但遭到忽視的具體事實做為證據。這也是歐威爾的文章和評論讀起來充滿現代感的原因之一。以底下這段節錄自二十一世紀美國政治作家塔納哈希・科茨（Ta-Nehisi Coates）的句子為例：「但我們的所有措辭——種族關係、種族鴻溝、種族平等、種族貌相判定（racial profiling）、白人特權，甚至白人至上等等——都是為了模糊種族歧視這種內心的深刻感受，讓人忘了它令人無法思考、呼吸困難、撕心裂肺、粉身碎骨的痛苦。你永遠不能把焦點從這裡移開。[68]」這句話的措辭和節奏，最重要的是，它要求讀者注意權力實際表達的方式，都是典型的歐威爾風格。

說邱吉爾和歐威爾——以及許多其他的人——可能促成了二十世紀末經濟蓬勃發展的條件，也許有點牽強，但可能不算誇張。邱吉爾身為戰爭領袖，在戰爭期間透過行動促成了戰後的世界。冷戰是二次大戰的結果，那場衝突的締結是一九四〇年的事件決定的，而邱吉爾正是那些事件的核心。蘇聯和美國雖然贏了二戰，但一九四〇年他們尚未參戰。誠如匈牙利出生的史學家約翰．盧卡奇（John Lukacs）所言（他在二戰期間曾淪為納粹的俘虜），一九四〇年邱吉爾做為「一個沒有輸掉戰爭的人」，深具意義[69]。英國作家保羅．強森（Paul Johnson）的說法或許最為貼切：「每個珍惜民有、民治、民享自由的人，都可以從邱吉爾的人生故事中找到慰藉和心安。[70]」

經濟成長為個人創造了空間，也為創造性的自我表達提供了機會。法西斯主義或共產主義都不太可能促進二十世紀末的經濟蓬勃。網路雖有侵入性，但它在鼓勵個人表達方面，目前看來仍是利多於弊。過去兩百年間，一個人想成為出版商，通常需要有點財力。現在則不同了，任何人只要有電腦，都可以向全世界傳播想法、事實和圖像。缺點是，政府和企業可以利用那些資料，使網路變成類似《一九八四》的雙向電屏。不過，更全面的是，它是一個結合國家監控和資本主義商業的巨大機制。

歐威爾預見人們可能變成國家的奴隸，但他沒有預見大家也可能變成令他恐懼的東西——企業的產品，可在其他地方無盡地探勘及兜售的資料來源。他如果在世的話，無疑會強烈抨擊這些事情。

後記：邱吉爾和歐威爾之路
Afterword: The Path of Churchill and Orwell

邱吉爾和歐威爾面臨歷史的關鍵時刻時，他們當下的反應是先尋找事情的真相，接著才根據信念行事。當時他們所面臨的是真正的末日情境，生活方式受到毀滅的威脅。他們的周遭有很多人預期邪惡勢力將會獲勝，並試圖與之和平相處，但他們兩人不同，他們是以勇氣和精明的眼光去因應危機。如果我們能從他們的身上學到什麼的話，那就是效法他們運用底下的兩步驟流程，尤其是面臨危機之際：努力辨別事情的真相，然後運用原則因應。

他們的判斷也常出錯，但他們決心努力找出問題的根源，因為追根究柢也很重要[1]。尤其，歐威爾總是想要看透所有的謊言、混淆和干擾。他願意讓事實來改變自己的觀點，而不是根據自己的觀點去塑造事實。

我們因應恐怖分子、全球暖化、貧富不均、種族歧視，以及驚慌失措的政客和蠱惑人心的領導人時，謹記著他們兩人在那個時代因應危機的方式對我們都有益處。他們特別善於識破社交圈中的錯覺——即使那不是交友及維繫友情的好方法，也是很實用的工具。

我們應該謹記，多數人平時並不喜歡歐威爾和邱吉爾這種人出現在我們身邊。我們面臨危機時，大多不會一頭栽進去探究，而是會盡量迴避。一九三〇年代的綏靖政策就是如此——那是不處理問題的方式，一心只想迴避無可避免的棘手事實。

泰勒．布蘭奇（Taylor Branch）在馬丁．路德．金恩（Martin Luther King Jr.）傳記的第一卷中，反覆使用「心理迴避」（psychological avoidance）一詞，來描述美國白人對民權運動的最初主流反應[2]。一九五〇年代和一九六〇年代，美國民權人士面臨的最大問題不是偏見本身，那問題甚至不見得只出現在南方。而是，有些人即使充滿善意，也不願意去解決一個日益惡化、不能再拖下去的錯誤。

一九六三年四月，金恩博士為了爭取民權而發起遊行和靜坐，因此違法被關進阿拉巴馬州的伯明罕監獄。他的律師帶著四月十三日的《伯明罕報》（*Birmingham News*）去探監。在報紙的第二版上，金恩看到以下的標題：白人牧師敦促當地黑人退出示威活動。該篇報導指出，七名當地的白人神職人員支持取消種族隔離，但反對金恩的抗議活動，聲稱那是「不明智、不合時宜的」的做法[3]。那位溫和派的神職人員呼籲雙方的極端分子，正確的做法應該是冷靜下來，給大家更多的時間。

金恩讀完那篇報導後，在報紙的空白處寫下他的回應，因為手邊沒有其他的紙張可用。四天後他寫完了，在那封〈從伯明罕市監獄發出的信〉中，他像歐威爾和邱吉爾一樣，要求大家看清眼前的世界。他首先提到他在抗議活動中做了什麼，以及他是怎麼做的。他指示牧師，第一步是「收集事實，以確定不公正是否真的存在」。他繼續說，其他的三個步驟是「（2）談判；（3）自然淨化；（4）直接行動」。

歐威爾可能會說，第一步「收集事實」是最具革命性的行為，就像《一九八四》裡的溫斯頓那樣。金恩認為，在一個以事實為基礎的世界裡，個人有權自行感知及決定那些事實，國家必須贏得人民的忠誠。當國家無法兌現它的花言巧語時，就會失去人民的忠誠。這種思維既有深遠的革命性，也非常美國化。

接著，金恩清楚地陳述眼前的真相：

> 伯明罕可能是美國種族隔離最徹底的城市。該市警察施暴的惡劣紀錄，可說是全國人盡皆知。該市法庭以不公的方式處置黑人，也是惡名昭彰的現實。相較於美國的其他城市，伯明罕有更多尚未破案的黑人住宅和教堂爆炸案。這些都是罪證確鑿、殘酷又令人難以置信的事實。

他提倡以違法的方式來逼國家善待公民，這難道不矛盾嗎？他回應，一點也不矛盾，並提到每個人都有權利自己做判斷。他主張：「任何提升人格的法律都是公正的；任何貶低人格的法律都是不公正的。」

歐威爾可能也會支持這種區別，他可能也會認同金恩的以下想法：「倘若我今天活在一個共產國家，那裡壓制了基督教所重視的某些原則，我相信我會公開鼓吹大家不要遵守那些反宗教的法律。」

幾頁之後，金恩表達了他對民權運動的信心。他覺得民權運動終究會有成功的一天，並聲稱「正義即使被擊敗，也比獲勝的邪惡更強大」[4]，這句話讓人不禁聯想到一九四〇年春天邱吉爾的立場。不出所料，金恩很快就淪為國家監控的受害者。

邱吉爾和歐威爾從大家面對希特勒的崛起，及共產主義的缺陷時所展現的迴避心態，看出那些行為在塑造人民對壓迫的反應上，有多大的破壞效果。即使面臨迫在眉睫的軍事威脅，英國的統治階級也沒有足夠的意志來捍衛其自由民主的生活方式。二戰後面臨的蘇聯威脅，是一個更複雜的挑戰，但它需要我們至少看清史達林的共產主義究竟是什麼——一種致命的極權主義意識形態，不僅壓抑人民說話的自由，也壓抑思考的自由。那對歐威爾和邱吉爾這種獨樹一幟的思想家來說，簡直跟純粹的酷刑無異。

隨著時間經過，我們逐漸肯定近年來一些真正的英雄。我們現在知道，一九六〇年代美國真正的領袖是金恩、貝亞德．魯庭斯（Bayard Rustin）、麥爾坎．X（Malcolm X）等拒絕耐心等待的人。在海外，我們可以看到，協助東歐和俄羅斯掙脫共產主義禁錮的人包括瓦茨拉夫．哈維爾（Václav Havel）、切斯瓦夫．米沃什（Czesław Miłosz）、萊赫．華勒沙（Lech

Wałęsa）、教宗若望・保祿二世、索忍尼辛、安德烈・沙卡洛夫（Andrei Sakharov）和其他的異議人士。

他們的同儕大多選擇另一個方向。在那種情況下，絕大多數的人幾乎都是錯的，至少一開始是如此。捷克斯洛伐克出生的作家米蘭・昆德拉（Milan Kundera）在《笑忘書》（*The Book of Laughter and Forgetting*）中提醒我們，一九四八年春天，蘇聯強行在捷克斯洛伐克推行史達林的共產主義時，最熱切歡迎他們到來的，是「更有活力、更聰明、更好的人。沒錯，無論你怎麼說，共產黨人總是比較聰明，他們有龐然的計畫，一個為全新世界制訂的計畫，每個人在那個世界裡都能找到自己的位置。對手沒有遠大的夢想，只有一些令人厭倦又陳腐的道德準則，他們試圖以那些準則來修補現有秩序這條破舊的褲子」[5]。

捷克斯洛伐克的共產黨掌權後，開始推行一個歐威爾應該不會訝異的計畫：系統化地抹除過往。昆德拉筆下的一個人物是某位即將入獄多年的歷史學家，他這麼說：「你開始清算一個民族……奪走他們的記憶，摧毀他們的書籍、文化、歷史。」昆德拉本人也流亡海外。

拒絕從眾通常比表面上看起來還要困難。為了與群眾中最強大的人決裂，那需要非凡的性格和清晰的頭腦，但如果我們想要保有獨立思考、發言、行動的權利，不聽從國家或流行思想的指示，而是聽從自己的良心，那是我們每個人都應該努力追求的道路。在多數地方及多數時候，自由不是軍事行動的產物，而是有生命的東西。它在我們思考與交流中、在公共討論的互動中、在整個社會重視及獎勵的事物中、以及我們做那些事情的方式中，每天都會消長。邱吉爾和歐威爾為我們指引出那條路。金恩在同一條路上，找到了救贖美國的方法，就像一百年前林肯在蓋茲堡做的那樣。

我們都可以努力那樣做，追求事實的真相，尤其是國家過去的真相[6]。事實有明顯的雙重影響。阿根廷、南非、西班牙巴斯克自治區（Basque country）所舉行的「真相與和解」會議證明了，事實是非常有效的工具——不僅可以戳破謊言，也可以為向前邁進奠定基礎。為了民主的繁榮，多數人必須尊重少數人大聲提出異議的權利。起初，準確的觀點幾乎都是少數人提出的。無論是在俄羅斯、敘利亞，還是在國內，當權者往往想要轉移人們對特定事實的關注。為什麼美國白人需要那麼久的時間才意識到，警察常把黑人當成敵人來恐嚇，即使是今天依然如此呢？為什麼有些政治領袖對傳統制度不像邱吉爾那麼忠誠，卻大言不慚地聲稱自己是「保守派」呢？

努力看清事物的真相，也許是驅動西方文明的根本動力。從亞里斯多德和阿基米德，到洛克、休謨、彌爾和達爾文，再到歐威爾和邱吉爾，最後到〈從伯明罕市監獄發出的信〉，這是一條漫長又直接的道路。亙古亙今，他們都認同客觀的現實是存在的；善意的人能夠感知客觀的現實；其他人看到事實的真相時，將會改變看法。

謝辭 Acknowledgments

感謝Peter Bergen、Bailey Cahall、Anne-Marie Slaughter、Rachel White在新美國智庫（New American）提供的各種協助。感謝Emily Schneider和Justin Lynch在那裡提供的搜尋協助。最後一輪的研究是由David Sterman完成的，他在彙編照片方面也做得可圈可點。

感謝亞利桑那州立大學透過新美國智庫所提供的支持，也感謝伯利亞斯科基金會（Bogliasco Foundation）的支持。伯利亞斯科基金會為我提供了一個美好的寫作環境一個月，還有一群晚上可以聊天的好夥伴。

感謝Katherine Kidder和Stuart Montgomery初期為我提供的研究協助，當時他們在新美國安全中心（Center for a New American Security）工作，我也對這個中心充滿了感激。

感謝一些人讀了整份或部分的初稿，並提出實用的建議。Vernon Loeb再次大方地幫我以充滿想像力的方式修潤文稿。Lee Pollock的意見與指點，幫我把幾個邱吉爾的段落寫得更緊湊深入。Richard Danzig的想法讓我重新思考如何比較邱吉爾和歐威爾。Karin

Chenoweth對一九三〇年代政治背景的想法不僅惠我良多，也深具啟發性。Tim Noah在思考後記方面幫了我很多忙。Cullen Murphy協助我大致了解，為了讓這本書更淺顯易懂，需要做什麼。Richard Wiebe以敏銳的眼光幫我檢視初稿，尤其是每章承諾的內容及實際內容之間的落差。其他讀過書稿並提供寶貴意見的人包括Michael Abramowitz、Ellen Heffelfinger、Richard Kohn、Anne-Marie Torres、James White、Charles和Tunky Summerall。Seamus Osborne自願監督手稿，而且做得非常出色。本書的一切文字皆由我負全責，以上諸位毫無責任。我撰寫五本書的過程中發現，錯誤在所難免，而且錯誤總是我自己造成的。

感謝底下這幾個惠我良多的網站：http://georgeorwellnovels.com和www.winstonchurchill.org。也感謝http://Hansard.millbanksystems.com網站上收錄的議會紀錄。

我很樂於向數百位研究邱吉爾、歐威爾、二戰的學者致謝。撰寫本書時，我拜讀了他們的作品，其中我特別依賴Martin Gilbert的著作，他對邱吉爾的許多研究在過去幾年成了我的指引。但我也想補充提到，我最喜歡的邱吉爾傳記是William Manchester的多卷著作，或許是因為他是從美國視角撰寫的。Gilbert提供了權威性的紀錄，Manchester則是讓那些紀錄躍然紙上。Roy Jenkins的邱吉爾傳記也影響了我，那本傳記等於為其他的邱吉爾傳記做了精彩的解讀。不過，關於邱吉爾的著作中，最令人難忘的還是邱吉爾自己撰寫的。

至於歐威爾那邊，我要感謝Andy Moursund早在一九八二年就送我一套四卷的歐威爾文集。

我想感謝卓越的編輯Scott Moyers和他的團隊（Christopher Richards、Kiara Barrow，以及Gail Brusse為本書領導的一流宣傳活動）幫忙出版這本書，以及我的前五本著作。如果沒有Moyers，這本書將會大不相同，也會少了很多趣味。如果編修文章是奧運比賽項目的話，Jane Cavolina應該可以獲得金牌。我仍持續依賴文學經紀人Andrew Wylie的建議。我也要感謝Dow Road唱詩班每週給我的鼓勵。

一如既往，感謝內人在人生的精彩旅程中一直陪伴著我。

69 John Lukacs, *Five Days in London: May 1940* (New Haven, Conn.: Yale University Press, 1999), 2.

70 Paul Johnson, *Churchill* (New York: Penguin, 2009), 166.

後記：邱吉爾和歐威爾之路

1 這段話的大部分內容來自與與作家切諾維斯的電子郵件交流。

2 Taylor Branch, *Parting the Waters: America in the King Years*, 1954–1963 (New York: Simon & Schuster, 1989), 54, 173, 332, 402, 486.

3 Jeffrey Aaron Snyder, "Fifty Years Later: Letter from Birmingham Jail," New Republic, 19 April 2013; additional details from Branch, *Parting the Waters*, 737.

4 Martin Luther King Jr., "Letter from Birmingham City Jail," from Martin Luther King Jr. Research and Education Institute, Stanford University, accessed online.

5 Milan Kundera, *The Book of Laughter and Forgetting* (New York: HarperPerennial, 1999), 10–11, 218.

6 這個段落主要是來自我與作家諾亞的交流。

Announces Return to the West End for a 12 Week Run," *TNT UK*, 29 April 2015, accessed online. Also, Stephen Rohde, "Big Brother is Watching You," *Los Angeles Review of Books*, 4 January 2016. 在英國里茲，一家日益走紅的芭蕾舞公司製作了《一九八四》舞蹈。Annette McIntyre, "Exclusive Behind the Scenes Access Offered to Northern Ballet's 1984," *Daily Echo*, 9 August 2015, accessed online. 二〇一五年，美國劇作家喬．薩頓（Joe Sutton）推出《歐威爾在美國》（Orwell In America）一劇。該劇是想像歐威爾在美國巡迴宣傳《動物農莊》。Meg Brazill, "Theater Review: Orwell in America," *Seven Days* (Burlington, Vt., newspaper), 18 March 2015. 小說《燒毀歐威爾的房子》（*Burning Down George Orwell 's House*）是講述了一個人模仿歐威爾的生活，搬到蘇格蘭的朱拉島。Facebook創辦人馬克．祖克伯（Mark Zuckerberg）為Facebook用戶創立一個讀書會，他為那個讀書會挑了彼得．胡伯（Peter Huber）所寫的《一九八四》續集《歐威爾的復仇》（*Orwell 's Revenge*）。Richard Feloni, "Why Mark Zuckerberg Is Reading 'Orwell's Revenge,' an Unofficial Sequel to '1984,'" *BusinessInsider*, 30 April 2015. 二十一世紀初，英國最大的酒吧是曼徹斯特的「水中月」（Moon Under Water），可容納一千七百位左右的客人。歐威爾如果知道這件事，可能會覺得很有趣吧，因為那個酒吧是以歐威爾一九四三年的一篇短文命名，歐威爾在那篇文章中談理想酒吧的特色。關於歐威爾的酒吧，參見"The Moon Under Water," at the TheOrwellPrize.co.uk.

62 Katia Savchuk, "Apple's Core: Dissecting the Company's New Corporate Headquarters," *Forbes*, 4 November 2015.

63 關於蘋果新總部狀似邊沁的圓形監獄，這要感謝舊金山通訊法律專家理查．韋柏（Richard Wiebe）提出的見解，源自個人通信。

64 Digital Trends: Andrew Couts, "'Privacy Is Theft' in the Heavy-Handed Social Media Dystopia of 'The Circle,'" *Digital Trends*, 19 November 2013.

65 Luke Seaber, "Method Research: George Orwell Really Did Have a Stint in Jail as a Drunk Fish Porter," *Science* 2.0, 6 December 2014, accessed online.

66 No author, "George Orwell's Time in Hertfordshire as a'Pretty Useless' Shopkeeper," *Hertfordshire Mercury*, 31 January 2015, accessed online.

67 Robert Butler, "Orwell's World," *The Economist: More Intelligent Life*, January/February 2015, accessed online.

68 Ta-Nehisi Coates, "Letter to My Son," *Atlantic*, September 2015, 84.

accessed online.

45 "How Orwell's 'Animal Farm' Led a Radical Muslim to Moderation," interview on *Fresh Air*, NPR.org, 15 January 2015, accessed online.

46 David Blair, "Mugabe Regime Squeals at Animal Farm Success," *Daily Telegraph*, 15 July 2001, accessed online.

47 Pamela Kalkman, "The Art of Resistance in Cuba," *Open Democracy*, 17 September 2015, accessed online.

48 George Orwell, *1984* (New York: Signet, 1981), 30.

49 George Orwell, *1984*, in George Orwell omnibus (London: Secker & Warburg, 1976), 856.

50 Dan DeLuce and Paul McLeary, "Obama's Most Dangerous Drone Tactic Is Here to Stay," *Foreign Policy*, 5 April 2016, accessed online.

51 Rodden and Rossi, *Cambridge Introduction to George Orwell*, 107

52 Orwell, *1984* (Secker & Warburg), 895.

53 "Maybe the Most Orwellian Text Message Ever Sent," *Motherboard*, 21 January 2014.

54 Orwell, *Orwell and Politics*, 207.

55 George Orwell, *The Road to Wigan Pier* (New York: Harvest, 1958), 206.

56 Orwell, *CEJL*, vol. 4, 49.

57 Bret Stephens, "The Orwellian Obama Presidency," *Wall Street Journal*, 23 March 2015, accessed online.

58 Alec Woodward, "Republicans Follow Orwellian Agenda," *Emory Wheel*, 13 April 2015.

59 "David Bowie's 100 Chart-Topper Books," London *Evening Standard*, 2 October 2013, accessed online.

60 Laurie Whitwell, "Gary Rowett Reads Orwell, Has Banned Mobiles . . . And Rescued Birmingham City After 8–0 Drubbing," *Daily Mail*, 15 January 2015.

61 Meaghan Baxter, "Town Heroes Look to George Orwell on Latest Album," *Vue Weekly*, 12 November 2015. 二〇一四年，以動作片聞名的導演保羅・葛林葛瑞斯（Paul Greengrass）宣布，為《一九八四》拍攝新電影版本的計畫。"Paul Greengrass to Direct George Orwell's 1984," BBC News, 20 November 2014. 戲劇界也再次發現《一九八四》，在倫敦、洛杉磯和其他地方上演了多種不同的版本。"1984

Is 'Some George Orwell S—t,'" *Spin*, 4 August 2015, accessed online)。最後一個轉折是，一九三七年西班牙內戰期間被共黨當成總部的科隆飯店（Hotel Colón）舊址，以及歐威爾發現飯店招牌中間那個O底下的窗口有機關槍的地方，後來變成販售蘋果產品的主要零售點。與其說那是一家商店，不如說那是為現代資訊之神打造的時髦希臘神殿。水平面是採用光滑的石面，垂直的窗戶、內牆、階梯等等則是採用厚玻璃板，像歐威爾一樣透明（"Grand Tour of the Apple Retail Palaces of Europe," *Fortune*, 28 April 2014, accessed online）。現在巴塞隆納市有一間新的科隆飯店，位於其他地方。

32 Wadhams, *Remembering Orwell*, 106.

33 希鈞斯在《Why Orwell Matters》的頁一五六聲稱，那份名單是在貝爾納・克里克（Bernard Crick）一九八〇年寫的歐威爾傳記中揭露的。但是那樣講太過牽強，因為克里克的書中只有一句（頁五五六）隱約提到歐威爾在筆記本上寫下嫌疑犯清單。

34 Timothy Garton Ash, "Orwell's List," *New York Review of Books*, 25 September 2003, accessed online.

35 "Orwell's Century," transcript of *Think Tank with Ben Wattenberg*, first aired on PBS, April 25, 2002.

36 William Giraldi, "Orwell: Sage of the Century," *New Republic*, 11 August 2013, accessed online. 這篇文章也包含希鈞斯說的那句「歐威爾擁有二十世紀」。

37 Harold Bloom, ed., *George Orwell: Modern Critical Views* (New York: Chelsea House, 1987), vii.

38 Irving Howe, *Politics and the Novel* (Chicago: Ivan R. Dee, 2002), 251.

39 Gabrielle Pickard, "Police Surveillance of Your Life Is Booming Thanks to Technology," *Top Secret Writers* (blog), 8 July 2015, accessed online.

40 Charles Paul Freund, "Orwell's *1984* Still Matters, Though Not in the Way You Might Think," Reason.com, 15 January 2015, accessed online.

41 "What Books Caught Russia's Imagination in 2015?," *Russia Beyond the Headlines*, 25 December 2015, accessed online.

42 Oliver Smith, "Don't Pack George Orwell, Visitors to Thailand Told," *Daily Telegraph*, 6 August 2014, accessed online.

43 Emma Larkin, *Finding George Orwell in Burma* (New York: Penguin, 2006), 3.

44 Michael Rank, "Orwell and China, 1984 in Chinese," 2 January 1014, *Ibisbill's blog*,

17 Peter Watson, *The Modern Mind: An Intellectual History of the 20th Century* (New York: HarperCollins, 2002), v–vi.

18 "The 100 Best Non-Fiction Books of the Century," *National Review*, May 3, 1999, accessed online.

19 "Pump Up the Volumes," *Guardian*, 26 November 2000, accessed online.

20 Robert McCrum, "The 100 Best Novels—Number 70," *Guardian*, 19 January 2015, accessed online.

21 Scott Dodson and Ami Dodson, "Literary Justice," *The Green Bag*, 26 August 2015, accessed online.

22 Czesław Miłosz, *The Captive Mind* (New York: Vintage, 1990), 42, 215, 218.

23 Andrei Amalrik, *Will the Soviet Union Survive Until 1984?* (London: Allen Lane, 1970), accessed online.

24 Norman Podhoretz, "If Orwell Were Alive Today," *Harper's*, January 1983, 32.

25 Editor's note in George Orwell, *Orwell and Politics*, ed. Peter Davison (Harmondsworth, U.K.: Penguin, 2001), 441.

26 Wadhams, *Remembering Orwell*, 122.

27 George Orwell, *The Collected Essays, Journalism and Letters of George Orwell, Volume 4: In Front of Your Nose*, 1945–1950, ed. Sonia Orwell and Ian Angus (New York: Harcourt Brace Jovanovich, 1968), 30. Hereafter, Orwell, CEJL, vol. 4.

28 同前, 207.

29 George Orwell, *The Collected Essays, Journalism and Letters of George Orwell, Volume 2: My Country Right or Left, 1940–1943*, ed. Sonia Orwell and Ian Angus (New York: Harcourt Brace Jovanovich, 1968), 30.（此後簡稱Orwell, *CEJL*, vol. 2）.

30 Rodden, *George Orwell*, 6.

31 歐威爾和蘋果公司之間的關係，為二十世紀和二十一世紀的歷史提供了有趣的間接訊息。歐威爾的粉絲可能希望蘋果公司的名稱在某種程度上與《動物農莊》中豬決定把蘋果留給自己吃的關鍵時刻有些關聯。不過，蘋果公司的名稱其實是和夏娃偷吃禁果以及披頭四創立的唱片公司有關（Steve Rivkin, "How Did Apple Computer Get Its Brand Name?," *Branding Strategy Insider*, 17 November 2001, accessed online）。諷刺的是，三十一年後，英國搖滾樂團綠洲（Oasis）的諾爾·蓋勒格（Noel Gallagher）對蘋果公司處理音樂串流的方式感到憤怒，指責該公司「搞歐威爾式的勾當」（Colin Joyce,"Noel Gallagher Thinks Apple Music

22 Ramsden, *Man of the Century*, 21.

CHAPTER 16——歐威爾的非凡崛起：一九五〇～二〇一六年

1 Zahra Salahuddin, "Will This Blog Be the Last Time I Get to Express Myself," Dawn, 21 April 2015, accessed online.
2 Michael Shelden, *Friends of Promise: Cyril Connolly and the World of Horizon* (New York: Harper & Row, 1989), 151.
3 Jason Crowley, "George Orwell's Luminous Truths," *Financial Times*, 5 December 2014, accessed online.
4 John Rodden and John Rossi, *The Cambridge Introduction to George Orwell* (Cambridge, U.K.: Cambridge University Press, 2012), 98.
5 John Rodden, George Orwell: The Politics of Literary Reputation (New Brunswick, N.J.: Transaction Publishers, 2006), 117.
6 Neil McLaughlin, "Orwell, the Academy and Intellectuals," in *The Cambridge Companion to George Orwell*, ed. John Rodden (Cambridge, U.K.: Cambridge University Press, 2007), 170.
7 Arthur Koestler, *The Invisible Writing* (Briarcliff Manor, N.Y.: Stein and Day, 1969), 466.
8 Rodden, *George Orwell*, 45.
9 John Bartlett, *Familiar Quotations*, 13th ed., (Boston: Little, Brown, 1955), 991.
10 Bernard Crick, *George Orwell: A Life* (New York: Penguin, 1980), 279.
11 "Stephen Spender Recalls," in Audrey Coppard and Bernard Crick, *Orwell Remembered* (New York: Facts on File Publications, 1984), 264.
12 Stephen Wadhams, ed., *Remembering Orwell* (Harmondsworth, U.K.: Penguin, 1984), 104.
13 Stephen Spender, *World Within World: The Autobiography of Stephen Spender* (New York: St. Martin's Press, 1994, 232.
14 Wadhams, *Remembering Orwell*, 105.
15 Michael Scammell, *Koestler: The Literary and Political Odyssey of a Twentieth-Century Skeptic* (New York: Random House, 2009), 213.
16 Gordon Beadle, "George Orwell and the Neoconservatives," *Dissent*, Winter 1984, 71.

6 Ronald Lewin, *Churchill as Warlord* (London: Scarborough, 1973), 17.

7 Peter Clarke, *Mr. Churchill's Profession* (New York: Bloomsbury, 2012), 207.

8 Anita Leslie, *Cousin Randolph: The Life of Randolph Churchill* (London: Hutchinson, 1985), 133.

9 R. W. Thompson, *Generalissimo Churchill* (New York: Scribner, 1973), 23, 153.

10 "Quotes Falsely Attributed to Winston Churchill," accessed online at the Web site of the Churchill Society.

11 This paragraph is based on "People Sleep Peacefully in Their Beds at Night Only Because Rough Men Stand Ready to Do Violence on Their Behalf," an exposition by Quote Investigator, accessed online.

12 George Orwell, "Rudyard Kipling," in *The Collected Essays, Journalism and Letters of George Orwell, Volume 2: My Country Right or Left, 1940–1943*, ed. Sonia Orwell and Ian Angus (New York: Harcourt Brace Jovanovich, 1968), 187.

13 Peter Kirsanow, "The Real Jack Bauers," *National Review Online*, 11 September 2006, accessed online.

14 Juan de Onis, "Castro Expounds in Bookshop Visit," *New York Times*, 14 February 1964, 1.

15 Stephen Rodrick, "Keith Richards: A Pirate Looks at 70," Men's Journal, July 2013, accessed online. 關於邱吉爾的原始說法，參見Nigel Knight, *Churchill: The Greatest Briton Unmasked* (London: David & Charles, 2008), 144, 374; and Collin Brooks, "Churchill the Conversationalist," in *Churchill by His Contemporaries*, ed., Charles Eade, (Simon & Schuster, 1954), 248.

16 "Miscellaneous Wit & Wisdom," National Churchill Museum, accessed online.

17 Max Hastings, "Defending the 'Essential Relationship': Britain and the United States" (2011 Ruttenberg Lecture, Center for Policy Studies, London, July 15, 2011), 3, accessed online.

18 Tony Blair, *A Journey: My Political Life* (New York: Knopf, 2010), 475, 352, 353.

19 Robin Prior, *When Britain Saved the West: The Story of 1940* (New Haven, Conn.: Yale University Press, 2015), 208.

20 Henry Mance, "Chilcot Report: Tony Blair Rebuked over Iraq Invasion," *Financial Times*, 6 July 2016, accessed online.

21 "Text of Blair's Speech," 17 July 2003, accessed online on BBC News Web site.

積極使用當時剛出現的電視媒體，並在英國聲名鵲起，成為當時第一個電視名嘴，也是那個世代最著名的記者之一。歐威爾痛恨自己在BBC工作的那段時光，但蒙格瑞奇則是靠著BBC成名。例如，一九六一年六月造訪德國漢堡時，他走進一家名為「十大」(The Top Ten)的喧鬧夜總會。當時有一個流行音樂樂團在那個小舞台上表演，他們穿著皮衣，嗑了安非他命。蒙格瑞奇在日記裡寫道：「那是一個英國樂團，來自利物浦，他們認出了我。」如果歐威爾看到他們並聽到他們的口音，可能會認為那個樂團成員是「無產者」。樂團的其中一個成員——很可能是約翰·藍儂——問蒙格瑞奇是不是共產主義者。蒙格瑞奇回答不是，但他是反對派。那個樂手又追問：「你靠反對派的身分賺錢嗎？」蒙格瑞奇坦言：「對」，Muggeridge, *Like It Was*, 524–25。那個月稍後，當披頭四第一次進錄音室錄音時，唱片公司請他們填寫一些宣傳表格。在詢問「人生目標」的那個空格中，約翰·溫斯頓·藍儂(John Winston Lennon)只填「發大財」。Mark Lewisohn, *All These Years, Volume 1*: Tune In (New York: Crown, 2013), 434, 446, 451. 當然，幾年內，那個樂團就成為那個時代最紅的明星。在此同時，蒙格瑞奇也開始積極傳教，他的電視作品和一部紀錄片使加爾各答那個充滿群眾魅力的德蕾莎修女成為知名人物。歐威爾在南亞開啟了作家生涯，蒙格瑞奇則是在南亞找到了人生的最後階段。在蒙格瑞奇漫長又多元的一生中，他似乎是世上唯一與二十世紀英國三位偉大的「溫斯頓」交談過的人——邱吉爾、歐威爾、藍儂。

75 Shelden, *Orwell*, 443.

76 同前, 444.

77 Sir Charles Wilson, later Lord Moran, *Churchill: Taken from the Diaries of Lord Moran* (Boston: Houghton Mifflin, 1966), 426.

CHAPTER 15——邱吉爾為時過早的晚年：一九五〇～一九六五年

1 See Peregrine Churchill and Julian Mitchell, *Jennie: Lady Randolph Churchill, a Portrait with Letters* (New York: Ballantine, 1976), 104.

2 Roy Jenkins, *Churchill* (Farrar, Straus and Giroux, 2001), 845.

3 Mark Amoy, ed., *The Letters of Evelyn Waugh* (Boston: Ticknor & Fields, 1980), 489.

4 Anthony Montague Browne, *Long Sunset* (Ashford, U.K.: Podkin Press, 2009), 220–21.

5 John Ramsden, *Man of the Century: Winston Churchill and His Legend Since 1945* (New York: Columbia University Press, 2002), 327.

51 Orwell, *1984* (Secker & Warburg), 886.
52 231 "it was a political act of enormous": "His Second, Lasting Publisher," in Coppard and Crick, *Orwell Remembered*, 198.
53 Robert McCrum, *Observer*, 10 May 2009, accessed online.
54 Orwell, *CEJL*, vol. 4, 487.
55 同前, 498.
56 George Orwell, "Writers and Leviathan," in *Orwell and Politics*, ed. Peter Davison (Harmondsworth, U.K.: Penguin, 2001), 486.
57 Orwell, *Diaries*, 564–65.
58 Malcolm Muggeridge, *Like It Was: The Diaries of Malcolm Muggeridge*, ed, John Bright-Holmes (London: Collins, 1981), 353.
59 George Orwell,"Review," in *CEJL*, vol. 4, 491–95.
60 Gordon Bowker, *George Orwell* (London: Abacus, 2004), 405.
61 Wadhams, *Remembering Orwell*, 133.
62 同前, 165.
63 Michael Shelden, *Orwell: The Authorized Biography* (New York: HarperCollins, 1991), 440.
64 Malcolm Muggeridge, "Knight of the Woeful Countenance," in *World of George Orwell*, ed., Miriam Gross, (London: Weidenfeld & Nicolson), 174.
65 Bernard Crick, *George Orwell: A Life* (New York: Penguin, 1980), 577.
66 Muggeridge, *Like It Was*, 361.
67 Orwell, *Diaries*, 567.
68 Muggeridge, "A Knight of Woeful Countenance," in Gross, *The World of George Orwell*, 173.
69 George Orwell, "In Defense of Comrade Zilliacus," *CEJL*, vol. 4, 397–98. See also 309, 323.
70 George Orwell, "The Lion and the Unicorn," in *CEJL*, vol. 2, 59.
71 Muggeridge, *Like It Was*, 366.
72 同前, 368.
73 Bowker, *George Orwell*, 307.
74 Muggeridge, *Like It Was*, 376. 蒙格瑞奇在歐威爾過世後，發展出有趣的人生。就像邱吉爾在一九四〇年代善用廣播發揮影響力一樣，一九五〇年代，蒙格瑞奇

27 George Orwell, *1984*, in George Orwell omnibus (London: Secker & Warburg, 1976), 789.

28 Orwell, *1984* (Signet), 6–7.

29 同前, 8.

30 同前, 27.

31 Orwell, *1984* (Secker & Warburg), 777.

32 Orwell, *1984* (Signet), 19.

33 Orwell, *1984* (Secker & Warburg), 790.

34 John Stuart Mill, *On Liberty*, in Great Books of the Western World, Volume 43 (Edinburgh, Scotland: Encyclopædia Britannica, 1971), 267.

35 同前, 272.

36 Orwell, *1984* (Secker & Warburg), 855.

37 Orwell, *1984* (Signet), 26.

38 同前, 32.

39 Orwell, *1984* (Secker & Warburg), 767.

40 同前, 783, 791.

41 Orwell, *CEJL*, vol. 2, 261.

42 Orwell, *1984* (Secker & Warburg), 785.

43 同前, 841.

44 Thomas Pynchon, foreword to George Orwell, *Nineteen Eighty-Four* (New York: Penguin, 2003), xviii.

45 Orwell, *1984* (Secker & Warburg), 814.

46 同前, 818.

47 同前, 836.

48 Winston Churchill, "Prime Minister to Home Secretary, 21 November 43," reprinted in Winston S. Churchill, *The Second World War, Volume V: Closing the Ring* (Boston: Houghton Mifflin, 1951), 679.

49 George Orwell, *The Collected Essays, Journalism and Letters of George Orwell, Volume 3: As I Please, 1943–1945*, ed. Sonia Orwell and Ian Angus (New York: Harcourt Brace Jovanovich, 1968), 266–67.（此後簡稱Orwell, *CEJL*, vol. 3）.

50 這個奇怪的事實是在下文中提及：Adam Hochschild, "Orwell: Homage to the 'Homage'," *New York Review of Books*, 19 December 2013.

1984), 170.
9 "His Jura Laird," in Coppard and Crick, *Orwell Remembered*, 226.
10 George Orwell, *Diaries*, ed. Peter Davison (New York: W. W. Norton, 2012), 427.
11 同前, 469.
12 Wadhams, *Remembering Orwell*, 180.
13 Orwell, *CEJL*, vol. 4, 200.
14 同前, 376.
15 Wadhams, *Remembering Orwell*, 190–92.
16 Orwell, *Diaries*, 516.
17 "His Jura Laird," in Coppard and Crick, *Orwell Remembered*, 227.
18 Orwell, *CEJL*, vol. 4, 329.
19 Orwell, *Diaries*, 520. 括號是歐威爾自己加的。
20 同前, 529.
21 同前, 551.
22 同前, 555.
23 同前, 561.
24 John J. Ross, "Tuberculosis, Bronchiectasis, and Infertility: What Ailed George Orwell?" *Clinical Infectious Diseases* (December 1, 2005): 1602.
25 披頭四樂團的領導人之一約翰・藍儂（John Lennon）就像歐威爾筆下的主角，是生於一九四〇年十月九日，接近不列顛空戰的尾聲，他的名字也和邱吉爾有關：他的中間名也是溫斯頓，不過成年後他又加入第二任妻子小野洋子（Yoko Ono）的姓氏「小野」（Ono）(Philip Norman, *John Lennon: The Life* [New York: Ecco, 2009], 598. 亦參見Ken Lawrence, *John Lennon: In His Own Words* [Kansas City, Mo.: Andrews McMeel, 2001], 5.) 藍儂小時候讀過邱吉爾的回憶錄。二〇〇二年，BBC編了一份「英國最偉大的人物」名單，藍儂和邱吉爾都上榜了。Mark Lewisohn, *The Beatles: All These Years, Volume 1: Tune In* (New York: Crown, 2013), 16, 33. 邱吉爾名列第一，藍儂名列第八（See "100 Greatest Britons" BBC Poll, 2002, accessed online）。諷刺的是，邱吉爾這種英勇的政治家活到九十一歲的高齡壽終正寢，作曲家兼歌手的藍儂則是在四十歲時遭到子彈射殺。藍儂也是歐威爾的書迷，家中展示了歐威爾的作品。Philip Norman, *John Lennon* (New York: Ecco, 2009), 383.
26 George Orwell, *1984* (New York: Signet, 1981), 5.

Bright-Holmes (London: Collins, 1981), 410. 關於連載問題，參見 *Muggeridge, Chronicles of Wasted Time* (Vancouver, B.C., Canada: Regent College, 2006), 167.

37 Reynolds, *In Command of History*, 436.

38 John Colville, *Winston Churchill and His Inner Circle* (New York: Wyndham, 1981), 135.

39 Winston S. Churchill, *The Second World War, Volume VI: Triumph and Tragedy* (Boston: Houghton Mifflin, 1953), 214, 216.

40 同前, 456.

41 Simon Schama, *A History of Britain, Volume 3: The Fate of Empire: 1776–2000* (London: BBC, 2003), 408.

CHAPTER 14——歐威爾的盛衰：一九四五～一九五〇年

1 George Orwell, "Some Thoughts on the Common Toad," in *The Collected Essays, Journalism and Letters of George Orwell, Volume 4: In Front of Your Nose, 1945–1950*, ed. Sonia Orwell and Ian Angus (New York: Harcourt Brace Jovanovich, 1968), 142, 144–45.（此後簡稱Orwell, *CEJL*, vol. 4）.

2 "Orwell at Tribune," in Audrey Coppard and Bernard Crick, *Orwell Remembered* (New York: Facts on File Publications, 1984), 212.

3 Jonathan Rose, "England His Englands," in *The Cambridge Companion to George Orwell*, ed. John Rodden (Cambridge, U.K.: Cambridge University Press, 2007), 41.

4 Orwell, *CEJL*, vol. 4, 185.

5 Winston Churchill, "The Sinews of Peace ('Iron Curtain Speech')," accessed online at the Web site of the Churchill Society.

6 George Orwell, "Literature and Totalitarianism," *The Listener*, 19 June 1941, in *The Collected Essays, Journalism and Letters of George Orwell, Volume 2: My Country Right or Left, 1940–1943*, ed. Sonia Orwell and Ian Angus (New York: Harcourt Brace Jovanovich, 1968), 134.（此後簡稱Orwell, *CEJL*, vol. 2）.

7 "David Astor and the Observer," in Coppard and Crick, *Orwell Remembered*, 188. 關於寫作的時間，是出自John Rodden and John Rossi, *The Cambridge Introduction to George Orwell* (Cambridge, U.K.: Cambridge University Press, 2012); and Crick, *George Orwell*, 29, 81.

8 Stephen Wadhams, ed., *Remembering Orwell* (Harmondsworth, U.K.: Penguin,

11 同前, 89.
12 同前, 62.
13 同前, 209.
14 同前, 211.
15 同前, 222.
16 同前, 249.
17 Churchill, *The Second World War, Vol. II: Their Finest Hour*, 257.
18 同前, 362
19 Churchill, *The Second World War, Vol. I: The Gathering Storm*, 272.
20 同前, 347.
21 Churchill, *The Second World War, Vol. II: Their Finest Hour*, 628.
22 同前, 630.
23 同前, 598.
24 同前, 600.
25 Reynolds, *In Command of History*, 501.
26 Churchill, *The Second World War, Vol. IV: The Hinge of Fate*, 773.
27 同前, 254.
28 同前, 798, 800.
29 Reynolds, *In Command of History*, 300.
30 同前, 353–54. 雷諾茲說這件事在回憶錄中是獨一無二的，其實並不正確。回憶錄第六卷的頁二〇二還有一個神祕的注腳提到「H. St. G. Saunders, The Green Beret」，但未做解釋。
31 Samuel Eliot Morison, *History of United States Naval Operations in World War II, Volume IV: Coral Sea, Midway and Submarine Actions*, May 1942–August 1942 (Boston: Little, Brown, 1975), 63.
32 Churchill, *The Second World War, Vol. IV: The Hinge of Fate*, 247.
33 同前, 828.
34 Winston S. Churchill, *The Second World War, Volume V: Closing the Ring* (Boston: Houghton Mifflin, 1951), 426.
35 Winston Churchill, Parliamentary debate, 6 June 1944, accessed online at *Hansard, Parliamentary Debates*.
36 Malcolm Muggeridge, *Like It Was: The Diaries of Malcolm Muggeridge*, ed, John

88 Winston Churchill, "The Scaffolding of Rhetoric," accessed online at the Web site of the Churchill Society.
89 Thompson, *Churchill and Morton*, 53, 65. See also Churchill, *The Second World War, Vol. I: The Gathering Storm*, 80.
90 Robert Boothby, *I Fight to Live* (London: Victor Gollancz, 1947), 46.
91 Alanbrooke, *The War Diaries*, 709.
92 David Dilks, ed., *The Diaries of Sir Alexander Cadogan, 1938–1945* (New York: G. P. Putnam's Sons, 1972), 763.
93 Moran, *Churchill*, 306.
94 John Charmley, *Churchill: The End of Glory* (New York: Harcourt Brace, 1993), 649.
95 Williamson Murray, "British Grand Strategy, 1933–1942," in Williamson Murray, Richard Hart Sinnreich, James Lacey, eds., *The Shaping of Grand Strategy: Policy, Diplomacy and War* (Cambridge, U.K.: Cambridge University Press, 2011), 180.

CHAPTER 13——邱吉爾雪恨：二戰回憶錄

1 David Reynolds, *In Command of History: Churchill Fighting and Writing the Second World War* (New York: Random House, 2005), 537.
2 John Keegan, introduction to Winston Churchill, *The Second World War* (Boston: Houghton Mifflin, 1985), xi.
3 Winston S. Churchill, *The Second World War, Volume II: Their Finest Hour* (Boston: Houghton Mifflin, 1949), 447.
4 Winston S. Churchill, *The Second World War, Volume III: The Grand Alliance* (Boston: Houghton Mifflin, 1950), 834.
5 Winston S. Churchill, *The Second World War, Volume IV: The Hinge of Fate* (Boston: Houghton Mifflin, 1950), 797.
6 Winston S. Churchill, *The Second World War, Volume I: The Gathering Storm* (Boston: Houghton Mifflin, 1948), 440.
7 Michael Beschloss, *Kennedy and Roosevelt: The Uneasy Alliance* (New York: W. W. Norton, 1980), 200.
8 Churchill, *The Second World War, Vol. I: The Gathering Storm*, 26.
9 同前, 7.
10 同前, 85.

don: Heinemann, 1989), 1294.

66 同前, 1296.

67 Christopher Thorne, *Allies of a Kind: The United States, Britain, and the War Against Japan, 1941–1945* (Oxford: Oxford University Press, 1979), 120.

68 Moran, *Churchill*, 322.

69 同前, 350.

70 Roy Jenkins, *Churchill* (Farrar, Straus and Giroux, 2001), 785.

71 Robert E. Sherwood, *Roosevelt and Hopkins: An Intimate History* (New York: Harper & Brothers, 1948), 442.

72 Thompson, *Churchill and Morton*, 30.

73 Alfred D. Chandler Jr., *Scale and Scope: The Dynamics of Industrial Capitalism* (Cambridge, Mass.: Harvard University Press, 1994), 334.

74 Barnett, *The Audit of War*, 304.

75 Alanbrooke, *The War Diaries*, 677.

76 Violet Bonham Carter, *Lantern Slides: The Diaries and Letters of Violet Bonham Carter*, ed. Mark Bonham Carter and Mark Pottle (London: Phoenix, 1997), 318.

77 Winston Churchill, *Blood, Toil, Tears and Sweat: The Great Speeches*, ed. David Cannadine (Harmondsworth, U.K.: Penguin, 1990), 259–60.

78 同前, 266.

79 同前, 286, 288.

80 同前, 274.

81 Malcolm Muggeridge, "Twilight of Greatness," in *Tread Softly for You Tread on My Jokes* (London: Collins, 1966), 238.

82 George Orwell, *CEJL*, vol. 3, 381.

83 Simon Schama, "Rescuing Churchill," *New York Review of Books*, 28 February 2002, accessed online.

84 Harold Nicolson, *The War Years: 1939–1945* (New York: Atheneum, 1967), 344–45.

85 Richard Toye, *The Roar of the Lion: The Untold Story of Churchill's World War II Speeches* (Oxford: Oxford University Press, 2013), 112.

86 Alanbrooke, *The War Diaries*, 324.

87 Jasper Copping, "Records of WW2 Dead Published Online," *Daily Telegraph*, 17 November 2013.

46 Churchill, *The Second World War, Vol. VI: Triumph and Tragedy*, 57.
47 "First Plenary Meeting, November 28, 1943," U.S. Department of State, *Foreign Relations of the United States: The Tehran Conference* (Washington, D.C.: U.S. Government Printing Office, 1961), 490.
48 Warren F. Kimball, ed., *Churchill & Roosevelt: The Complete Correspondence, Volume 3: Alliance Declining, February 1944–April 1945* (Princeton, N.J.: Princeton University Press, 1987), 228, 263.
49 Captain Harry C. Butcher, *Three Years with Eisenhower* (New York: Simon & Schuster, 1946), 634, 644. See also D.K.R. Crosswell, *Beetle: The Life of General Walter Bedell Smith* (Lexington: University Press of Kentucky, 2010), 677.
50 Churchill, *The Second World War, Vol. VI: Triumph and Tragedy*, 120.
51 同前, 59.
52 Williamson Murray and Allan R. Millett, *A War to Be Won: Fighting the Second World War* (Cambridge, Mass.: Harvard University Press, 2000), 433.
53 Steven Zaloga, *Operation Dragoon 1944: France's Other D-Day* (Oxford: Osprey, 2013), 6.
54 Roland Ruppenthal, *The European Theater of Operations: Logistical Support of the Armies, Volume II: September 1944–May 1945* (Washington, D.C.: U.S. Army Center of Military History, 1959), 124.
55 See Moran, *Churchill*, 179–80, 195.
56 Violet Bonham Carter, *Champion Redoubtable* (London: Weidenfeld & Nicolson, 1999), 314.
57 Moran, *Churchill*, 197.
58 Colville, *The Fringes of Power*, 513.
59 Alanbrooke, *The War Diaries*, 630.
60 同前。
61 同前。
62 Sir Henry Pownall, *Chief of Staff: The Diaries of Lieutenant General Sir Henry Pownall, Volume II: 1940–1944* (Hamden, Conn.: Archon, 1974), 190.
63 Alanbrooke, *The War Diaries*, 647.
64 Churchill, *The Second World War, Vol. VI: Triumph and Tragedy*, 397.
65 Martin Gilbert, *Winston S. Churchill: Road to Victory, Volume VII: 1941–1945* (Lon-

Jovanovich, 1968), 278–79.（此後簡稱Orwell, *CEJL*, vol. 2）.

29 Max Hastings, *Winston's War: Churchill*, 1940–1945 (New York: Vintage, 2011), 437.

30 Colville, *The Fringes of Power*, 574.

31 Ralph Ingersoll, *Top Secret* (New York: Harcourt, Brace, 1946), 67.

32 Winston S. Churchill, *The Second World War, Volume V: Closing the Ring* (Boston: Houghton Mifflin, 1951), 85.

33 同前, 129.

34 J. Lawton Collins, *Lightning Joe* (Baton Rouge: Louisiana State University Press, 1979), 292.

35 第一個引述是出自George Orwell, "Wells, Hitler and the World State," in *CEJL*, vol. 2, 143–44. 第二個引述是出自George Orwell, "Such, Such Were the Joys," in *The Collected Essays, Journalism and Letters of George Orwell, Volume 4: In Front of Your Nose, 1945–1950*, ed. Sonia Orwell and Ian Angus (New York: Harcourt Brace Jovanovich, 1968), 336.（此後簡稱Orwell, *CEJL*, vol. 4）.

36 Winston S. Churchill, *The Second World War, Volume VI: Triumph and Tragedy* (Boston: Houghton Mifflin, 1953), 713.

37 Ronald Lewin, *Churchill as Warlord* (London: Scarborough, 1973), 19.

38 George Trevelyan, *English Social History: A Survey of Six Centuries from Chaucer to Queen Victoria* (New York: Longman, 1978), 457.

39 Correlli Barnett, *The Audit of War: The Illusion & Reality of Britain as a Great Nation* (London: Macmillan, 1986), 161, 164, 180–81.

40 David Edgerton, "The Prophet Militant and Industrial: The Peculiarities of Correlli Barnett," in *Twentieth Century British History* 2, no. 3 (1991), accessed online.

41 Bernard Lewis, "Second Acts," *Atlantic Monthly*, November 2007, 25.

42 James Leutze, ed., *The London Journal of General Raymond E. Lee, 1940–1941* (Boston: Little, Brown, 1971), 319, 341.

43 關於一九四五年春季英美作戰部隊的規模比較，參見Lord Normanbrook, in Wheeler-Bennett, ed., *Action This Day*, 32.

44 George Orwell, "London Letter," to *Partisan Review*, December 1944, in *CEJL*, vol. 3, 293, 297.

45 Moran, *Churchill*, 614.

11 同前, 568.

12 同前, 590.

13 同前, 566.

14 For more on this, see Carlo D'Este, *Warlord: A Life of Winston Churchill at War, 1874–1945* (New York: HarperCollins, 2008), 395.

15 例如，見他於一九三九年九月十二日寫的備忘錄，重印後收錄在 Winston S. Churchill, *The Second World War, Volume I: The Gathering Storm* (Boston: Houghton Mifflin, 1948), 434–35.

16 David Reynolds, *In Command of History: Churchill Fighting and Writing the Second World War* (New York: Random House, 2005), 114.

17 Maurice Ashley, *Churchill as Historian* (New York: Scribner, 1969), 189.

18 Colville, *The Fringes of Power*, 186–87. See also Winston S. Churchill, *The Second World War, Volume III: The Grand Alliance* (Boston: Houghton Mifflin, 1950), 806–7.

19 R. W. Thompson, *Churchill and Morton* (London: Hodder & Stoughton, 1976), 48.

20 See, for example, Sir Charles Wilson, later Lord Moran, *Churchill: Taken from the Diaries of Lord Moran* (Boston: Houghton Mifflin, 1966), 169.

21 Sir Ian Jacob, in John Wheeler-Bennett, ed., *Action This Day: Working with Churchill* (New York: St. Martin's, 1969), 201.

22 Churchill, *The Second World War, Vol. I: The Gathering Storm*, 462.

23 Eliot Cohen, *Supreme Command: Soldiers, Statesmen, and Leadership in Wartime* (New York: Anchor, 2003), 118.

24 Moran, *Churchill*, 759.

25 David Fraser, "Alanbrooke," in *Churchill's Generals*, ed. John Keegan (New York: Grove Weidenfeld, 1991), 90. 同一件軼事在 Fraser 更早之前的著作中，措辭略有不同：*Alanbrooke* (London: Arrow Books, 1983), 295.

26 Simon Heffer, *Like the Roman: The Life of Enoch Powell* (London: Weidenfeld & Nicolson, 1998), 75.

27 同前, 62.

28 George Orwell, "Letter from England," *Partisan Review*, 3 January 1943, in *The Collected Essays, Journalism and Letters of George Orwell, Volume 2: My Country Right or Left*, 1940–1943, ed. Sonia Orwell and Ian Angus (New York: Harcourt Brace

155.

53 Winston S. Churchill, *The Second World War, Volume VI: Triumph and Tragedy* (Boston: Houghton Mifflin, 1953), 749.

54 Winston S. Churchill, *The Second World War, Volume I: The Gathering Storm* (Boston: Houghton Mifflin, 1948), 166.

55 Quoted in Harold Macmillan, *The Blast of War 1939–1945* (New York: Harper & Row, 1968), 84.

56 Warren F. Kimball, ed., *Churchill & Roosevelt: The Complete Correspondence, Volume 2: Alliance Forged, November 1942–February 1944* (Princeton, N.J.: Princeton University Press, 1987), 712.

57 Winston S. Churchill, *The Second World War, Volume II: Their Finest Hour* (Boston: Houghton Mifflin, 1949), 431.

CHAPTER 12——邱吉爾（和英國）的衰落與勝利：一九四四～一九四五年

1 John Colville, *The Fringes of Power: 10 Downing Street Diaries, 1939–1955* (New York: W. W. Norton, 1985), 471–72.

2 Laurence Bergreen, *As Thousands Cheer: The Life of Irving Berlin* (New York: Viking, 1990), 431.

3 George Orwell, "London Letter," *Partisan Review*, 17 April 1944," in *The Collected Essays, Journalism and Letters of George Orwell, Volume 3: As I Please, 1943–1945*, ed. Sonia Orwell and Ian Angus (New York: Harcourt Brace Jovanovich, 1968), 123.（此後簡稱Orwell, *CEJL*, vol. 3）.

4 Artemis Cooper, ed., *A Durable Fire: The Letters of Duff and Diana Cooper, 1913–1950* (London: HarperCollins, 1983), 305.

5 Winston Churchill (speech, Lord Mayor's Luncheon, 10 November 1942), accessed online at the Web site of the Churchill Society.

6 Field Marshal Lord Alanbrooke, *The War Diaries: 1939–1945*, ed. Alex Danchev and Daniel Todman (Berkeley: University of California Press, 2002), 515.

7 同前, 521.

8 同前, 528.

9 同前, 534.

10 同前, 561.

30 Ibid., 458. Also see Alison Flood, "'It Needs More Public-Spirited Pigs': T. S. Eliot's Rejection of Orwell's Animal Farm," *Guardian*, 26 May 2016. 光於拒絕出版的出版社總數，參見John Rodden and John Rossi, *The Cambridge Introduction to George Orwell* (Cambridge, U.K.: Cambridge University Press, 2012); and Crick, *George Orwell*, 452–62.

31 Rodden and Rossi, *Cambridge Introduction to Orwell*, 77.

32 George Orwell, *The Collected Essays, Journalism and Letters of George Orwell, Volume 3: As I Please, 1943–1945*, ed. Sonia Orwell and Ian Angus (New York: Harcourt Brace Jovanovich, 1968), 141.（此後簡稱Orwell, *CEJL*, vol. 3）.

33 Wadhams, *Remembering Orwell*, 131.

34 Crick, *George Orwell*, 465.

35 Audrey Coppard and Bernard Crick, *Orwell Remembered* (New York: Facts on File Publications, 1984), 186–87.

36 Bowker, *George Orwell*, 472. 有趣的是，這篇備忘錄並沒有收錄歐威爾的《*Collected Essays, Journalism and Letters*》.

37 Bowker, *George Orwell*, 329.

38 Coppard and Crick, *Orwell Remembered*, 187.

39 Orwell, *CEJL*, vol. 3, 359.

40 George Woodcock, *The Crystal Spirit* (New York: Schocken Books, 1984), 31.

41 Coppard and Crick, *Orwell Remembered*, 197.

42 Orwell, *CEJL*, vol. 4, 104.

43 Bowker, *George Orwell*, 330–31.

44 Rodden and Rossi, *Cambridge Introduction to Orwell*, 59.

45 Bowker, *George Orwell*, 484.

46 Wadhams, *Remembering Orwell*, 166.

47 George Orwell, "Politics and the English Language," in *Orwell and Politics*, 409.

48 同前, 410.

49 同前, 406.

50 Manchester, *The Caged Lion*, 26.

51 Sir John Martin, in John Wheeler-Bennett, ed., *Action This Day: Working with Churchill* (New York: St. Martin's, 1969), 146–47.

52 John Colville, *Winston Churchill and His Inner Circle* (New York: Wyndham, 1981),

英國酒吧名稱。根據英國酒吧指南Pubs Galore最近的統計，英國目前有五百多家紅獅酒吧，其中一家就在威靈頓。

10 George Orwell, *Animal Farm* (New York: New American Library, 1974), 35.

11 同前, 40–41.

12 Orwell, *Diaries*, 471.

13 Quoted in Gordon Bowker, *George Orwell* (London: Abacus, 2004), 358–59.

14 Orwell, *Animal Farm*, 58.

15 同前, 59.

16 同前, 83.

17 同前, 122.

18 同前, 123.

19 George Orwell, "Literature and Totalitarianism," The Listener, 19 June 1941, in *The Collected Essays, Journalism and Letters of George Orwell, Volume 2: My Country Right or Left, 1940–1943*, ed. Sonia Orwell and Ian Angus (New York: Harcourt Brace Jovanovich, 1968), 134.（此後簡稱Orwell, *CEJL*, vol. 2）.

20 George Orwell, *Orwell and Politics*, ed. Peter Davison (Harmondsworth, U.K.: Penguin, 2001), 384.

21 Orwell, *Animal Farm*, 128.

22 No. 3128, "To Dwight Macdonald," 5 December 1946, in Peter Davison, ed., *The Complete Works of George Orwell, Volume 18* (London: Secker & Warburg, 1998), 507.

23 Stephen Wadhams, ed., *Remembering Orwell* (Harmondsworth, U.K.: Penguin, 1984), 131.

24 E. B. White, "A Letter from E. B. White," on the Web site of HarperCollins.

25 Christopher Andrew and Vasili Mitrokhin, *The Sword and the Shield: The Mitrokhin Archive and the Secret History of the KGB* (New York: Basic Books, 1999), 87.

26 Anthony Cave Brown, *Treason in the Blood: H. St. John Philby, Kim Philby, and the Spy Case of the Century* (Boston: Houghton Mifflin, 1994), 222.

27 Andrew and Mitrokhin, *The Sword and the Shield*, 67. See also Brown, *Treason in the Blood*, 79.

28 Andrew and Mitrokhin, *The Sword and the Shield*, 74–75.

29 Bernard Crick, *George Orwell: A Life* (New York: Penguin, 1980), 454.

1999), 312–13.

39 John Colville, *The Fringes of Power: 10 Downing Street Diaries, 1939–1955* (New York: W. W. Norton, 1985), 158.

40 Diana Cooper, Trumpets from the Steep (London: Century, 1960), 154.

41 Moran, *Churchill*, 22.

42 See George Orwell, "Letter to Roger Senhouse," in *The Collected Essays, Journalism and Letters of George Orwell, Volume 4: In Front of Your Nose, 1945–1950*, ed. Sonia Orwell and Ian Angus (New York: Harcourt Brace Jovanovich, 1968), 132.

43 George Orwell, "Letter to L. F. Rushbrook-Williams," in *CEJL*, vol. 2, 316.

44 George Orwell, *The Collected Essays, Journalism and Letters of George Orwell, Volume 3: As I Please, 1943–1945*, ed. Sonia Orwell and Ian Angus (New York: Harcourt Brace Jovanovich, 1968), 54.

CHAPTER 11——動物農莊：一九四三～一九四五年

1 Malcolm Muggeridge, *Like It Was: The Diaries of Malcolm Muggeridge*, ed. John Bright-Holmes (London: Collins, 1981), 410.

2 Sir Charles Wilson, later Lord Moran, *Churchill: Taken from the Diaries of Lord Moran* (Boston: Houghton Mifflin, 1966), 199.

3 George Orwell, "On Kipling's Death," in *The Collected Essays, Journalism and Letters of George Orwell, Volume 1: An Age Like This, 1920–1940*, ed. Sonia Orwell and Ian Angus (New York: Harcourt Brace Jovanovich, 1968), 159–60.（此後簡稱 Orwell, *CEJL*, vol. 1）.

4 Beatrix Potter, *The Tale of Peter Rabbit*, accessed online at Project Gutenberg.

5 Kenneth Grahame, *The Wind in the Willows* (New York: Grosset & Dunlap, 1913), 3.

6 同前, 11–12.

7 George Orwell, "Some Thoughts on the Common Toad," in *The Collected Essays, Journalism and Letters of George Orwell, Volume 4: In Front of Your Nose, 1945–1950*, ed. Sonia Orwell and Ian Angus (New York: Harcourt Brace Jovanovich, 1968), 142.（此後簡稱Orwell, *CEJL*, vol. 4）.

8 George Orwell, *Diaries*, ed. Peter Davison (New York: W. W. Norton, 2012), 380.

9 關於「紅獅」同時出現在兩本書中，參見Jeffrey Meyers in *Orwell: Life and Art* (Champaign, Ill.: University of Illinois Press, 2010), 112. 不過，「紅獅」是最常見的

court, Brace & World, 1965), 172.

25 William Manchester, *The Caged Lion: Winston Spencer Churchill, 1932–1940* (London: Abacus, 1994), 25.

26 G. S. Harvie-Watt, *Most of My Life* (London: Springwood, 1980), 53.

27 Eleanor Roosevelt, "Churchill at the White House," *Atlantic Monthly*, March 1965, accessed online.

28 Winston S. Churchill, *The Second World War, Volume V: Closing the Ring* (Boston: Houghton Mifflin, 1951), 405.

29 Moran, *Churchill*, 145.

30 Warren F. Kimball, ed., *Churchill & Roosevelt: The Complete Correspondence, Volume 2: Alliance Forged, November 1942–February 1944* (Princeton, N.J.: Princeton University Press, 1987), 596.

31 Robert E. Sherwood, *Roosevelt and Hopkins: An Intimate History* (New York: Harper & Brothers, 1948), 781. 鉛筆的顏色是參考 Richard Overy, *Why the Allies Won* (New York: W. W. Norton, 1996), 246.

32 Warren F. Kimball, ed., *Churchill & Roosevelt: The Complete Correspondence, Volume 1: Alliance Emerging, October 1933–November 1942* (Princeton, N.J.: Princeton University Press, 1987), 206, 642. Elliott Roosevelt, *As He Saw It* (New York: Duell, Sloan and Pearce, 1946), 190. 關於史達林是晚宴的東道主，參見 Jon Meacham, *Franklin and Winston: An Intimate Portrait of an Epic Friendship* (New York: Random House, 2004), 258. 美國國務院針對這場晚宴提供了另一份保密版的描述，裡面甚至沒提到艾略特的介入：*Foreign Relations of the United States: The Conferences at Cairo and Tehran* (Washington, D.C.: U.S. Government Printing Office, 1961), 552-55.

33 Churchill, *The Second World War, Vol. 5: Closing the Ring*, 374.

34 Benjamin Fischer, "The Katyn Controversy: Stalin's Killing Field," *Studies in Intelligence*, CIA (Winter 1999–2000), accessed online.

35 這份已從完整三部曲中刪除的摘要可上網取得，網址是 www.abbotshill.freeserve.co.uk/USIntro.htm。

36 Dilkes, *Diaries of Sir Alexander Cadogan*, 580.

37 Alanbrooke, *The War Diaries*, 544.

38 Violet Bonham Carter, *Champion Redoubtable* (London: Weidenfeld & Nicolson,

10 "Joint Chiefs of Staff Minutes of a Meeting at the White House, January 7, 1943," *Foreign Relations of the United States: The Conferences at Washington, 1941–1942, and Casablanca, 1943* (Washington, D.C.: U.S. Government Printing Office, 1968), 510.

11 Meeting of Roosevelt with the Joint Chiefs of Staff, January 15, 1943, 10 a.m., President's Villa," *Foreign Relations of the United States, Washington and Casablanca Conferences*, 559.

12 Steven Rearden, *Council of War: A History of the Joint Chiefs of Staff, 1942–1991* (Washington, D.C.: NDU Press, 2012), 13–14.

13 Albert Wedemeyer, *Wedemeyer Reports!* (New York: Henry Holt, 1958), 191–92. 戰爭結束很久後，馬歇爾寫信給邱吉爾：「我認識的人當中，沒人比你跟我爭論得還多，也沒有人比你更令我欽佩。」*The Papers of George Catlett Marshall, Volume 7: "The Man of the Age,"* ed. Mark Stoler and Daniel Holt (Baltimore, Md.: Johns Hopkins University Press, 2016), 986.

14 Oliver Harvey, *War Diaries*, 1941–1945, ed. John Harvey (New York: HarperCollins, 1978), 287.

15 Alanbrooke, *The War Diaries*, 419.

16 Sir Charles Wilson, later Lord Moran, *Churchill: Taken from the Diaries of Lord Moran* (Boston: Houghton Mifflin, 1966), 767.

17 Alanbrooke, *The War Diaries*, 384.

18 Harold Nicolson, *The War Years: 1939–1945* (New York: Atheneum, 1967), 347.

19 Winston S. Churchill, *The Second World War, Volume IV: The Hinge of Fate* (Boston: Houghton Mifflin, 1950), 733–34.

20 "Meeting of the Combined Chiefs of Staff, May 13, 1943, 10:30 a.m., Board of Governors Room, Federal Reserve Building," *Foreign Relations of the United States: The Conferences at Washington and Quebec, 1943* (Washington, D.C.: Government Printing Office, 1970), 45.

21 Alanbrooke, *The War Diaries*, 233.

22 David Dilks, ed., *The Diaries of Sir Alexander Cadogan, 1938–1945*, (New York: G. P. Putnam's Sons, 1972), 484.

23 Field Marshal Lord Alanbrooke, *The War Diaries*, 370.

24 Violet Bonham Carter, *Winston Churchill: An Intimate Portrait* (New York: Har-

49 同前, 189.
50 Harold Nicolson, *The War Years: 1939–1945* (New York: Atheneum, 1967), 328.
51 Harold Macmillan, *The Blast of War, 1939–1945* (New York: Harper & Row, 1968), 121, 359.
52 Oliver Harvey, *War Diaries, 1941–1945*, ed. John Harvey (New York: HarperCollins, 1978), 37.
53 同前, 85.
54 同前, 141.
55 James Boswell, *The Life of Samuel Johnson, Volume III* (Oxford: Talboys and Wheeler, 1826), 180.
56 Andrew Roberts, *"The Holy Fox": A Biography of Lord Halifax* (London: Weidenfeld & Nicolson, 1991), 281–82.
57 Anthony Eden, *The Reckoning: The Memoirs of Anthony Eden* (Boston: Houghton Mifflin, 1965), 158–59.

CHAPTER 10——戰後世界的嚴峻前景：一九四三年

1 Norman Longmate, *The G.I.'s: The Americans in Britain, 1942–1945* (New York: Scribner, 1975), 62.
2 George Orwell, *The Collected Essays, Journalism and Letters of George Orwell, Volume 2: My Country Right or Left, 1940–1943*, ed. Sonia Orwell and Ian Angus (New York: Harcourt Brace Jovanovich, 1968), 236. Hereafter, Orwell, CEJL, vol. 2.
3 *George C. Marshall: Interviews and Reminiscences for Forrest C. Pogue*, ed. Larry I. Bland (Lexington, Va.: George C. Marshall Foundation, 1996), 608, 613.
4 Martin Gilbert, *Winston S. Churchill: Road to Victory, Volume VII: 1941–1945* (London: Heinemann, 1989), 293.
5 Eric Larrabee, *Commander in Chief: Franklin Delano Roosevelt, His Lieutenants, and Their War* (New York: Harper & Row, 1987), 184.
6 Ronald Lewin, *Churchill as Warlord* (London: Scarborough, 1973), 184.
7 Hastings Ismay, *The Memoirs of Lord Ismay* (London: Heinemann, 1960), 288.
8 Field Marshal Lord Alanbrooke, *The War Diaries: 1939–1945*, ed. Alex Danchev and Daniel Todman (Berkeley: University of California Press, 2002), 364.
9 Gilbert, *Churchill: Road to Victory*, 296.

31 George Orwell, *Diaries*, ed. Peter Davison (New York: W. W. Norton, 2012), 396–97.
32 Stephen Wadhams, ed., *Remembering Orwell* (Harmondsworth, U.K.: Penguin, 1984), 129–30.
33 同前, 130.
34 Crick, *George Orwell*, 432.
35 Churchill, *The Second World War, Vol. IV: The Hinge of Fate*, 209.
36 同前, 134.
37 同前, 201.
38 Winston S. Churchill, *The Second World War, Volume V: Closing the Ring* (Boston: Houghton Mifflin, 1951), 270.
39 Warren F. Kimball, ed., *Churchill & Roosevelt: The Complete Correspondence, Volume 1: Alliance Emerging, October 1933–November 1942* (Princeton, N.J.: Princeton University Press, 1987), 447–48.
40 Orwell, *Diaries*, 371.
41 *Hansard*, July 2, 1942.
42 Simon Berthon and Joanna Potts, *Warlords: An Extraordinary Re-creation of World War II Through the Eyes and Minds of Hitler, Churchill, Roosevelt, and Stalin* (Cambridge, Mass.: Da Capo, 2006), 150.
43 Churchill, *The Second World War, Vol. IV: The Hinge of Fate*, 382–83. 這裡的描述也根據Hastings Ismay, *The Memoirs of Lord Ismay* (London: Heinemann, 1960), 254–55; on Sherwood, *Roosevelt and Hopkins*, 204; and on Department of State, *Foreign Relations of the United States, The Second Washington Conference* (Washington, D.C.: U.S. Government Printing Office, 1968), 437.
44 Moran, *Churchill*, 41.
45 Kim Philby, *My Silent War* (New York: Modern Library, 2002), 174. See also Andrew *Marr, A History of Modern Britain* (London: Pan Macmillan, 2009), 141
46 John Charmley, "Churchill and the American Alliance," in *Winston Churchill in the Twenty-First Century*, ed. David Cannadine and Roland Quinault (Cambridge, U.K.: Cambridge University Press, 2004), 146.
47 Max Hastings, *Winston's War: Churchill 1940–1945* (New York: Vintage, 2011), 149.
48 Harold Nicolson, *Diaries and Letters, 1930–1939*, ed. Nigel Nicolson (London: Collins, 1966), 205.

13 Mary Soames, ed., *Winston and Clementine: The Personal Letters of the Churchills* (Houghton Mifflin, 2001), 331–32.
14 Winston S. Churchill, *The Second World War, Volume II: Their Finest Hour* (Boston: Houghton Mifflin, 1949), 553.
15 Andrew Roberts, *Eminent Churchillians* (London: Phoenix, 1995), 49.
16 George Orwell, *The Collected Essays, Journalism and Letters of George Orwell, Volume 2: My Country Right or Left*, 1940–1943, ed. Sonia Orwell and Ian Angus (New York: Harcourt Brace Jovanovich, 1968), 177.（此後簡稱Orwell, *CEJL*, vol. 2）.
17 George Orwell, "As I Please," 22 November 1946, in The Collected Essays, Journalism and Letters of George Orwell, Volume 4: In Front of Your Nose, 1945–1950, ed. Sonia Orwell and Ian Angus (New York: Harcourt Brace Jovanovich, 1968), 247.（此後簡稱Orwell, *CEJL*, vol. 4）.
18 George Orwell, "Mark Twain—The Licensed Jester," in *CEJL*, vol. 2, 326.
19 Bernard Crick, *George Orwell: A Life* (New York: Penguin, 1980), 247.
20 Randolph S. Churchill, *Winston S. Churchill: Youth, 1874–1900* (Boston: Houghton Mifflin, 1966), 369, 525.
21 Gordon Bowker, *George Orwell* (London: Abacus, 2004), 62. See also "Quixote on a Bicycle," in Audrey Coppard and Bernard Crick, *Orwell Remembered* (New York: Facts on File Publications, 1984), 256.
22 Charles Dickens, *The Life and Adventures of Martin Chuzzlewit* (New York: Penguin, 1986), 338, also 336–37, 346–47, 592, 607.
23 Christopher Hitchens, *Why Orwell Matters* (New York: MJF Books, 2002), 104.
24 Norman Longmate, *The G.I.'s: The Americans in Britain, 1942–1945* (New York: Scribner, 1975), 228, 43, 36.
25 John Charmley, *Churchill: The End of Glory* (New York: Harcourt Brace, 1993), 449.
26 Parliamentary debates, 27, 28, 29 January 1942, *Hansard, Parliamentary Debates*.（此後簡稱 Hansard）.
27 Harold Nicolson, *The War Years: 1939–1945* (New York: Atheneum, 1967), 209.
28 同前。
29 Winston S. Churchill, *The Second World War, Volume IV: The Hinge of Fate* (Boston: Houghton Mifflin, 1950), 92.
30 Orwell, *CEJL*, vol. 2, 209.

99 Orwell, *Diaries*, 392.

100 同前, 361–62.

101 George Orwell, "Literature and Totalitarianism," in *CEJL*, vol. 2, 135.

102 Jeremy Lewis, *David Astor* (London: Jonathan Cape, 1980), chapter 2. No page number available from Kindle version.

103 Stephen Pritchard, "Astor and the *Observer*," *Observer*, 8 December 2001.

104 Roger Lewis, "How the Observer's Celebrated Owner-Editor Coped with Being So Rich," *Guardian*, 18 February 2016.

105 "David Astor and the *Observer*," in Coppard and Crick, *Orwell Remembered*, 184.

106 Crick, *George Orwell*, 421.

CHAPTER 9——美國參戰：一九四一～一九四二年

1 Field Marshal Lord Alanbrooke, *The War Diaries: 1939–1945*, ed. Alex Danchev and Daniel Todman (Berkeley: University of California Press, 2002), 209; Roy Jenkins, *Churchill* (Farrar, Straus and Giroux, 2001), 800.

2 Winston S. Churchill, *The Second World War, Volume III: The Grand Alliance* (Boston: Houghton Mifflin, 1950), 607.

3 Winston Churchill, *Blood, Toil, Tears and Sweat: The Great Speeches*, ed. David Cannadine (Harmondsworth, U.K.: Penguin, 1990), 226.

4 同前, 227.

5 同前, 228–29.

6 同前, 230.

7 同前, 232.

8 Sir Charles Wilson, later Lord Moran, *Churchill: Taken from the Diaries of Lord Moran* (Boston: Houghton Mifflin, 1966), 16. See also Churchill, *The Second World War, Vol. III: The Grand Alliance*, 671.

9 Moran, *Churchill*, 17.

10 Churchill, *The Second World War, Vol. III: The Grand Alliance*, 686.

11 Robert E. Sherwood, *Roosevelt and Hopkins: An Intimate History* (New York: Harper & Brothers, 1948), 444.

12 Martin Gilbert, *Winston S. Churchill: The Prophet of Truth, Volume V: 1922–1939* (London: Minerva, 1990), 301.

74 Quoted in Ronald Lewin, *Churchill as Warlord* (London: Scarborough, 1973), 72.
75 Alanbrooke, *The War Diaries*, 207.
76 同前, 226.
77 同前。
78 Winston S. Churchill, *The Second World War, Volume II: Their Finest Hour* (Boston: Houghton Mifflin, 1949), 443.
79 Alanbrooke, *The War Diaries*, 207, 273.
80 A. L. Rowse, *The Churchills: The Story of a Family* (New York: Harper & Row, 1966), 471.
81 Churchill, *The Second World War, Vol. III: The Grand Alliance*, 28.
82 Winston S. Churchill, *Painting as a Pastime* (Greensboro, N.C.: Unicorn Press, 2013), 45–46.
83 Churchill, *The Second World War, Volume II: Their Finest Hour*, 548.
84 Orwell, *Diaries*, 354.
85 Winston S. Churchill, *The Second World War, Vol. III: The Grand Alliance*, 372.
86 Orwell, *Diaries*, 353.
87 George Orwell, "Notes on Nationalism," in Orwell, *CEJL*, vol. 3, 370.
88 George Orwell, *The War Commentaries*, ed. W. J. West (New York: Schocken Books, 1986), 40.
89 同前, 213–14.
90 同前, 138.
91 "That Curiously Crucified Expression," in Coppard and Crick, *Orwell Remembered*, 171.
92 George Orwell, "Macbeth," 17 October 1943, in *Orwell: The Lost Writings*, ed. W. J. West (New York: Arbor House, 1985), 160–61.
93 Bowker, *George Orwell*, 294.
94 Orwell, *Diaries*, 361.
95 同前, 390–91.
96 同前, 386.
97 Bowker, *George Orwell*, 294.
98 George Orwell, *Coming Up for Air*, in George Orwell omnibus (London: Secker & Warburg, 1976), 476.

55 George Orwell, "The English People," in *The Collected Essays, Journalism and Letters of George Orwell, Volume 3: As I Please, 1943–1945*, ed. Sonia Orwell and Ian Angus (New York: Harcourt Brace Jovanovich, 1968), 21.（此後簡稱Orwell, *CEJL*, vol. 3）.
56 Bowker, *George Orwell*, 123.
57 有些人堅稱「Britisher」（英國人）不是一個真實的字彙，但美國軍事家喬治・馬歇爾（George Marshall）與英國官員通信時，使用了這個字。例如，參見他於一九五〇年十月二十五日寫給路易斯・蒙巴頓勛爵（Lord Louis Mountbatten）的文字，*The Papers of George Catlett Marshall, Volume 7: "The Man of the Age,"* ed. Mark Stoler and Daniel Holt (Baltimore, Md.: Johns Hopkins University Press, 2016), 26.
58 This is pointed out in the discussion of World War II in James Bowman, *Honor: A History* (New York: Encounter, 2006), 157.
59 Crick, *George Orwell*, 431.
60 關於歐威爾的穿著風格：George Woodcock, *The Crystal Spirit: A Study of George Orwell* (Boston: Little, Brown, 1966), 23. 亦見Audrey Coppard and Bernard Crick, *Orwell Remembered* (New York: Facts on File Publications, 1984), 203.
61 George Orwell, "London Letter," *Partisan Review, July–August 1943, in Orwell and Politics*, ed. Peter Davison (Harmondsworth, U.K.: Penguin, 2001), 181.
62 Martin Gilbert, *Churchill and America* (New York: Free Press, 2005), 157.
63 Max Hastings, *Winston's War: Churchill 1940–1945* (New York: Vintage, 2011), 40.
64 C. P. Snow, *Variety of Men* (London: Macmillan, 1967), 112–13.
65 Orwell, *Diaries*, 333.
66 同前, 345.
67 同前, 316.
68 同前, 317.
69 同前, 339
70 同前, 342.
71 同前, 358.
72 Michael Simpson, *A Life of Admiral of the Fleet Andrew Cunningham* (Abingdon, U.K., and New York: Routledge, 2012), 62.
73 Winston S. Churchill, *The Second World War, Volume III: The Grand Alliance* (Boston: Houghton Mifflin, 1950), 242. 斜體為作者所加。

33 同前, 463.

34 Orwell, "The Lion and the Unicorn," in *CEJL*, vol. 2, 71.

35 Len Deighton, *Battle of Britain* (New York: Coward, McCann & Geoghegan, 1980), 32.

36 Evelyn Waugh, *Officers and Gentlemen* (New York: Dell, 1961), 255.

37 Hugh Dundas, *Flying Start: A Fighter Pilot's War Years* (New York: St. Martin's Press, 1989), 6.

38 Levine, *Forgotten Voices of the Blitz*, 226.

39 George Orwell, "London Letter, 8 May 1942," in *Orwell and Politics*, ed. Peter Davison (Harmondsworth, U.K.: Penguin, 2001), 167.

40 Orwell, "The Lion and the Unicorn," in *CEJL*, vol. 2, 109.

41 John Colville, *The Fringes of Power: 10 Downing Street Diaries, 1939–1955* (New York: W. W. Norton, 1985), 282.

42 Deighton, *Battle of Britain*, 93.

43 Anthony Cave Brown, *C: The Secret Life of Sir Stewart Menzies, Spymaster to Winston Churchill* (New York: Macmillan, 1987), 113.

44 Colville, *The Fringes of Power*, 278.

45 同理, 278, 433.

46 John Ramsden, *Man of the Century: Winston Churchill and His Legend Since 1945* (New York: Columbia University Press, 2002), 575.

47 Margaret Thatcher, *The Path to Power* (New York: HarperCollins, 1995), 27.

48 Churchill, *The Second World War, Vol. I: The Gathering Storm*, 760–63.

49 Martin Gilbert, *Winston S. Churchill: Finest Hour, Volume VI: 1939–1941* (London: Heinemann, 1983), 148.

50 Field Marshal Lord Alanbrooke, *The War Diaries: 1939–1945*, ed. Alex Danchev and Daniel Todman (Berkeley: University of California Press, 2002), 347.

51 Eliot Cohen, *Supreme Command: Soldiers, Statesmen, and Leadership in Wartime* (New York: Anchor, 2003), 127.

52 Winston S. Churchill, *The Second World War, Volume IV: The Hinge of Fate* (Boston: Houghton Mifflin, 1950), 916.

53 Orwell, "Lion and the Unicorn," in *CEJL*, vol. 2, 67.

54 同前, 85.

13 Cyril Connolly, *The Evening Colonnade* (London: David Bruce & Watson, 1973), 383.
14 Shelden, *Orwell*, 330.
15 Orwell, *Diaries*, 312.
16 同前, 313.
17 同前, 316.
18 Orwell, *CEJL*, vol. 2, 54.
19 John Rossi, "'My Country, Right or Left': Orwell's Patriotism," in *The Cambridge Companion to George Orwell*, ed. John Rodden (Cambridge, U.K.: Cambridge University Press, 2007), 94.
20 Orwell, "The Lion and the Unicorn," in *CEJL*, vol. 2, 67.
21 同前, 78.
22 George Orwell, "Wells, Hitler and the World State," 同前, 142.
23 Gordon Bowker, *George Orwell* (London: Abacus, 2004), 293. See also Orwell, *Diaries*, 366.
24 Stephen Wadhams, ed., *Remembering Orwell* (Harmondsworth, U.K.: Penguin, 1984), xii.
25 Orwell, *Diaries*, 344.
26 同前, 295.
27 Daniel Todman, *Britain's War: Into Battle, 1937–1941* (Oxford: Oxford University Press, 2016), 478.
28 Joshua Levine, *Forgotten Voices of the Blitz and the Battle for Britain* (London: Ebury, 2007), 345–48, and Churchill, *The Second World War, Volume II: Their Finest Hour*, 351.
29 Quoted in Robert Hewison, *Under Siege: Literary Life in London, 1939–45* (New York: Oxford University Press, 1977), 39.
30 Orwell, "The Lion and the Unicorn," in Orwell, *CEJL*, vol. 2, 90.
31 Levine, *Forgotten Voices of the Blitz and the Battle for Britain*, 377. See also obituary of "Squadron Leader 'Stapme' Stapleton," *Telegraph* (London), 22 April 2010, accessed online.
32 James Leutze, ed., *The London Journal of General Raymond E. Lee, 1940–1941* (Boston: Little, Brown, 1971), 339.

可能會喜歡其中一首的隱晦歌名：「這是什麼朋友？」Steve Hendry, "The King in Queen Street," Glasgow *Daily Record*, 4 October 2015, accessed online.
63 Churchill, *The Second World War, Vol. II: Their Finest Hour*, 690.
64 Parrish, *To Keep the British Isles Afloat*, 188.
65 Winston Churchill, *Blood, Toil, Tears and Sweat: The Great Speeches*, ed. David Cannadine (Harmondsworth, U.K.: Penguin, 1990), 213.
66 Leutze, *The London Journal of General Raymond E. Lee*, 258.
67 Richard Toye, *The Roar of the Lion: The Untold Story of Churchill's World War II Speeches* (Oxford: Oxford University Press, 2013), 91.
68 Christopher Thorne, *Allies of a Kind: The United States, Britain, and the War Against Japan, 1941–1945* (Oxford: Oxford University Press, 1979), 111.

CHAPTER 8——邱吉爾、歐威爾、英國的階級戰爭：一九四一年

1 George Orwell, "The Lion and the Unicorn," in *The Collected Essays, Journalism and Letters of George Orwell, Volume 2: My Country Right or Left, 1940–1943*, ed. Sonia Orwell and Ian Angus (New York: Harcourt Brace Jovanovich, 1968), 88.（此後簡稱Orwell, *CEJL*, vol. 2）.
2 George Orwell, *The Collected Essays, Journalism and Letters of George Orwell, Volume 1: An Age Like This, 1920–1940*, ed. Sonia Orwell and Ian Angus (New York: Harcourt Brace Jovanovich, 1968), 410. Hereafter, Orwell, CEJL, vol. 1.
3 Michael Shelden, *Orwell: The Authorized Biography* (New York: HarperCollins, 1991), 289.
4 Bernard Crick, *George Orwell: A Life* (New York: Penguin, 1980), 391–92.
5 George Orwell, "Letter to John Lehmann," in *CEJL*, vol. 2, 29.
6 George Orwell, *Diaries*, ed. Peter Davison (New York: W. W. Norton, 2012), 325.
7 John Rodden and John Rossi, *The Cambridge Introduction to George Orwell* (Cambridge, U.K.: Cambridge University Press, 2012), 26.
8 Orwell, *CEJL*, vol. 1, 516.
9 Orwell, *CEJL*, vol. 2, 24.
10 Orwell, *Diaries*, 308.
11 Shelden, *Orwell*, 237
12 George Orwell, "*Letter to the Editor of Time and Tide*," in *CEJL*, vol. 2, 27.

47 Orwell, *Diaries*, 319.

48 Churchill, *The Second World War, Vol. II: Their Finest Hour*, 675.

49 Nasaw, *The Patriarch*, 498.

50 Michael Beschloss, *Kennedy and Roosevelt: The Uneasy Alliance* (New York: W. W. Norton, 1980), 229.

51 Charles Lindbergh, *The Wartime Journals of Charles A. Lindbergh* (Harcourt Brace Jovanovich, 1970), 420.

52 Churchill, *The Second World War, Vol. III: The Grand Alliance*, 22.

53 George McJimsey, *Harry Hopkins: Ally of the Poor and Defender of Democracy* (Cambridge, Mass.: Harvard University Press, 1987), 316.

54 關於霍普金斯是羅斯福最親近的顧問，是出自 Warren Kimball, *The Juggler: Franklin Roosevelt as Wartime Statesman* (Princeton, N.J.: Princeton University Press, 1991), 9.

55「不穩定」是出自 Roy Jenkins, *Churchill* (Farrar, Straus and Giroux, 2001), 573;「大半時間酩酊大醉」是出自 David Reynolds, *The Creation of the Anglo-American Alliance 1937–41: A Study in Competitive Co-operation* (Chapel Hill, N.C.: University of North Carolina Press, 1982), 114.

56 Robert E. Sherwood, *Roosevelt and Hopkins: An Intimate History* (New York: Harper & Brothers, 1948), 232, 234, 302. Details of legs of the flight are from Thomas Parrish, *To Keep the British Isles Afloat: FDR's Men in Churchill's London, 1941* (London: Collins, 2009).

57 布拉肯迎接霍普金斯的重要性是出自 Parrish, *To Keep the British Isles Afloat*, 133.

58 這裡的引述及後續的段落是出自 Sherwood, *Roosevelt and Hopkins*, 238.

59 Gilbert, *Churchill: Finest Hour*, 985–86.

60 Martin Gilbert, ed., *The Churchill War Papers: The Ever-Widening War, 1941* (New York: W. W. Norton, 1995), 59, 61, 76.

61 David Dilks, ed., *The Diaries of Sir Alexander Cadogan, 1938–1945*, (New York: G. P. Putnam's Sons, 1972), 348.

62 Moran, *Churchill*, 6. 關於霍普金斯近乎耳語的聲音，Hastings Ismay, *The Memoirs of Lord Ismay* (London: Heinemann, 1960), 216. 約二十六年後，巴布・狄倫（Bob Dylan）在頗具爭議的英國巡迴表演中使用電吉他演奏，許多民謠聽眾稱他為「叛徒」。當時他也是住在那間格拉斯哥的飯店，並錄製了幾首歌曲。霍普金斯

25 Bungay, *The Most Dangerous Enemy*, 330.
26 Gilbert, *Churchill: Finest Hour*, 729.
27 Len Deighton, *Battle of Britain* (New York: Coward, McCann & Geoghegan, 1980), 174.
28 Bungay, *The Most Dangerous Enemy*, 371.
29 James Leutze, ed., *The London Journal of General Raymond E. Lee, 1940–1941* (Boston: Little, Brown, 1971), 62.
30 Moran, *Churchill*, 348.
31 Field Marshal Lord Alanbrooke, *The War Diaries: 1939–1945*, ed. Alex Danchev and Daniel Todman (Berkeley: University of California Press, 2002), 107.
32 John Colville, *The Fringes of Power: 10 Downing Street Diaries, 1939–1955* (New York: W. W. Norton, 1985), 370, 364, 394, 403, 442, 509.
33 關於邱吉爾讀霍恩布洛爾小說：Winston S. Churchill, *The Second World War, Volume III: The Grand Alliance* (Boston: Houghton Mifflin, 1950), 429。關於邱吉爾讀奧斯汀的小說：Winston S. Churchill, *The Second World War, Volume V: Closing the Ring* (Boston: Houghton Mifflin, 1951), 425.
34 Bungay, *The Most Dangerous Enemy*, 376–84.
35 Robin Prior, *When Britain Saved the West: The Story of 1940* (New Haven, Conn.: Yale University Press, 2015), 181.
36 Levine, *Forgotten Voices of the Blitz*, 137.
37 Bungay, *The Most Dangerous Enemy*, 125.
38 同前, 162.
39 John Lukacs, *The Duel: The Eighty-Day Struggle Between Churchill and Hitler* (Boston: Ticknor & Fields, 1991), 158.
40 Levine, *Forgotten Voices of the Blitz*, 137.
41 Bungay, *The Most Dangerous Enemy*, 244.
42 Levine, *Forgotten Voices of the Blitz*, 199, 239.
43 Bungay, *The Most Dangerous Enemy*, 292, 371–74.
44 Tom Harrisson, *Living Through the Blitz* (Harmondsworth, U.K.: Penguin, 1990), 105.
45 Bungay, *The Most Dangerous Enemy*, 115.
46 同前, 368.

Park, Pa., and London: State University Press, 1996), 46. 哈里斯是個人脈亨通的維多利亞時代紳士，他自己也有不少不可告人的祕密。多年後，他幫邱吉爾談了一份優厚的出版合約。Peter Clarke, *Mr. Churchill's Profession: The Statesman as Author and the Book That Defined the "Special Relationship"* (London: Bloomsbury Press, 2012), 27. 如今大家對哈里斯的記憶主要是《年少輕狂》(*My Life and Loves*)的作者。該書共四卷，講述了他的性冒險經歷。

10 *Hansard*, 20 August 1940.

11 Joshua Levine, *Forgotten Voices of the Blitz and the Battle for Britain* (London: Ebury, 2007), 302.

12 Overy, *Battle of Britain*, 91.

13 Winston S. Churchill, *The Second World War, Volume II: Their Finest Hour* (Boston: Houghton Mifflin, 1949), 657.

14 Harold Nicolson, *The War Years: 1939–1945* (New York: Atheneum, 1967), 111.

15 Levine, *Forgotten Voices of the Blitz*, 91.

16 Peter Stansky, *The First Day of the Blitz* (New Haven, Conn.: Yale University Press, 2007), 1.

17 David Nasaw, *The Patriarch: The Remarkable Life and Turbulent Times of Joseph P. Kennedy* (New York: Penguin Press, 2012), 474.

18 同前, 477.

19 Peter Ackroyd, introduction to Levine, *Forgotten Voices of the Blitz*, 2.

20 Neil Wallington, *Firemen at War: The Work of London's Fire Fighters in the Second World War* (Huddersfield, U.K.: Jeremy Mills Publishing, 2007), 91.

21 Martin Gilbert, *Winston S. Churchill: Finest Hour, Volume VI: 1939–1941* (London: Heinemann, 1983), 775.

22 這段有關邱吉爾於一九四〇年九月十五日造訪戰鬥機大隊總部的描述，主要是根據*Churchill, The Second World War, Vol. II: Their Finest Hour*, 332–36。此外，也參照了以下的資料：Sir Charles Wilson, later Lord Moran, *Churchill: Taken from the Diaries of Lord Moran* (Boston: Houghton Mifflin, 1966), 320–21; Levine, *Forgotten Voices of the Blitz*, 289; and the entry for 15 September 1940 in the Royal Air Force's "Fighter Command Operational Diaries" Web site.

23 Churchill, *The Second World War, Vol. II: Their Finest Hour*, 332.

24 同前, 336.

111 Churchill, *The Second World War, Vol. I: The Gathering Storm*, 158.
112 R. W. Thompson, *Churchill and Morton* (London: Hodder & Stoughton, 1976), 95.
113 Churchill, *The Second World War, Vol. II: Their Finest Hour*. 243.
114 Winston S. Churchill, *The Second World War, Volume IV: The Hinge of Fate* (Boston: Houghton Mifflin, 1950), 934.
115 Churchill, *The Second World War, Vol. II: Their Finest Hour*, 681.
116 David Jablonsky, *Churchill: The Making of a Grand Strategist* (Carlisle, Pa.: Strategic Studies Institute, U.S. Army War College, 1990), 72.
117 Churchill, *The Second World War, Vol. I: The Gathering Storm*, 459.
118 同前, 662.
119 Bungay, *The Most Dangerous Enemy*, 101.

CHAPTER 7——與德國作戰，向美國求助：一九四〇～一九四一年

1 Ronald Lewin, *Ultra Goes to War* (London: Hutchinson, 1978), 86.
2 Stephen Bungay, *The Most Dangerous Enemy: A History of the Battle of Britain* (London: Aurum Press, 2001), 111. See also 152.
3 Martin Gilbert, *Churchill and America* (New York: Free Press, 2005), 200–201.
4 Richard Overy, *The Battle of Britain: The Myth and the Reality* (New York: W. W. Norton, 2001), 45.
5 George Orwell, *Diaries*, ed. Peter Davison (New York: W. W. Norton, 2012), 282.
6 Thomas Jones, *A Diary with Letters*, 1931–1950 (Oxford: Oxford University Press, 1954), 460.
7 同前, 466.
8 No author, *The History of The Times, Volume IV, The 150th Anniversary and Beyond, Part II: 1921–1948* (London: Office of the Times, 1952), 1022.
9 *The Collected Essays, Journalism and Letters of George Orwell, Volume 3: As I Please, 1943–1945*, ed. Sonia Orwell and Ian Angus (New York: Harcourt Brace Jovanovich, 1968), 132.（此後簡稱Orwell, *CEJL*, vol. 3）。例如，一八九五年，作家弗蘭克．哈里斯（Frank Harris）在皇家咖啡館會見奥斯卡．王爾德（Oscar Wilde），哈里斯勸王爾德放棄對昆斯伯里侯爵（Marquess of Queensberry）提出的誹謗訴訟，對他說：「你不曉得什麼事會發生在你身上。」王爾德憤然拒絕撤告，並繼續摧毀自己的人生。Stanley Weintraub, *Shaw's People: Victoria to Churchill*. (University

84.

86 Statement made to and quoted by Crozier in *Off the Record*, 184.

87 Daniel Todman, *Britain's War: Into Battle, 1937–1941* (Oxford: Oxford University Press, 2016), 379.

88 Levine, *Forgotten Voices of the Blitz*, 57–58.

89 Gelb, *Dunkirk*, 301.

90 Ismay, *Memoirs of Lord Ismay*, 127.

91 Gardner, *Churchill in Power*, 47.

92 Churchill, *The Second World War, Vol. II: Their Finest Hour*, 47.

93 Winston S. Churchill, *Painting as a Pastime* (Greensboro, N.C.: Unicorn Press, 2013), 48.

94 Gardner, *Churchill in Power*, 47.

95 Churchill, *The Second World War, Vol. II: Their Finest Hour*, 243.

96 同前, 217.

97 Walter Millis, *Arms and Men: A Study in American Military History* (New Brunswick, N.J.: Rutgers University Press, 1981), 275.

98 *Hansard*, 18 June 1940.

99 Jenkins, Churchill, 611. 有一個網站也是基於同樣的相法，專門比較邱吉爾和林肯：www.lincolnandchurchill.com。

100 George Orwell, "London Letter," *Partisan Review*, July–August 1942, in *Orwell and Politics*, 162.

101 Winston Churchill, "Never Give In" (speech, Harrow School, 29 October 1941), accessed online at the Web site of the Churchill Society.

102 George Orwell, *Diaries*, ed. Peter Davison (New York: W. W. Norton, 2012), 286.

103 同前, 292.

104 Gilbert, *Churchill: Finest Hour*, 642.

105 Sir lan Jacob, in Wheeler-Bennett, *Action This Day*, 159.

106 Todman, *Britain's War*, 225.

107 Churchill, *The Second World War, Vol. I: The Gathering Storm*, 650.

108 Lukacs, *Five Days in London*, 190.

109 Lord Normanbrook, in Wheeler-Bennett, *Action This Day*, 22.

110 Sir Ian Jacob, 同前, 168.

62 Boris Johnson, *The Churchill Factor: How One Man Made History* (New York: Riverhead, 2014), 22.
63 Jenkins, *Churchill*, 602.
64 Dilks, *Diaries of Sir Alexander Cadogan*, 291.
65 Jenkins, *Churchill*, 604.
66 Lukacs, *Five Days in London*, 149, 155, 182–83.
67 Hugh Dalton, *The Fateful Years* (London: Frederick Muller, 1957), 336.
68 Churchill, *The Second World War, Vol. II: Their Finest Hour*, 90.
69 John Charmley, *Churchill: The End of Glory* (New York: Harcourt Brace, 1993), 400.
70 Simon Schama, *A History of Britain, Volume 3: The Fate of Empire: 1776–2000* (London: BBC, 2003), 398.
71 W. P. Crozier, *Off the Record: Political Interviews, 1933–1943*, ed. A. J. P. Taylor (London: Hutchinson, 1973), 221.
72 Richard Overy, *The Battle of Britain: The Myth and the Reality* (New York: W. W. Norton, 2001), 17.
73 Bungay, *The Most Dangerous Enemy*, 13.
74 同前, 112. See also Roberts, *Eminent Churchillians*, 137–38.
75 *Hansard*, 4 June 1940.
76 Anthony Storr, *Churchill's Black Dog, Kafka's Mice, and Other Phenomena of the Human Mind* (New York: Ballantine, 1990), 9.
77 Bungay, *The Most Dangerous Enemy*, 22.
78 Nicolson, *The War Years*, 93.
79 Levine, *Forgotten Voices of the Blitz*, 43–44.
80 C. P. Snow, "Winston Churchill," in *Variety of Men* (London: Macmillan, 1967), 111.
81 Gelb, *Dunkirk*, 213.
82 Cathal Nolan, *The Allure of Battle: A History of How Wars Have Been Won and Lost* (New York: Oxford University Press, 2017), 445.
83 Harold Macmillan, *The Blast of War, 1939–1945* (New York: Harper & Row, 1968), 81. See also Gelb, *Dunkirk*, 311.
84 Churchill, *The Second World War, Vol. II: Their Finest Hour*, 256.
85 Len Deighton, *Battle of Britain* (New York: Coward, McCann & Geoghegan, 1980),

126.

43 Nasaw, *The Patriarch*, 447.

44 同前, 350.

45 Orville Bullitt, ed., *For the President: Personal and Secret: Correspondence Between Franklin D. Roosevelt and William C. Bullitt* (Boston: Houghton Mifflin, 1972), 428.

46 Hastings Ismay, *The Memoirs of Lord Ismay* (London: Heinemann, 1960), 116.

47 Gelb, *Dunkirk*, 316.

48 Alistair Horne, *To Lose a Battle: France 1940* (Harmondsworth, U.K.: Penguin, 2007), 610.

49 Hans von Luck, *Panzer Commander: The Memoirs of Colonel Hans von Luck* (New York: Dell, 1989), 42.

50 Stephen Bungay, *The Most Dangerous Enemy: A History of the Battle of Britain* (London: Aurum Press, 2001), 31. See also Levine, *Forgotten Voices of the Blitz*, 19–20.

51 John Lukacs, *Five Days in London: May 1940.* (New Haven, Conn.: Yale University Press, 2001), 42, 192. See also Churchill, *The Second World War, Vol. II: Their Finest Hour*, 76.

52 Carlo D'Este, *Warlord: A Life of Winston Churchill at War, 1874–1945* (New York: HarperCollins, 2008), 425.

53 Earl Ziemke, "Rundstedt," in Correlli Barnett, ed., *Hitler's Generals* (London: Weidenfield & Nicolson, 1989), 191.

54 B. H. Liddell Hart, *The German Generals Talk* (New York: Berkley, 1958), 113, 115.

55 Ian Kershaw, *Fateful Choices: Ten Decisions That Changed the World, 1940–1941* (New York: Penguin, 2007), 27; Gerhard Weinberg, *A World at Arms: A Global History of World War II*, 2nd ed. (Cambridge, U.K.: Cambridge University Press, 2006), 131.

56 Horne, *To Lose a Battle*, 610.

57 Michael Shelden, *Orwell: The Authorized Biography* (New York: HarperCollins, 1991), 330,

58 同前, 331.

59 同前。

60 Kershaw, *Fateful Choices*, 41.

61 Colville, *Fringes of Power*, 141.

from the Diaries of Lord Moran (Boston: Houghton Mifflin, 1966), 472. 克萊門汀說得沒錯，誠如史學家賽巴斯提安・哈夫納（Sebastian Haffner）所言：「一九四〇年和一九四一年要不是有邱吉爾，希特勒很可能贏得戰爭，並建立一個更大的日耳曼黨衛隊國家，從大西洋一直延伸到烏拉山脈或更遠的地方。」Sebastian Haffner, *Churchill* (London: Haus, 2003), 104.

26 Churchill, *The Second World War, Vol. I: The Gathering Storm*, 662.

27 同前。

28 Thompson, *Beside the Bulldog*, 84.

29 Colville, *The Fringes of Power*, 122.

30 Joshua Levine, *Forgotten Voices of the Blitz and the Battle for Britain* (London: Ebury, 2007), 37.

31 Anthony Cave Brown, *C: The Secret Life of Sir Stewart Menzies, Spymaster to Winston Churchill* (New York: Macmillan, 1987), 263.

32 Churchill, *The Second World War, Vol. I: The Gathering Storm*, 667.

33 Gilbert, *Churchill: Finest Hour*, 327.

34 Andrew Roberts, *Eminent Churchillians* (London: Phoenix, 1995), 159.

35 同前, 168.

36 Robert Rhodes James, ed., *Chips: The Diaries of Sir Henry Channon*, (London: Weidenfeld & Nicolson, 1967), 252. See also Richard Toye, *The Roar of the Lion: The Untold Story of Churchill's World War II Speeches* (Oxford: Oxford University Press, 2013), 42. Churchill quotation is from Churchill, *The Second World War, Vol. II: Their Finest Hour*, 10.

37 Nicolson, *The War Years*, 85.

38 *Hansard*, 13 May 1940.

39 Michael Shelden, *Young Titan: The Making of Winston Churchill* (New York: Simon & Schuster, 2013), 7.

40 George Orwell, "Letter to the Editor of *Time and Tide*," in *The Collected Essays, Journalism and Letters of George Orwell, Volume 2: My Country Right or Left, 1940–1943*, ed. Sonia Orwell and Ian Angus (New York: Harcourt Brace Jovanovich, 1968), 28.（此後簡稱Orwell, *CEJL*, vol. 2）。

41 Gilbert, *Churchill: Finest Hour*, 358.

42 Stephen Roskill, *Churchill and the Admirals* (New York: William Morrow, 1978),

Kennedy (New York: Penguin Press, 2012), 315. See also 497.

13 同前, 373.

14 同前, 331.

15 David Dilks, ed., *The Diaries of Sir Alexander Cadogan, 1938–1945*, (New York: G. P. Putnam's Sons, 1972), 37.

16 Churchill, *The Second World War, Vol. I*: The Gathering Storm, 255.

17 同前, 433. Additional details from Martin Gilbert, *Winston S. Churchill: Finest Hour, Volume VI*: 1939–1941 (London: Heinemann, 1983), 32.

18 Paul Johnson, *Churchill* (New York: Penguin, 2010), 104.

19 Robert Self, *Neville Chamberlain: A Biography* (London and Burlington, Vt.: Ashgate Publishing, 2006), 388.

20 Roy Jenkins, *Churchill* (Farrar, Straus and Giroux, 2001), 553.

21 John Colville, *The Fringes of Power: 10 Downing Street Diaries, 1939–1955* (New York: W. W. Norton, 1985), 143.

22 Quoted in Harold Nicolson, *The War Years: 1939–1945* (New York: Atheneum, 1967), 186.

23 同前, 251.

24 Sir Ian Jacob, in John Wheeler-Bennett, ed., *Action This Day: Working with Churchill* (New York: St. Martin's, 1969),183.

25 後續兩頁內容主要是依賴以下資料：Gilbert, *Churchill: Finest Hour*. 306–17. 這個資料來源的背後是邱吉爾在二戰回憶錄第一卷《*The Gathering Storm*》結尾的敘述。這個關鍵轉換期的某些方面也參考了其他資源。關於喬治六世偏好哈利法克斯擔任首相，請見Joseph Lash, *Roosevelt and Churchill*, 1939–1941: The Partnership That Saved the West (New York: W. W. Norton 1976), 110–11, 以及Brian Gardner, *Churchill in Power: As Seen by His Contemporaries* (Boston: Houghton Mifflin, 1969), 39. 關於哈利法克斯擔任首相後如何因應德國的問題，參見Dennis Showalter, "Phony and Hot War, 1939–1940," in Dennis Showalter and Harold Deutsch, ed., *If the Allies Had Fallen: Sixty Alternate Scenarios of World War II* (London/New York: Frontline/Skyhorse, 2010). 戰爭結束後，克萊門汀某天在法國大使館的晚宴上，旁邊碰巧坐著哈利法克斯。哈利法克斯對她抱怨，她的丈夫已經變成保守黨的負擔。克萊門汀激動地回應：「如果這個國家當初是依靠你，我們可能早就輸了這場戰爭。」Sir Charles Wilson, later Lord Moran, *Churchill: Taken*

of Lord Moran (Boston: Houghton Mifflin, 1966), 319..
75 Shelden, *Orwell*, 359.
76 George Orwell, *Diaries*, ed. Peter Davison (New York: W. W. Norton, 2012), 224–25.
77 同前, 230.
78 同前, 232.

CHAPTER 6 ——邱吉爾成為「邱吉爾」：一九四〇年春季

1 Martin Gilbert, *Winston S. Churchill: The Prophet of Truth, Volume V: 1922–1939* (London: Minerva, 1990), 1013.
2 Walter Thompson, *Beside the Bulldog: The Intimate Memoirs of Churchill's Bodyguard* (London: Apollo, 2003), 76.
3 Neville Chamberlain, Parliamentary debate, 3 September 1939, accessed online at *Hansard, Parliamentary Debates.*（此後簡稱*Hansard*）。
4 Winston S. Churchill, *The Second World War, Volume I: The Gathering Storm* (Boston: Houghton Mifflin, 1948), 409.
5 *Hansard*, 3 September 1939.
6 George Orwell, "Orwell's Proposed Preface to *Animal Farm*," in *Orwell and Politics*, ed. Peter Davison (Harmondsworth, U.K.: Penguin, 2001), 311.
7 George Orwell, *The Collected Essays, Journalism and Letters of George Orwell, Volume 3: As I Please, 1943–1945*, ed. Sonia Orwell and Ian Angus (New York: Harcourt Brace Jovanovich, 1968), 199. Hereafter, Orwell, *CEJL*, vol. 3.
8 Charlotte Mosley, ed., *The Mitfords: Letters Between Six Sisters* (New York: HarperCollins, 2007), 143.
9 Warren F. Kimball, ed., *Churchill & Roosevelt: The Complete Correspondence, Volume 1: Alliance Emerging, October 1933–November 1942* (Princeton, N.J.: Princeton University Press, 1987), 24.
10 Churchill, *The Second World War, Vol. I: The Gathering Storm*, 440. See also the discussion of Kennedy in Norman Gelb, *Dunkirk: The Complete Story of the First Step in the Defeat of Hitler* (New York: William Morrow, 1989), 46–47.
11 Winston S. Churchill, *The Second World War, Volume II: Their Finest Hour* (Boston: Houghton Mifflin, 1949), 23.
12 David Nasaw, *The Patriarch: The Remarkable Life and Turbulent Times of Joseph P.*

53 這段話的結尾是摘自筆者與作家卡琳・切諾維斯的連串電郵交流。
54 Orwell, *Homage to Catalonia*, 231–32.
55 George Orwell, "Review of *The Tree of Gernika* by G. L. Steer; *Spanish Testament* by Arthur Koestler," *Time and Tide*, 5 February 1938, in Orwell, *CEJL*, vol. 1, 296.
56 George Orwell, *Orwell and Politics*, ed. Peter Davison (Harmondsworth, U.K.: Penguin, 2001), 26.
57 Hugh Kenner, "The Politics of the Plain Style," in *Reflections on America, 1984: An Orwell Symposium*, ed. Robert Mulvihill (Athens, Ga., and London: University of Georgia Press, 1986), 63.
58 George Orwell, "Spilling the Spanish Beans," in *CEJL*, vol. 1, 270.
59 George Orwell, "Why I Write," in *Orwell and Politics*, ed. Peter Davison (Harmondsworth, U.K.: Penguin, 2001), 461.
60 George Orwell, "Unsigned editorial," *Polemic*, 3 May 1946, ibid., 455.
61 George Orwell, *The Collected Essays, Journalism and Letters of George Orwell, Volume 2: My Country Right or Left*, 1940–1943, ed. Sonia Orwell and Ian Angus (New York: Harcourt Brace Jovanovich, 1968), 257. Hereafter, Orwell, *CEJL*, vol. 2.
62 Shelden, *Orwell*, 281.
63 Lionel Trilling, introduction to Orwell, *Homage to Catalonia*, v.
64 "The 100 Best Non-Fiction Books of the Century," *National Review*, May 3, 1999.
65 Bowker, *George Orwell*, 237.
66 Orwell, *Orwell and Politics*, 104.
67 Orwell, *Homage to Catalonia*, 181.
68 同前。
69 Orwell, *Orwell in Spain*, 171.
70 Quoted in Dorothy Boyd Rush, "Winston Churchill and the Spanish Civil War," *Social Science* (Spring 1979): 90. 這一段是以那篇文章為基礎得出的結論。
71 Orwell, *CEJL*, vol. 1, 539.
72 這段話的結尾是摘自筆者與作家卡琳・切諾維斯的連串電郵交流。
73 Orwell, *Orwell in Spain*, 269–73.
74 Robert Graves and Alan Hodge, *The Long Week-End: A Social History of Great Britain*, 1918–1939 (London: Faber & Faber, 1940; reprinted New York: W. W. Norton, 1963). See Sir Charles Wilson, later Lord Moran, *Churchill: Taken from the Diaries*

2008), 321. See also Winston S. Churchill, *The Second World War, Volume I: The Gathering Storm* (Boston: Houghton Mifflin, 1948), 185. 邱吉爾在回憶錄中並未提及這家飯店的名字，但邱吉爾檔案中的信件和電報顯示，一九三五年十二月中旬寄給他的信件和電報都是寄到這家飯店。參見Churchill Papers, Churchill College, Cambridge, Document CHAR 2/238/131.\.
29 Orwell, *Homage to Catalonia*, 131.
30 同前, 64.
31 同前, 147.
32 同前, 51.
33 同前, 65.
34 這段話和前面幾段話反映了筆者與作家卡琳·切諾維斯（Karin Chenoweth）的談話。
35 同前, 160.
36 Wadhams, *Remembering Orwell*, 88–89.
37 Orwell, *Homage to Catalonia*, 185.
38 Shelden, *Orwell*, 267.
39 Orwell, *Homage to Catalonia*, 186.
40 "Bullet in the Neck," in Coppard and Crick, *Orwell Remembered*, 159.
41 Andrew and Mitrokhin, *The Sword and the Shield*, 73.
42 Shelden, *Orwell*, 270.
43 Orwell, *Homage to Catalonia*, 204.
44 同前, 205, 198.
45 同前, 198.
46 同前, 208.
47 同前., 224.
48 Haycock, *I Am Spain*, 256.
49 Ernest Hemingway, *For Whom the Bell Tolls* (New York: Scribner, 1993), 229.
50 同前, 247.
51 Malcolm Muggeridge, *Chronicles of Wasted Time* (Vancouver, B.C., Canada: Regent College, 2006), 488.
52 "Escape from Spain," in *Orwell in Spain*, 26. 稍微不同的翻譯版本，參見Bowker, George Orwell, 227.

Harcourt Brace Jovanovich, 1968), 459.（此後簡稱Orwell, *CEJL*, vol. 1）
5 同前, 37.
6 同前, 256.
7 "Jennie Lee to Margaret M. Goalby," in George Orwell, *Orwell in Spain*, ed. Peter Davison (Harmondsworth, U.K.: Penguin, 2001), 5.
8 Adam Hochschild, *Spain in Our Hearts: Americans in the Spanish Civil War*, 1936–1939 (Boston: Houghton Mifflin Harcourt, 2016), 65.
9 "With the ILP in Spain," in Audrey Coppard and Bernard Crick, *Orwell Remembered* (New York: Facts on File Publications, 1984), 146–47.
10 Orwell, *Homage to Catalonia*, 16.
11 同前, 20.
12 Bernard Crick, *George Orwell: A Life* (New York: Penguin, 1992), 322.
13 Christopher Andrew and Vasili Mitrokhin, *The Sword and the Shield: The Mitrokhin Archive and the Secret History of the KGB* (New York: Basic Books, 1999), 76.
14 Orwell, *Homage to Catalonia*, 18.
15 Gordon Bowker, *George Orwell* (London: Abacus, 2004), 230.
16 Orwell, *Homage to Catalonia*, 72.
17 "In the Spanish Trenches" in Audrey Coppard and Bernard Crick, *Orwell Remembered* (New York: Facts on File Publications, 1984), 149.
18 同前。
19 Stephen Wadhams, ed., *Remembering Orwell* (Harmondsworth, U.K.: Penguin, 1984), 79.
20 同前, 85.
21 Michael Shelden, *Orwell: The Authorized Biography* (New York: HarperCollins, 1991), 258.
22 Orwell, *CEJL*, vol. 1, 266.
23 Orwell, *Homage to Catalonia*, 109.
24 同前, 110.
25 Andrew and Mitrokhin, *The Sword and the Shield*, 74.
26 Orwell, *Homage to Catalonia*, 117.
27 同前, 121.
28 Geert Mak, *In Europe: Travels Through the Twentieth Century* (New York: Vintage,

78 Jones, *A Diary with Letters*, 411.
79 Gilbert, *Churchill: Prophet of Truth*, 1016.
80 Faber, *Munich*, 1938, 432.
81 Robert Self, *Neville Chamberlain: A Biography* (London and Burlington, Vt.: Ashgate, 2006), 344–45.
82 Crozier, *Off the Record*, 120.
83 Simon Schama, *A History of Britain, Volume 3: The Fate of Empire: 1776–2000* (London: BBC, 2003), 384.
84 Jenkins, *Churchill*, 535.
85 Gilbert, *Churchill: Prophet of Truth*, 1039.
86 同前, 1041.
87 L. S. Amery, *My Political Life, Volume 3: The Unforgiving Years, 1929–1940* (London: Hutchinson, 1955), 279.
88 Williamson Murray, "Innovation: Past and Future," *Military Innovation in the Interwar Period*, ed. Williamson Murray and Allan Millett (Cambridge, U.K.: Cambridge University Press, 2006), 307.
89 "*Bericht ueber Besprechung am 23.5.1939*" [Minutes of a Conference on 23 May 39], Evidence Code Document 79, Nuremberg Documents. Accessed online at Harvard Law School Nuremberg Trials Project.
90 Gerhard Weinberg, *A World at Arms: A Global History of World War II*, 2nd ed. (Cambridge, U.K.: Cambridge University Press, 2006), 239 and passim.
91 *Hansard*, 8 June 1939.
92 Wrench, *Geoffrey Dawson and Our Times*, 394.
93 *Hansard*, 24 August 1939.

CHAPTER 5——歐威爾成為「歐威爾」：一九三七年西班牙

1 George Orwell, *Homage to Catalonia* (New York: Harvest, 1980), 6.
2 David Boyd Haycock, *I Am Spain: The Spanish Civil War and the Men and Women Who Went to Fight Fascism* (London: Old Street, 2012), 67.
3 同前, 69.
4 George Orwell, *The Collected Essays, Journalism and Letters of George Orwell, Volume 1: An Age Like This, 1920–1940*, ed. Sonia Orwell and Ian Angus (New York:

50 *Hansard*, 13 March 1930.
51 Gilbert, *Churchill: The Wilderness Years*, 113.
52 同前, 106.
53 W. P. Crozier, *Off the Record: Political Interviews 1933–1943*, ed. A. J. P. Taylor (London: Hutchinson, 1973), 32.
54 *Hansard*, 2 May 1935.
55 Gilbert, *Churchill: The Wilderness Years*, 146.
56 同前, 171.
57 Churchill, *The Second World War, Vol. I: The Gathering Storm*, 219.
58 *Hansard*, 18 December 1934.
59 Information on Ponsonby's forebears is from *Overy, The Twilight Years*, 237.
60 *Hansard*, 4 October 1938.
61 Brian Gardner, *Churchill in Power: As Seen by His Contemporaries* (Boston: Houghton Mifflin, 1970), 11.
62 Gilbert, *Churchill: Prophet of Truth*, 822.
63 Iona Opie and Peter Opie, *The Lore and Language of Schoolchildren* (Oxford: Oxford University Press, 1959), 6.
64 Nicolson, *Diaries and Letters*, 280.
65 Churchill, *The Second World War, Vol. I: The Gathering Storm*, 222–24.
66 *Hansard*, 14 April 1937.
67 Churchill, *The Second World War, Vol. I: The Gathering Storm*, 258.
68 *Hansard*, 24 March 1938.
69 Faber, *Munich*, 1938, 177.
70 Gilbert, *Churchill: Prophet of Truth*, 925.
71 Quoted in A. L. Rowse, *Appeasement: A Study in Political Decline*, 1933–1939 (New York: W. W. Norton, 1963), 83.
72 Gilbert, *Churchill: Prophet of Truth*, 978–79.
73 底下所有的引述皆出自 *Hansard*, 3 October 1938.
74 *Hansard*, 5 October 1938.
75 Roy Jenkins, *Churchill* (New York: Farrar, Straus and Giroux, 2001),530, 534.
76 Harold Nicolson, *The War Years: 1939–1945* (New York: Atheneum, 1967), 355.
77 Faber, *Munich*, 1938, 432.

University Press, 1989), 172.
25 Jones, *A Diary with Letters*, 390.
26 Nicolson, *Diaries and Letters, 1930–1939*, 342–43.
27 Jonathan Freedland, "Enemies Within," *The Spectator*, 11 February 2012.
28 Lord Halifax foreword to John Wrench, *Geoffrey Dawson and Our Times* (London: Hutchinson, 1955), 12.
29 No author, *The History of The Times, Volume IV, The 150th Anniversary and Beyond, Part II: 1921–1948* (London: Office of the Times, 1952), 887.
30 Wrench, *Geoffrey Dawson and Our Times*, 361.
31 *History of The Times*, vol. IV, part II, 946, 1009.)
32 Quoted in Anthony Cave Brown, C: *The Secret Life of Sir Stewart Menzies, Spymaster to Winston Churchill* (New York: Macmillan, 1987), 183.
33 Keith Feiling, *The Life of Neville Chamberlain* (London: Macmillan, 1946), 323.
34 Kershaw, *Making Friends with Hitler*, 243.
35 Jones, *A Diary with Letters*, 247.
36 Quoted in Gilbert, *Churchill: The Wilderness Years*, 60.
37 Winston Churchill, Parliamentary debate, 7 November 1933, accessed online at *Hansard, Parliamentary Debates*. Hereafter, *Hansard*.
38 *Hansard*, 28 November 1934.
39 Faber, *Munich*, 1938, 16.
40 Gilbert, *Churchill: The Wilderness Years*, 78
41 *Hansard*, 11 March 1935.
42 Gilbert, *Churchill: The Wilderness Years*, 215.
43 Martin Gilbert, *Winston S. Churchill: The Prophet of Truth, Volume V: 1922–1939* (London, Minerva, 1990), 889.
44 *Hansard*, 24 March 1938.
45 Thomas Jones letter to Abraham Flexner, in Jones, *A Diary with Letters*, 125.
46 同前, 175.
47 同前, 208.
48 同前, 219.
49 Tony Judt with Timothy Snyder, *Thinking the Twentieth Century* (New York: Penguin Press, 2012), 68.

7 See Winston Churchill, *Blood, Toil, Tears and Sweat: The Great Speeches*, ed. David Cannadine (Harmondsworth, U.K.: Penguin, 1990), xxxiv.

8 William Manchester, *The Caged Lion: Winston Spencer Churchill, 1932–1940* (London: Abacus, 1994), 88.

9 David Reynolds, *In Command of History: Churchill Fighting and Writing the Second World War* (New York: Random House, 2005), xx.

10 Winston S. Churchill, *The Second World War, Volume I: The Gathering Storm* (Boston: Houghton Mifflin, 1948), 667.

11 例如參閱Stuart Ball, "Churchill and the Conservative Party," in *Winston Churchill in the Twenty-First Century*, ed. David Cannadine and Roland Quinault (Cambridge, U.K.: Cambridge University Press, 2004), 78.

12 Jonathan Rose, "England His Englands," in *The Cambridge Companion to George Orwell*, ed. John Rodden (Cambridge U.K.: Cambridge University Press, 2007), 37.

13 George Orwell, "Looking Back at the Spanish War," in *Orwell in Spain*, ed. Peter Davison (Harmondsworth, U.K.: Penguin, 2001), 358.

14 Robert Rhodes James, ed., *Chips: The Diaries of Sir Henry Channon*, ed. Robert Rhodes James (London: Weidenfeld & Nicolson, 1967), 62.

15 Ian Kershaw, *Making Friends with Hitler: Lord Londonderry, the Nazis and the Road to World War II* (New York: Penguin, 2004), 141, 177, 222.

16 同前, xvii, 175, 258, 319.

17 Randolph S. Churchill, *Twenty-One Years* (Boston: Houghton Mifflin, 1965), 27.

18 Charlotte Mosley, ed., *The Mitfords: Letters Between Six Sisters* (New York: HarperCollins, 2007), 28.

19 同前, 87, 89. See also David Cannadine, Aspects of Aristocracy: Grandeur and Decline in Modern Britain (New Haven, Conn.: Yale University Press, 1994), 142.

20 Mosley, The Mitfords, 103.

21 同前, 68.

22 David Faber, *Munich*, 1938 (New York: Simon & Schuster, 2010), 88–89.

23 John Ramsden, *Man of the Century: Winston Churchill and His Legend Since 1945* (New York: Columbia University Press, 2002), 44.

24 Thomas Jones, *A Diary with Letters*, 1931–1950 (Oxford: Oxford University Press, 1954), 181. See also William McNeill, *Arnold J. Toynbee: A Life* (Oxford: Oxford

74 同前, 21.

75 同前, 35.

76 Peter Stansky and William Abrahams, *Orwell: The Transformation* (Palo Alto, Calif.: Stanford University Press, 1994), 186.

77 Orwell, Wigan Pier, 174.

78 同前, 182.

79 歐威爾以斜體標註這幾個字，同前, 127.

80 同前, 128.

81 "Hampstead Friendship," in Coppard and Crick, *Orwell Remembered*, 102.

82 Victor Gollancz, foreword to Orwell, *Wigan Pier*, xix.

83 同前, x.

84 最後這句話是借用作家提莫西・諾亞（Timothy Noah）針對這段文字寫給我的評論用語。

85 Bernard Crick, *George Orwell: A Life* (New York: Penguin, 1980), 295.

86 同前, 204.

87 Shelden, *Orwell*, 246.

88 Crick, *George Orwell*, 312.

CHAPTER 4——邱吉爾：一九三〇年代的窮途潦倒

1 Stephen Spender, *The Thirties and After* (New York: Random House, 1978), 4.

2 Harold Lasswell, *Essays on the Garrison State* (New Brunswick, N.J.: Transaction, 1997), 43.

3 這個段落大量參考Richard Overy的卓越著作*The Twilight Years: The Paradox of Britain Between the Wars* (New York: Penguin, 2009), 273. 湯恩比的評論出現在頁三八和頁四三；羅斯的引述是在頁二七三；費雪的評論是在頁三一六；吳爾芙的說法是在頁三四五。

4 Harold Nicolson, *Diaries and Letters*, 1930–1939, ed. Nigel Nicolson (London: Collins, 1966), 41.

5 Stanley Weintraub, *Shaw's People: Victoria to Churchill* (University Park, Pa., and London: Penn State University Press, 1996), 229.

6 Martin Gilbert, *Winston Churchill: The Wilderness Years* (Boston: Houghton Mifflin, 1984), 33.

52 George Orwell, "Antisemitism in Britain," in *The Collected Essays, Journalism and Letters of George Orwell, Volume 3: As I Please, 1943–1945*, ed. Sonia Orwell and Ian Angus (New York: Harcourt Brace Jovanovich, 1968), 332–41.（此後簡稱Orwell, *CEJL*, vol. 3.）。

53 John Newsinger, "Orwell, Anti-Semitism and the Holocaust," in *The Cambridge Companion to George Orwell*, ed. John Rodden (Cambridge, U.K.: Cambridge University Press, 2007), 124.

54 Muggeridge, *Like It Was*, 376.

55 Orwell, *Down and Out*, 55–56.

56 同前, 68.

57 同前, 120, 121.

58 George Orwell, *Keep the Aspidistra Flying*, in George Orwell omnibus (London: Secker & Warburg, 1976), 578.

59 Mary McCarthy, "The Writing on the Wall," *New York Review of Books*, 30 January 1969, accessed online.

60 Orwell omnibus (London: Secker & Warburg, 1976), 255.

61 Bernard Crick, "Orwell: A Photographic Essay," in *Reflections on America, 1984: An Orwell Symposium*, ed. Robert Mulvihill (Athens, Ga., and London: University of Georgia Press, 1986), 76.

62 "Jack Common's Recollections," in Coppard and Crick, *Orwell Remembered*, 142.

63 "A Memoir by Anthony Powell," in Coppard and Crick, *Orwell Remembered*, 244.

64 Orwell, *CEJL*, vol. 4, 205.

65 Orwell, *Down and Out*, 154.

66 Orwell, *Diaries*, 29.

67 同前, 37.

68 Orwell, "In Front of Your Nose," in *CEJL*, vol. 4, 125.

69 Shelden, *Orwell*, 236.

70 Orwell, *Diaries*, 80.

71 Stephen Wadhams, ed., *Remembering Orwell* (Harmondsworth, U.K.: Penguin, 1984), 115.

72 Orwell, *Wigan Pier*, 95–96.

73 Orwell, *Wigan Pier*, 104.

33 Quoted in Michael Shelden, *Orwell: The Authorized Biography* (New York: HarperCollins, 1991), 126.

34 Harold Nicolson, *The War Years: 1939–1945* (New York: Atheneum, 1967), 234.

35 Stephen Dorril, *Black Shirt: Sir Oswald Mosley and British Fascism* (Harmondsworth, U.K.: Penguin, 2007), 522. See also passim, Michael Bloch, *Closet Queens: Some 20th Century British Politicians* (New York: Little, Brown, 2015).

36 Nicolson, *The War Years*, 57.

37 同前, 325.

38 同前, 433, 435.

39 Orwell, *Down and Out in Paris and London* (New York: Mariner Books, 1972), 120.

40 同前, 14.

41 "A Philosopher in Paris," in Coppard and Crick, *Orwell Remembered*, 211. 怪的是，多年後的一九八七年，艾耶爾參加紐約的一場派對。他往臥室一看，看到拳擊手麥克・泰森（Mike Tyson）正強行壓迫模特兒娜歐蜜・坎貝兒（Naomi Campbell）就範。他介入阻止，引起泰森質問：「你他媽的知道我是誰嗎？我是世界重量級的拳擊冠軍。」艾耶爾回應：「我是牛津大學前威克姆講座（Wykeham）的邏輯學教授。我們在各自的領域裡出類拔萃，我建議我們像理性的人一樣來討論這個問題。」Ben Rogers, *A. J. Ayer: A Life* (New York: Grove, 2000), 344. 艾耶爾是電視名廚奈潔拉・勞森（Nigella Lawson）的繼父。他也是歐威爾的朋友馬爾科姆・蒙格瑞奇（Malcolm Muggeridge）的戰時同事。*Muggeridge, Like It Was: The Diaries of Malcolm Muggeridge*, ed, John Bright-Holmes (London: Collins, 1981), 364.

42 Orwell, *Down and Out*, 18.

43 同前, 70–71.

44 同前, 168.

45 同前, 174.

46 同前, 89.

47 George Orwell, *Diaries*, ed. Peter Davison (New York: W. W. Norton, 2012), 141.

48 Orwell, *Down and Out*, 130.

49 同前, 132.

50 同前, 36.

51 同前, 73.

稱Orwell, *CEJL*, vol. 4.）。

7 同前, 359.

8 同前, 333–34.

9 同前, 339.

10 同前, 362.

11 Bowker, *George Orwell*, 91–92.

12 George Orwell, *The Collected Essays, Journalism and Letters of George Orwell, Volume 1: An Age Like This, 1920–1940*, ed. Sonia Orwell and Ian Angus (New York: Harcourt Brace Jovanovich, 1968), 45. Hereafter, Orwell, CEJL, vol. 1.

13 Orwell, *CEJL*, vol. 4, 114.

14 George Orwell, "Shooting an Elephant," in *Orwell and Politics*, 18.

15 George Orwell, *Burmese Days* (New York: Harcourt Brace Jovanovich, 1974), 16–17.

16 同前, 17.

17 同前。

18 同前, 22–23.

19 同前, 29.

20 同前, 208.

21 同前, 39.

22 同前, 43.

23 同前, 40.

24 Orwell, "Why I Write," in *Orwell and Politics*, 459.

25 Orwell, *Burmese Days*, 12.

26 同前, 118.

27 同前, 280.

28 Orwell, *CEJL*, vol. 1, 142.

29 Orwell, "Shooting an Elephant," in *Orwell and Politics*, 22.

30 "The Brother-in-Law Strikes Back," in Coppard and Crick, *Orwell Remembered*, 127.

31 "An Old Burma Hand," in Coppard and Crick, *Orwell Remembered*, 64. Also, Emma Larkin, *Finding George Orwell in Burm*a (New York: Penguin, 2005), 249.

32 George Orwell, *The Road to Wigan Pier* (New York: Harvest, 1958), 148.

erhead, 2014), 118.

66 Mary Soames, ed., *Winston and Clementine: The Personal Letters of the Churchills* (Boston: Houghton Mifflin, 2001), 198.

67 Sonia Purnell, *Clementine: The Life of Mrs. Winston Churchill* (New York: Viking, 2015), 40, also 11, 18, 26.

68 Churchill, *Painting as a Pastime*, 36.

69 Soames, *Winston and Clementine*, 116.

70 這點二〇一六年三月九日《*Churchill in the Trenches*》（Amazon, 2015）的作者Peter Apps和我談話時提到的。

71 Soames, *Winston and Clementine*, 164, 177.

72 同前, 195. Peter Apps讓我注意到這段話。

73 Christopher Ogden, *Life of the Party: The Biography of Pamela Digby Churchill Hayward Harriman* (New York: Little, Brown, 1994), 121.

74 Martin Gilbert, *Winston S. Churchill: The Prophet of Truth*, Volume V: 1922–1939 (London: Minerva, 1990), 41.

75 Mary Lovell, *The Churchills in Love and War* (New York: W. W. Norton, 2011), 344.

76 Lord Beaverbrook, *Politicians and the War*, 1914–1916 (London: Collins, 1960), 25.

CHAPTER 3——員警歐威爾

1 Sarah Deming, "The Economic Importance of Indian Opium and Trade with China on Britain's Economy, 1843–1890," Whitman College, Economics Working Papers 25, Spring 2011, 4.

2 "Mrs. Ida Blair's Diary for 1905," in Audrey Coppard and Bernard Crick, *Orwell Remembered* (New York: Facts on File Publications, 1984), 19.

3 Gordon Bowker, *George Orwell* (London: Abacus, 2004), 15.

4 "The Brother-in-Law Strikes Back," in Coppard and Crick, *Orwell Remembered*, 128.

5 George Orwell, "Why I Write," in, *Orwell and Politics*, ed. Peter Davison (Harmondsworth, U.K.: Penguin, 2001), 457.

6 George Orwell, "Such, Such Were the Joys," in *The Collected Essays, Journalism and Letters of George Orwell, Volume 4: In Front of Your Nose, 1945–1950*, ed. Sonia Orwell and Ian Angus (New York: Harcourt Brace Jovanovich, 1968), 360.（此後簡

39 Violet Bonham Carter, *Winston Churchill: An Intimate Portrait*. (New York: Harcourt, Brace & World, 1965), 4.
40 Moran, *Churchill*, 559; and Rose, *The Literary Churchill*, 132.
41 R. W. Thompson, *Churchill and Morton* (London: Hodder & Stoughton, 1976), 71.
42 Bonham Carter, *Winston Churchill*, 383.
43 Moran, *Churchill*, 324–35.
44 Churchill, *My Early Life*, 212.
45 同前。
46 Winston Churchill, *The Story of the Malakand Field Force* (Mineola, N.Y.: Dover, 2010), 131.
47 Coughlin, *Churchill's First War*, 204.
48 R. Churchill, *Winston S. Churchill: Youth*, 342, 353–54.
49 Ralph Martin, *Jennie: The Life of Lady Randolph Churchill*, vol. 2 (Englewood Cliffs, N.J.: Prentice-Hall, 1971), 125–26, 130.
50 Churchill, *The Story of the Malakand Field Force*, 29.
51 同前, 128.
52 R. Churchill, *Winston S. Churchill: Youth*, 365.
53 Simon Read, *Winston Churchill Reporting* (Boston: Da Capo, 2015), 90.
54 Churchill, *Winston S. Churchill: Youth*, 439.
55 Churchill, *My Early Life*, 244.
56 同前, 259.
57 同前, 274.
58 同前, 298.
59 R. Churchill, *Winston Churchill: Youth*, 514.
60 Bonham Carter, *Winston Churchill*, 6.
61 John Ramsden, *Man of the Century: Winston Churchill and His Legend Since 1945* (New York: Columbia University Press, 2002), 39.
62 Violet Bonham Carter, *Lantern Slides: The Diaries and Letters of Violet Bonham Carter*, ed. Mark Bonham Carter and Mark Pottle (London: Phoenix, 1997), 162.
63 Bonham Carter, *Winston Churchill*, 210.
64 Jenkins, *Churchill*, 133.
65 Boris Johnson, *The Churchill Factor: How One Man Made History* (New York: Riv-

18 Churchill, *My Early Life*, 39.
19 同前, 25.
20 同前, 35.
21 同前。
22 R. Churchill, *Winston S. Churchill: Youth, 188–89.*
23 同前, 191.
24 同前, 202.
25 Sir Charles Wilson, later Lord Moran, *Churchill: Taken from the Diaries of Lord Moran* (Boston: Houghton Mifflin, 1966), 281.
26 Winston S. Churchill, *Painting as a Pastime* (Greensboro, N.C.: Unicorn Press, 2013), 20.
27 Churchill, *My Early Life*, 109.
28 Jonathan Rose, *The Literary Churchill* (New Haven, Conn.: Yale University Press, 2015), 24.
29 Churchill, *My Early Life*, 111.
30 Edward Gibbon, *The Decline and Fall of the Roman Empire*, vol. III, ed. J. B. Bury (New York: Heritage Press, 1946), 2042.
31 Churchill, *My Early Life*, 186.
32 Con Coughlin, *Churchill's First War: Young Winston at War with the Afghans* (New York: St. Martin's, 2014), 112.
33 George Orwell, "Why I Write," reprinted in *Orwell and Politics*, ed. Peter Davison (Harmondsworth, U.K.: Penguin Books Limited, 2001), 463.
34 Moran, *Churchill*, 9.
35 Isaiah Berlin, "Winston Churchill in 1940," in *The Proper Study of Mankind: An Anthology of Essays* (London: Pimlico, 1998), 6.
36 John Howard Wilson, "'Not a Man for Whom I Ever Had Esteem': Evelyn Waugh on Winston Churchill," in *Waugh Without End: New Trends in Evelyn Waugh Studies*, ed. Carlos Villar Flor and Robert Murray Davis (Bern, Switzerland: Peter Lang, 2005), 251.
37 Ethel Barrymore, *Memories* (New York: Harper, 1955), 126.
38 Violet Bonham Carter, *Champion Redoubtable* (London: Weidenfeld & Nicolson, 1999), 21.

11 Simon Schama, "The Two Winstons" in the BBC television series *A History of Britain*, Series 3, presented by Simon Schama (2002; A&E Home Video), DVD.
12 Roy Jenkins, *Churchill* (New York: Farrar, Straus and Giroux, 2001), 849.
13 See Simon Read, *Winston Churchill Reporting: Adventures of a Young War Correspondent* (Boston: Da Capo, 2015).
14 Rodden and Rossi, *Cambridge Introduction to George Orwell*, 107.

CHAPTER 2——探險者邱吉爾

1 Winston Churchill, *My Early Life: 1874–1904* (New York: Touchstone, 1996), 8.
2 Peregrine Churchill and Julian Mitchell, *Jennie: Lady Randolph Churchill, a Portrait with Letters* (New York: Ballantine, 1976), 128–29.
3 Churchill, *My Early Life*, 31.
4 Randolph S. Churchill, *Winston S. Churchill: Youth, 1874–1900* (Boston: Houghton Mifflin, 1966), 79. See also Martin Gilbert, *Churchill: A Life* (New York: Henry Holt, 1991), 9.
5 R. Churchill, *Winston S. Churchill: Youth*, 119.
6 William Manchester, *The Last Lion: Visions of Glory*, 1874–1932 (New York: Bantam, 1984), 137.
7 Jenkins, *Churchill* (New York: Farrar, Straus and Giroux, 2001), 8.
8 Con Coughlin talk at the New America Foundation, Washington, D.C., 5 February 2014.
9 Michael Shelden, *Young Titan: The Making of Winston Churchill* (New York: Simon & Schuster, 2013), 34.
10 Paul Johnson, *Churchill* (New York: Penguin, 2010), 7.
11 R. Churchill, *Winston S. Churchill: Youth*, 99.
12 Churchill, *My Early Life*, 12.
13 同前, 13.
14 R. Churchill, *Winston S. Churchill: Youth*, 63.
15 同前, 109.
16 Churchill, *My Early Life*, 17.
17 David Freeman, "Putting Canards to Rest," *Finest Hour: The Journal of Winston Churchill* (Downers Grove, Il.: The Churchill Centre, Spring 2010): 38.

注釋
Notes

CHAPTER 1 ——兩位溫斯頓

1 Martin Gilbert, *Churchill and America* (New York: Free Press, 2005), 132.
2 "Bullet in the Neck," in Audrey Coppard and Bernard Crick, *Orwell Remembered* (New York: Facts on File Publications, 1984), 158.
3 與Steven Wright通信，University College London, Special Collections, Orwell Archive, 14 July 2015；與檔案管理員Louise Watling通信，Churchill Archives Centre, Churchill College, Cambridge University, Cambridge, 15 July 2015.
4 Sir Charles Wilson, later Lord Moran, *Churchill: Taken from the Diaries of Lord Moran* (Boston: Houghton Mifflin, 1966), 426.
5 Violet Bonham Carter, *Winston Churchill: An Intimate Portrait* (New York: Harcourt, Brace & World, 1965), 416.
6 Isaiah Berlin, "Winston Churchill in 1940," in *Personal Impressions*, 2nd ed. (Princeton, N.J.: Princeton University Press, 2001), 5.
7 Winston Churchill, *Painting as a Pastime* (Greensboro, N.C.: Unicorn Press, 2013), 64.
8 Winston Churchill, Parliamentary debate, 3 September 1939, accessed online at *Hansard, Parliamentary Debates*（此後簡稱*Hansard*）。
9 George Orwell, "Literature and Totalitarianism," The Listener, 19 June 1941, in *The Collected Essays, Journalism and Letters of George Orwell, Volume 2: My Country Right or Left, 1940–1943*, ed. Sonia Orwell and Ian Angus (New York: Harcourt Brace Jovanovich, 1968), 134. Hereafter, Orwell, *CEJL*, vol. 2.
10 Discussed as such in John Rodden and John Rossi, *The Cambridge Introduction to George Orwell* (Cambridge, U.K.: Cambridge University Press, 2012), 105.

邱吉爾與歐威爾

對抗極權主義，永不屈服！政治與文壇雙巨擘，影響後世革命深遠的不朽傳奇

作　　者　湯瑪斯・瑞克斯（Thomas E. Ricks）
譯　　者　洪慧芳
責任編輯　林如峰
國際版權　吳玲緯　郭哲維
行　　銷　巫維珍　蘇莞婷　黃俊傑
業　　務　李再星　陳紫晴　陳美燕　馮逸華
主　　編　林怡君
編輯總監　劉麗真
總 經 理　陳逸瑛
發 行 人　凃玉雲

出　　版
麥田出版
台北市中山區104民生東路二段141號5樓
電話：(02) 2-2500-7696　傳真：(02) 2500-1966
網站：http://www.ryefield.com.tw

發　　行
英屬蓋曼群島商家庭傳媒股份有限公司城邦分公司
地址：10483台北市民生東路二段141號11樓
網址：http://www.cite.com.tw
客服專線：(02)2500-7718; 2500-7719
24小時傳真專線：(02)2500-1990; 2500-1991
服務時間：週一至週五 09:30-12:00; 13:30-17:00
劃撥帳號：19863813　戶名：書虫股份有限公司
讀者服務信箱：service@readingclub.com.tw

香港發行所
城邦（香港）出版集團有限公司
地址：香港灣仔駱克道193號東超商業中心1樓
電話：+852-2508-6231　傳真：+852-2578-9337
電郵：hkcite@biznetvigator.com

馬新發行所
城邦（馬新）出版集團【Cite(M) Sdn. Bhd. (458372U)】
地址：41, Jalan Radin Anum, Bandar Baru Sri Petaling,
57000 Kuala Lumpur, Malaysia.
電話：+603-9057-8822　傳真：+603-9057-6622
電郵：cite@cite.com.my

邱吉爾與歐威爾：對抗極權主義，永不屈服！政治與文壇雙巨擘，影響後世革命深遠的不朽傳奇／湯瑪斯・瑞克斯（Thomas E. Ricks）著；洪慧芳譯. －初版. －臺北市：麥田出版：家庭傳媒城邦分公司發行，2019.09
　面；　公分
譯自：Churchill and Orwell : the fight for freedom
ISBN　978-986-344-677-4（平裝）
1.邱吉爾(Churchill, Winston, 1874-1965)
2.歐威爾(Orwell, George, 1903-1950)
3.傳記 4.國際政治
784.12　　　　108010175

封面設計　王志弘
印　　刷　漾格科技股份有限公司
初版一刷　2019年9月
初版二刷　2020年12月

定　　價　新台幣520元
I S B N　978-986-344-677-4
Printed in Taiwan